LA POLÍTICA CAMBIARIA EN VENEZUELA
MÁS DE CIEN AÑOS DE HISTORIA

La Política Cambiaria en Venezuela. Más de cien años de historia

© Pedro A. Palma
www.pedroapalma.com
e-mail: palma.pa1@gmail.com

Primera Edición, 2020
Depósito Legal: DC2020000028
ISBN: 978-980-365-481-8

Editorial Jurídica Venezolana
Avda. Francisco Solano López, Torre Oasis, P.B., Local 4, Sabana Grande,
Apartado 17.598 – Caracas, 1015, Venezuela
Teléfono +58 (212) 762.25.53, 762.38.42. Fax. 763.5239
http://www.editorialjuridicavenezolana.com.ve
Email fejv@cantv.net

Impreso por: Lightning Source, an INGRAM Content company
para Editorial Jurídica Venezolana International Inc.
Panamá, República de Panamá.
Email: ejvinternational@gmail.com

Diagramación, composición y montaje
por: Francis Gil, en letra
Time New Roman 12 Interlineado: múltiple 1,2, Mancha 18 x 11.5

Pedro A. Palma

LA POLÍTICA CAMBIARIA EN VENEZUELA

Más de cien años de historia

Prólogo de Moisés Naím

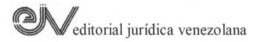

Caracas, 2020

Pedro A. Palma

PhD en Economía, University of Pennsylvania, MBA, University of Pennsylvania (Wharton), Economista, UCAB. Profesor Emérito del Instituto de Estudios Superiores de Administración (IESA). Ex Director Fundador de MetroEconómica y actual Director de Ecoanalítica, empresas de consultoría económica. Individuo de Número Fundador y ex Presidente de la Academia Nacional de Ciencias Económicas de Venezuela.

A María Cristina, mi compañera de toda la vida,
y a nuestros hijos y nietos.

Abreviaturas

ADR	Recibos de depósitos americanos
ALADI	Asociación Latinoamericana de Integración
AN	Asamblea Nacional
ANC	Asamblea Nacional Constituyente (2017)
Bancoex	Banco de Comercio Exterior
Bandes	Banco de Desarrollo Económico y Social de Venezuela
BCV	Banco Central de Venezuela
Bs	Bolívares
BVC	Bolsa de Valores de Caracas
CADIVI	Comisión de Administración de Divisas
CANTV	Compañía Anónima Teléfonos de Venezuela
Cencoex	Centro Nacional de Comercio Exterior
CNE	Consejo Nacional Electoral
EE.UU.	Estados Unidos de América
Fed	Reserva Federal de los Estados Unidos
FIEM	Fondo de Inversión para la Estabilización Macroeconómica (1999)
FIV	Fondo de Inversiones de Venezuela
FMI	Fondo Monetario Internacional
Fogade	Fondo de Garantía de Depósitos y Protección Bancaria
Fonden	Fondo de Desarrollo Nacional
FPO	Faja Petrolífera del Orinoco

Interbanex	Interban Exchange Compañía Anónima (2018)
IVSS	Instituto Venezolano de los Seguros Sociales
JAC	Junta de Administración Cambiaria (1994)
LCIC	Ley Contra los Ilícitos Cambiarios
LRCI	Ley del Régimen Cambiario y sus Ilícitos
MPPEFBP	Ministerio del Poder Popular de Economía, Finanzas y Banca Pública
OPEP	Organización de Países Exportadores de Petróleo
OTAC	Oficina Técnica de Administración Cambiaria (1994)
PDVSA	Petróleos de Venezuela Sociedad Anónima
RCTV	Radio Caracas Televisión
Recadi	Oficina del Régimen de Cambios Diferenciales (1983)
RUSAD	Registro de Usuarios del Sistema de Administración de Divisas
RUSICAD	Registro de Usuarios del Sicad
Seniat	Servicio Nacional Integrado de Administración Aduanera y Tributaria
Sicad	Sistema Complementario de Divisas
Sicad II	Sistema Complementario de Divisas II
Simadi	Sistema Marginal de Divisas
Sitme	Sistema de Transacciones con Títulos en Moneda Extranjera
Sucre	Sistema Unitario de Compensación Regional de Pagos
Sudeban	Superintendencia de las Instituciones del Sector Bancario
TEM	Títulos de estabilización monetaria
TICC	Títulos de Interés y Capital Cubierto
TSJ	Tribunal Supremo de Justicia
USD	Dólar estadounidense
VEB	Bolívares
VEF	Bolívares fuertes (1 VEF = 1.000 VEB)
VES	Bolívares soberanos (1 VES = 100.000 VEF)

Contenido

Capítulo 6
Unificación cambiaria con libre convertibilidad (1989-1994)

Capítulo 7
Crisis financiera y fin de la libre convertibilidad

Capítulo 8
Retorno a la libre convertibilidad con un sistema de bandas cambiarias

Capítulo 9
La flotación del tipo de cambio único con libre convertibilidad

Capítulo 10
Competitividad en la economía venezolana

Capítulo 14

El Sistema Marginal de Divisas (Simadi)

Capítulo 15

El Sistema Dual Dipro – Dicom

Presentación y agradecimientos

Tradicionalmente la economía venezolana fue poco estudiada en los libros internacionales de análisis económico. Existía el convencimiento de que su riqueza petrolera la eximía de sufrir profundas crisis, similares a las que, con frecuencia, se materializaban en otras economías latinoamericanas o del mundo emergente, por lo que su análisis en esos textos no era de particular interés. Eso fue cierto durante buena parte del siglo XX, mas no así durante las últimas cuatro décadas vividas.

Desde comienzos de los años 20 del siglo pasado y hasta comienzos de la década de los 70, Venezuela tuvo una de las inflaciones más bajas del mundo, siendo esta menor a las padecidas por muchos países avanzados, como Estados Unidos, Francia, Reino Unido, Alemania y Japón. En ese lapso también disfrutó de prolongados períodos de estabilidad cambiaria, de un alto y sostenido crecimiento económico y de un progreso social indiscutible, que hizo posible la formación de una pujante clase media. Esos fueron, sin duda, los años dorados de Venezuela.

Sin embargo, las cosas comenzaron a cambiar a partir de mediados de los años 70, cuando una bonanza económica, posibilitada por el aumento abrupto de los precios petroleros, fue seguida por una situación de adversidad creciente que se hizo crítica en 1978, cuando la materialización de profundos desequilibrios económicos hacían prever el estallido de una severa crisis, entre otras cosas por el convencimiento de que la política de tipo de cambio fijo, que se había implementado por varias décadas, no iba a poder mantenerse, afianzándose la expectativa de una inevitable devaluación del bolívar y la posible imposición de un control cambiario, lo que estimuló la salida de capitales.

No obstante, los importantes aumentos de los precios petroleros que se produjeron a fines de la década de los 70 y comienzos de la siguiente como producto del derrocamiento del sah de Irán y la ulterior radicalización del gobierno teocrático de los ayatolás, disipó temporalmente esas sombrías expectativas cambiarias, aunque se seguía obviando la presencia de persistentes problemas, tales como la alta inflación, la baja competitividad del aparato productivo de transables y el estancamiento de la actividad económica. No fue sino hasta comienzos de 1983 cuando se manifestó la crisis, llegando a su fin el largo período de estabilidad cambiaria con tipos de cambio fijos y libre convertibilidad, que estuvo vigente desde mediados de los años 40, con una excepción a comienzos de la década de los 60.

La nueva debilidad de los precios petroleros de 1982, las altas tasas de interés en Estados Unidos, el estallido de la crisis de México y el inicio de la crisis de la deuda de los países emergentes, exacerbaron las salidas de capitales y la caída de las reservas internacionales a lo largo de ese año y comienzo de 1983, llevando esto a la inevitable imposición de un control de cambios y al estallido de una crisis, que puso fin a la libre convertibilidad con tipos de cambio fijos, para dar inicio a un período de inestabilidad cambiaria y cambios recurrentes, que se ha prolongado y profundizado a lo largo de los últimos 7 lustros. Este lapso se ha caracterizado por períodos de alto crecimiento y apreciación real de la moneda en los años de altos precios petroleros, seguidos por crisis económicas muy adversas, que se producen cuando esos precios se reducen, muchas veces de forma abrupta, llevando esto a devaluaciones masivas que generan efectos económicos y sociales devastadores, siendo estas seguidas, en varios casos, por la imposición de controles de cambios que se prolongan en el tiempo, generando esto una serie de problemas y distorsiones.

En esos vaivenes de la economía se han implementado una serie de políticas cambiarias de la más diversa índole, haciendo de Venezuela un verdadero laboratorio de experimentación cambiaria. Esto ha estimulado a muchos colegas a estudiar, analizar y comparar las distintas políticas cambiarias implementadas, desde el prolongado período de tipo de cambio fijo que se aplicó por varias décadas en los tiempos de estabilidad y alto crecimiento, hasta la caótica situación actual, caracterizada por un prolongado y mutante control cambiario, que ha contribuido a generar una profunda depresión, una altísima inflación, la proliferación de la corrupción y una aguda crisis política y social.

Con la finalidad de contribuir a ese fascinante análisis, nos abocamos a realizar este estudio, en el que hemos intentado analizar la evolución de la política cambiaria en Venezuela a lo largo de los últimos 100 años, sus características y consecuencias, y su interrelación con las otras políticas macroeconómicas implementadas a lo largo de este prolongado período. Con ello intentamos llegar a unas conclusiones acerca de cuál, a nuestro juicio, debería ser la orientación más idónea de política cambiaria que debería aplicarse en esta economía con una visión de largo alcance, y cuál debería ser el manejo de la cuestión cambiaria dentro del ineludible plan de ajuste, que tendrá que ser implementado en Venezuela para afrontar y corregir los profundos desequilibrios y problemas que están presentes en ella, donde destacan la hiperinflación, la depresión, y el profundo deterioro de la calidad de vida de la población.

El desarrollo de este estudio ha sido una labor ardua, pero fascinante y aleccionadora. En él están reflejados muchos análisis que hemos realizado a lo largo de múltiples años, alguno de los cuales está aquí reproducido con correcciones y ampliaciones,[1] así como las investigaciones de una pléyade de economistas que han trabajado en las dos oficinas de análisis y consultoría económica en las que me ha tocado desempeñarme como director. La primera de ellas es MetroEconómica, empresa que fundamos Cristina Rodríguez y mi persona en 1977, pionera en Venezuela en el análisis macroeconómico utilizando modelos macroeconométricos, y Ecoanalítica, consultora con la que se fusionó MetroEconómica en 2010. Los análisis que en esas oficinas realizamos los socios y los equipos de brillantes jóvenes economistas que allí han trabajado durante todos estos años, han sido fuente de información fundamental para la elaboración de este estudio. A todos ellos mi reconocimiento y gratitud.

Mi más sincero agradecimiento a varios colegas que me han formulado críticas y sugerencias al manuscrito de este libro, contribuyendo con ello a mejorar su contenido aunque, sobra decir que, todo su contenido es de mi exclusiva responsabilidad. En este sentido debo mencionar a Cristina Rodríguez, Carlos Hernández Delfi-

---

[1]   Palma (2008).

no, Moisés Naím, José Barcia Arufe, Alejandro Grisanti, Luis Zambrano Sequín, José Guerra, Ramón Carrasco, Peter West y Sary Levy Carciente.

Muy especialmente debo agradecer el inestimable apoyo de mi amigo Moisés Naím quien, a pesar de tener una abrumadora carga de trabajos y compromisos, no dudó en aceptar mi solicitud para que escribiera el prólogo del libro. Eso, además de honrarme, me dio una gran satisfacción, ya que, el hecho que una persona con la proyección y el prestigio internacional que él tiene prologue este libro, le da a la obra una sólida proyección y un realce indiscutible.

También le manifiesto mi gratitud a Allan Randolph Brewer Carías, amigo muy estimado y destacado profesional, quien apoyó de forma decidida la producción de este libro y quien puso a nuestra disposición la prestigiosa Editorial Jurídica Venezolana, que él dirige, para editarlo. Sin duda, su persistente insistencia para que yo me abocara a la producción de esta obra contribuyó para que hoy este libro vea la luz. Igualmente, le expreso mi agradecimiento al Instituto de Estudios Superiores de Administración, IESA, por el apoyo prestado al servir como coeditor y promotor de esta publicación.

Adicionalmente, quiero mencionar y agradecer de forma muy especial al economista Giorgio Cunto Morales, quien me ayudó de manera muy eficiente y desinteresada en la elaboración del soporte gráfico del estudio. Igualmente, deseo expresar mi agradecimiento a la Sra. Francis Gil, quien realizó un excelente trabajo en la diagramación, composición y montaje del libro.

Prólogo

¿En qué se parecen un economista, un abogado y un periodista venezolanos? Para encontrar la respuesta, le invito a ponerse en el lugar de Pedro Palma, economista venezolano de prestigio internacional, cuando ve lo que le pasa a la economía de su país. La pregunta ayuda a ilustrar por qué escribir un libro basándose en el rigor de la teoría económica resulta una experiencia parecida a la que tienen, en la Venezuela de estos tiempos, el abogado que hace su trabajo ateniéndose a las leyes, o el periodista que reporta hechos verificables.

Armado con una interpretación contundente de los antecedentes jurídicos y la normativa vigente, y luego de trabajar diligentemente acumulando pruebas, el abogado descubre que en el país actual nada de eso sirve para ganar un juicio. Le resulta, por ejemplo, imposible devolverle la libertad a un cliente encarcelado por un crimen que no cometió, o defenderlo de una acusación sin asidero alguno en la realidad. Su frustración es similar a la del periodista que entrevista a los sobrevivientes de una explosión de la cual ha sido testigo y ha tomado fotos. No importa. Su información es ignorada por quienes detentan el poder, y son quienes deciden cuál es la historia oficial. Esa historia, en este caso, requiere ocultar que, en efecto, estalló la bomba, y culpa al periodista de haber inventado ese evento con el fin de fomentar un ambiente de descontento social.

Ciertamente, mucho de lo que ocurre hoy en Venezuela se explica mejor utilizando las técnicas de la criminología, que con la teoría económica. Lo que nos está ocurriendo es un inédito fenómeno histórico donde, si bien las férreas leyes de la economía siguen imperando, están enterradas bajo un cúmulo de transacciones ilícitas y conductas criminales, lideradas por quienes están a cargo de combatirlas. Esto nos impidió ver a tiempo cómo fue que se esfumaron miles de millones de dólares del erario, y cómo se produjo una devastación económica mayor a la que sufrieron países que han sido arrasados por cruentas guerras. Los venezolanos sabían que algo andaba mal, pero no sabían cuán mal y cuán catastrófico sería el desenlace de lo que estaba pasando.

Esta frustración, que comparten el abogado y el periodista que intentan llevar a cabo su trabajo profesional con rigor y decencia, la comparte a fondo Pedro Palma. Pero el propósito de este libro no es el de lamentar la debacle, sino diseccionarla para entender mejor sus causas y consecuencias y, ojalá, impedir que se repita.

La importancia y utilidad del conocimiento volcado en estas páginas reside, precisamente, en que su perspectiva va más allá de lo anecdótico e inmediato, y se esfuerza en darnos una visión histórica cargada de evaluaciones desapasionadas, datos indispensables y lecciones aprendidas.

Palma nos lleva a través de un interesante recorrido por un siglo convulso, y nos ayuda a entender cómo, siguiendo la expresión popular, "de aquellas aguas llegamos a estos lodos".

Este libro es una evidencia más de las razones por las cuales el autor es uno de los más conocidos y respetados economistas de Venezuela y de América Latina. Pero, además de ser un gran economista y consultor de gobiernos, de organismos multilaterales e importantes empresas, Pedro Palma es un educador. Los lectores de este libro no solo se beneficiarán de su rigor científico, sino que también disfrutarán de la manera asequible e interesante con la cual este sabio economista comparte lo que sabe.

Educar es un acto de generosidad, y Palma escribe con un espíritu pedagógico excepcional, colocando su conocimiento al servicio, tanto de sus colegas, como de estudiantes de economía y de cualquiera que sienta la necesidad de entender cómo funcionó —y funciona— la economía venezolana. A ellos va dirigida esta obra, a quienes, más temprano que tarde, les tocará poner en orden las cuentas de nuestra saqueada nación.

Este libro está llamado a ser una referencia obligada en los programas de estudio de universidades en todas partes, y enriquecerá las bibliotecas de las escuelas de economía y de los centros de investigación, así como las de gobiernos, empresas y organismos internacionales. Estoy seguro de que será útil, no sólo para los venezolanos, sino para analistas y académicos del mundo entero, para quienes el fenómeno de Venezuela, además de producir gran perplejidad (¿cómo llegó un país tan rico a ser tan pobre?), es una valiosa fuente de lecciones acerca de los errores a evitar.

Venezuela ha sido un doloroso laboratorio donde se han probado toda clase de malas ideas. Pedro Palma utiliza esta infeliz cualidad del país para investigar qué pasó, por qué pasó y qué consecuencias tuvieron las decisiones que tomaron diferentes gobiernos. En particular, le interesa un tema tan crítico y sensible como *lo es la política cambiaria. Las políticas que moldearon la agitada economía venezolana incluyeron un amplio espectro de regímenes cambiarios, es decir, las reglas que norman cómo se distribuyen las divisas extranjeras que entran al país. ¿Quién, y a qué precio, tiene derecho a obtener monedas "fuertes", como lo son el dólar estadounidense, el euro, el yen o la libra esterlina?*

La manera como un gobierno responde a esta pregunta tiene inmensas consecuencias para las empresas, las personas, los hogares, el sector público y todos los demás agentes económicos. Estas respuestas terminan formando uno de los precios más importantes de cualquier economía.

En Venezuela se experimentó con un sinnúmero de regímenes cambiarios: uno con tipos de cambio fijos e invariables que se implementó por largos periodos, la flotación libre del tipo de cambio, un sistema de bandas cambiarias, otros con tipos de cambio flexibles, uno de minidevaluaciones periódicas (crawling peg), y variados controles de cambios de larga duración que se fueron modificando de manera improvisada, produciendo así mutaciones perversas que nos hicieron mucho daño.

Como claramente lo indica el título, el autor hace un análisis comparativo de esta variedad de políticas cambiarias implementadas en Venezuela durante los últimos cien años. Palma presta especial atención al largo período de estabilidad de precios combinado con alto crecimiento económico, que abarcó desde los años 40 hasta mediados de la década de los 70. Durante ese periodo se adoptó una política de tipos de cambio fijos y diferenciales que funcionó con relativa eficiencia. En los años siguientes, y hasta nuestros días, dada su alta dependencia de la renta petrolera y los vaivenes en los precios del crudo, la economía venezolana se hizo extremadamente volátil y vulnerable a los shocks externos.

Al estudiar los regímenes cambiarios que se han adoptado durante las últimas cinco décadas, podría pensarse que el control de cambios es como una medicina potente y peligrosa que debe mantenerse lejos del alcance de los niños. Se debe recurrir a estos controles sólo en caso de enfermedad grave, y siempre en dosis cuidadosamente administradas. La implantación de un control cambiario es parecida. Puede justificarse para frenar una salida masiva de divisas pero, como lo demuestra Palma, esta ayuda es sólo transitoria. Cuando se prolongan, los controles generan toda suerte de inconvenientes y distorsiones: corrupción, salidas masivas de capital a través del sobreprecio de importaciones, y otras prácticas ilícitas. También producen la caída de la competitividad de los exportadores locales debido a que la sobrevaluación de la moneda, causada por la fijación prolongada de los tipos de cambio oficiales, encarece las exportaciones y abarata las importaciones.

Al usar este tipo de medicinas por mucho tiempo, como ha ocurrido en Venezuela, el remedio termina siendo adictivo y conlleva consecuencias que son peores que la enfermedad.

En otros escritos sobre la economía venezolana, la política cambiaria suele figurar como una especie de actor de reparto dentro de la trama, con un rol importante quizás, pero no decisivo. En cambio, la atención que le presta Palma al tema cambiario le permite llegar a conclusiones originales acerca de los efectos y consecuencias que un defectuoso régimen cambiario acarrea. Sus impactos se sienten no solo en el ámbito estrictamente económico sino, también, sobre la realidad social, política e institucional de un país.

Nadie mejor que Pedro Palma para abordar la difícil tarea de explicar todo esto con rigor y conocimiento de causa. Es un consagrado académico que obtuvo su doctorado en Economía en la prestigiosa Universidad de Pensilvania, fue fundador y presidente de la Academia Nacional de Ciencias Económicas de Venezuela y, en el año 2015, fue reconocido como Profesor Emérito del Instituto de Estudios Superiores de Administración, IESA. En esa casa de estudios, donde tuve el honor de ser su colega, impartió clases de macroeconomía por muchos años, siendo su principal interés la econometría, la construcción de escenarios económicos, los temas cambiarios y la economía internacional.

Como Director Académico del IESA, me tocaba revisar las respuestas de los alumnos a las encuestas que rutinariamente le hacíamos después de cada curso acerca de la calidad pedagógica, la dedicación y la eficacia de los profesores. El resultado era siempre el mismo. El profesor Palma era el favorito de los estudiantes. Siempre traía a sus clases las más recientes ideas de los más notables economistas del mundo, muchos de los cuales eran sus profesores, amigos y coautores de ensayos, libros y reportes. Destacan entre ellos Rudiger Dornbusch y Sebastián Edwards así como los premios Nobel de Economía Lawrence R. Klein, quien fue su profesor, y Paul Krugman.

Sin embargo, Palma no se ha conformado con hacer, mediante este libro, un valioso aporte a nuestra comprensión de la historia económica de Venezuela. También propone lo que hay que hacer para la recuperación económica del país.

Una política cambiaria exitosa es la que contribuye a estabilizar la economía, estimulando su expansión y el crecimiento de las exportaciones, al tiempo que limita la inflación y amortigua el impacto de los shocks externos. Pero no puede ser una acción aislada y no coordinada con otras políticas económicas. Debe formar parte de un conjunto coherente de otras medidas, fiscales, monetarias, financieras y comerciales. Que las diferentes políticas económicas estén coordinadas y sean consistentes entre si es un requisito, tanto obvio como frecuentemente ignorado por los gobiernos.

Es por esto por lo que resulta tan importante investigar a fondo lo que hay que hacer, y quizás, con aún mayor urgencia, entender bien lo que no hay que hacer. En este sentido Palma es taxativo al descartar ciertas ideas que se ponen de moda y pueden ser seductoras, pero que, al final, terminan haciendo mucho daño. Argumenta con gran contundencia, por ejemplo, lo peligroso y contraproducente que en la mayoría de los casos resulta la dolarización plena —es decir, el abandono de la moneda nacional y su reemplazo por una moneda extranjera "dura", comúnmente el dólar estadounidense—.

Palma es conocido por ser un agudo comentarista de la realidad venezolana, y suele dar en el blanco al identificar las malas ideas que han echado raíz en las dos décadas de populismo desenfrenado e irresponsable que destruyeron a Venezuela. En primer lugar, coloca la propensión a concentrar en manos del Estado los medios de producción. La expropiación de las principales empresas privadas, y la subsecuente destrucción de buena parte del aparato productivo del país, fue una práctica habitual de los políticos que nos han gobernado desde 1999. Ninguna, repito, ninguna de las empresas que fueron expropiadas y puestas en manos del Estado para su gestión, hoy producen más que cuando eso ocurrió. De hecho, la gran mayoría de esas empresas ya no existe. Lo mismo se puede decir de las empresas que ya eran propiedad del Estado y fueron puestas por Chávez y Maduro al servicio de la política y la criminalidad, no de la economía. Las grandes empresas estratégicas del país en hidrocarburos, minerales y otras materias primas hoy son zombis: parecen estar vivas, pero en realidad están muertas.

Incluso en el área social, las famosas misiones, casi sagradas en el discurso político venezolano actual, son para Palma un cruel e insostenible paliativo. Primero, porque los subsidios y otras dádivas se han vuelto una infernal maquinaria de discriminación social; los beneficios se otorgan solo a quienes apoyan al gobierno y obedecen sus designios. Segundo, porque una parte importante de esos subsidios no llegan a quienes más los necesitan, sino que se quedan en los bolsillos de funcionarios públicos, activistas amigos del gobierno y oficiales militares. Y, tercero, porque resultaron ser insostenibles desde el punto de vista fiscal.

Con razón, Palma ve a las misiones como la forma más descarada de aplicar esa fatídica norma de las revoluciones socialistas que, según él, consiste en "el aumento deliberado de la miseria, pues ella genera dependencia del Estado y subordinación al gobernante".

Una importante lección de la experiencia de Venezuela, extrapolable a otras naciones dependientes de la exportación de un solo producto básico, deriva de lo que el autor llama los "dos precios clave" de la economía venezolana: el precio del petróleo y el precio del dólar estadounidense.

Poco o nada puede hacer realmente Venezuela para determinar el precio del crudo, su principal producto de exportación. La cotización del petróleo es una consecuencia de múltiples variables que afectan la demanda, la oferta y, por lo tanto, los precios en el mer-

cado mundial. Pero lo que sí está bajo mayor control del gobierno de Venezuela es el régimen cambiario. Así, cuando los precios de los hidrocarburos son altos hay mayores ingresos de divisas extranjeras, y eso contribuye a apreciar la moneda local en términos reales; se abaratan los dólares, haciéndose muy atractiva su compra. Por supuesto, la bonanza es transitoria pues dura lo que duran en el mercado internacional los altos precios del petróleo y la abundante entrada de divisas al país. Cuando caen los precios —y los del petróleo siempre terminan desplomándose después de un tiempo—, la economía venezolana sufre de un doloroso síncope.

La sobrevaluación de la moneda resta competitividad al sector productivo de transables pues, tanto para el sector industrial como para el de comercio, resulta entonces más económico comprar insumos, tecnología y productos terminados en el extranjero. Este estímulo cambiario a las importaciones trae como consecuencia una ruinosa salida de capitales y una limitación a la actividad productiva local. Lo contrario ocurre entonces cuando el petróleo baja, lo cual muchas veces obliga a una drástica devaluación que causa severos traumas económicos y sociales. Los controles de cambio que, con frecuencia, se adoptan después de que ocurre un descalabro en los precios petroleros, han llevado a la fijación de tipos de cambio oficiales artificialmente bajos, totalmente divorciados de las realidades del mercado. Como política para contener la inflación, el control de cambios es un instrumento pésimo.

En este tipo de escenarios, los llamados "dólares preferenciales" que otorgaban las distintas oficinas creadas para su administración —llámense RECADI, OTAC, CADIVI o CENCOEX—, se convirtieron en una importante causa de corrupción y desigualdad económica en la Venezuela del último medio siglo.

En lo que va de este siglo XXI, la intolerancia hacia la corrupción y la desigualdad se convirtió en tema central de la agenda global. El mundo decidió terminar su coexistencia pacífica con estas dos plagas. Tanto así, que el milenio lo inauguró el clamor generalizado de rabia y rechazo que se convirtió en la bandera de la generación de "los indignados". Asqueados por la corrupción, y enarbolando la bandera de la lucha contra la desigualdad, las multitudes se volcaron a las calles y acamparon en las plazas de las principales ciudades del mundo exigiendo cambios.

Paradójicamente, en Venezuela un sentimiento similar de indignación nos llevó por el camino opuesto. Mientras los gobiernos de Chávez y Maduro arengaban contra la corrupción de las viejas cúpulas en el poder y la vil indolencia de los ricos, permitieron que el régimen cambiario se convirtiese en una potente máquina de generación de corrupción y desigualdad. Bajo la llamada revolución bolivariana, las divisas se han administrado, o bien de forma coercitiva contra el sector privado no aliado con el gobierno, o como premio y negocio en beneficio de unos pocos allegados al poder. La consecuencia ha sido una corrupción tan elevada que alcanzó magnitudes macroeconómicas.

Y tan dramáticos como las cifras de corrupción, son los nuevos e inéditos niveles de desigualdad. Emergió una nueva casta de multimillonarios formada por los llamados empresarios "enchufados", los altos funcionarios políticos, sus familiares, el alto mando militar y la elite cubana. Nunca en Venezuela —una sociedad históricamente desigual— había habido tanta inequidad económica como la que hoy existe. La más abyecta y profunda miseria define a la Venezuela de hoy, tanto como la acumulación (y el robo) de inimagina-

bles fortunas que ahora reposan en las cuentas bancarias de los miembros de la casta chavista.

Estos oligarcas de calibre mundial, conviven con los depauperados que forman la mayor parte de la población. Según un estudio publicado en 2019 por las principales universidades del país, el 90% de los venezolanos ya eran tan pobres que no contaban con los ingresos suficientes para comprar alimentos. Después la situación se hizo aún más grave.

¿Qué tienen que ver la dolorosa miseria y la obscena riqueza que hoy cohabitan en Venezuela con el régimen cambiario? Mucho. Las grandes fortunas mal habidas se produjeron principalmente gracias a las manipulaciones del mercado de divisas, y por la corrupción en la asignación de las divisas a tasas preferenciales. Estas grandes fortunas crearon una nueva, adinerada y poderosa élite política que se convirtió en un obstáculo insalvable para cualquier intento de reforma y adecentamiento del régimen cambiario. La falta de alimentos y medicinas que ha diezmado a los venezolanos tiene mucho que ver con la escasez de divisas que restringe su importación. La aparición de súper ricos y súper pobres fue una consecuencia del uso del régimen cambiario para enriquecer a unos pocos a expensas del resto de los venezolanos.

No necesitamos de un tratado de economía para apreciar la dimensión de esta injusticia y el enorme sufrimiento humano que ha causado. No obstante, debemos aplaudir el talento de Pedro Palma, su paciencia, rigor y dedicación para hacer esta precisa radiografía de 100 años de nuestra historia económica.

Esta obra será un instrumento fundamental, primero, para ayudar a superar esta tragedia y, segundo y muy importante, para evitar que se repita.

Moisés Naím.
Abril 2020.

Introducción

La alta incidencia del petróleo en la economía venezolana ha influido notablemente en su realidad cambiaria durante las últimas décadas. En efecto, la volatilidad de los precios internacionales de los hidrocarburos ha expuesto a esta economía a una serie de violentas fluctuaciones en el valor de sus exportaciones que, a su vez, se han traducido en cambios abruptos en su captación de divisas y en los niveles de sus reservas internacionales. Las expectativas cambiarias, por su parte, han mostrado una alta correlación con el comportamiento de aquellos precios, haciendo que, en los períodos en que estos se ubican en altos niveles, se generaliza un convencimiento de que el bolívar se apreciará, mientras que, cuando bajan, surgen expectativas de devaluación ante la creencia de que la merma de ingresos de divisas se traducirá en una caída de las reservas internacionales, y en una escasez cada vez más intensa de moneda extranjera. Esto último, a su vez, desencadena procesos de fugas de capital que, en algunos casos, precipitan ajustes cambiarios abruptos, con profundas consecuencias inflacionarias y recesivas.

Eso lleva a la conclusión de que dos precios, el del petróleo y el del dólar, han jugado un papel fundamental en el acontecer económico, social y político de Venezuela durante buena parte del siglo

XX y en lo que va del siglo XXI, por lo que es clave entender cómo han evolucionado estos y cómo se han interrelacionado en ese largo período, para comprender por qué se pasó de un lapso de alta estabilidad y crecimiento, que duró hasta los primeros años de la década de los 70 del siglo pasado, a otro, que va desde entonces hasta nuestros días, donde ocurrieron múltiples bonanzas que fueron seguidas por severas crisis, con profundas consecuencias económicas, sociales y políticas.

Durante las últimas diez décadas se han implementado diversas políticas cambiarias en Venezuela, pudiendo identificarse un primer período en el que imperó el sistema de patrón oro, en el que el valor de cada moneda se definía en términos de contenido de oro, pero donde existía una libre flotación del tipo de cambio del bolívar con respecto al dólar. Este sistema estuvo vigente hasta entrada la década de los años treinta, cuando se pasó a otro caracterizado por múltiples tipos de cambio fijos que, en términos generales, duró hasta comienzos de la década de los ochenta, y durante el cual se impusieron dos controles cambiarios que fueron seguidos por lapsos en los que existía mayor libertad para la adquisición de divisas.

Ulteriormente, se materializó un período de alta inestabilidad cambiaria con tipos de cambio variables, que lleva ya más de tres décadas, y que se inició el 18 de febrero de 1983. No obstante, desde ese año se han implementado múltiples y muy diversas políticas y ajustes cambiarios, pudiendo mencionarse intervalos de prolongados controles cambiarios, varias maxidevaluaciones del bolívar, un sistema de minidevaluaciones periódicas o *crawling peg*, un sistema de bandas cambiarias y otro de libre flotación del tipo de cambio.

INTRODUCCIÓN

Durante esas diez décadas de prolijos cambios se ha producido un rico debate acerca de cuál debe ser la política cambiaria más idónea para Venezuela. Con el fin de participar en esa controversia, hemos realizado este estudio, en el que se analizan las distintas experiencias cambiarias que se han implementado en Venezuela durante el período comprendido entre 1918 hasta comienzos de 2020, lapso de más de cien años de cuyo examen se puede extraer importantes y esclarecedoras enseñanzas acerca de las consecuencias, resultados y secuelas que la implementación de esas variadas experiencias han tenido sobre la economía.

Ese análisis servirá para llegar a unas conclusiones que consideramos relevantes, tratando de descifrar cuál es la política cambiaria que, a nuestro juicio, debería aplicarse en Venezuela como parte importante de un plan de desarrollo sustentable e integral, que tendrá que implementarse en las próximas décadas, después de superar el momento aciago que vive el país en los momentos en que sale a la luz este estudio.

Capítulo 1

Patrón Oro, la Gran Depresión y tipos de cambio fijos

Con la entrada en vigor de la Ley de Monedas del 24 de junio de 1918, Venezuela manifestaba su adhesión al patrón oro vigente a nivel internacional, estableciendo el valor de su signo monetario, el bolívar-oro, en un equivalente a 0,290323 gramos del metal aurífero, lo cual establecía una relación con respecto al dólar estadounidense de 5,1831 bolívares por dólar, moneda esta última que para ese momento tenía un valor equivalente a 1,5048 gramos de oro.[2] Esa ley prohibía la importación de plata acuñada, y daba curso legal a las monedas de oro extranjeras que el Ejecutivo determinara, dándosele a estas un valor según su contenido de oro; a su vez, se mantenía una moneda de plata de 900 milésimos y otra de 835. A pesar de la relación entre el bolívar-oro y el dólar estadounidense, determinada por sus equivalencias en oro, en los años subsiguientes a la promulgación de esa ley, el tipo de cambio entre esas dos monedas se estableció por el libre juego de la oferta y la demanda en el mercado cambiario.

---

[2] Ver Pérez Dupuy (1942), Guerra (2010), Mayobre (1944) y Crazut (2010).

A lo largo de la siguiente década los precios del café y del cacao, cuyas exportaciones hasta mediados de los años 20 superaban en forma conjunta a las del petróleo, experimentaron un comportamiento favorable, factor que, juntamente con las crecientes ventas externas de hidrocarburos, contribuyó a que la cotización del bolívar-oro en los mercados internacionales mostrara una cierta estabilidad.

Esa situación cambió de forma radical con la crisis internacional que originó el *crash* bursátil de 1929, fenómeno que fue seguido por la Gran Depresión de los años 30 (Ver Recuadro 1). Esa crisis afectó a las principales economías mundiales y al resto de los países del orbe, no siendo Venezuela una excepción.

Recuadro 1

El *crash* bursátil de 1929 y la Gran Depresión[3]

A mediados de los años 20 comenzó una fuerte y sostenida apreciación de las acciones en el mercado de valores estadounidense, como respuesta a una etapa de franca prosperidad que caracterizó a la economía de Estados Unidos durante el gobierno del presidente Coolidge. Salvo en algunos breves períodos correctivos, las acciones subían de precio en forma sostenida, animando a los inversionistas a comprarlas, máxime cuando los bancos estaban dispuestos a financiar su adquisición a cambio de que los compradores les dejaran en garantía los títulos que se adquirían. Esto llevó a la formación de una burbuja especulativa, a pesar de reiteradas y múltiples ad-

---

[3] Tomado de Palma (2009: 13-17).

vertencias acerca la insostenibilidad de la dislocada especulación y del inevitable colapso del mercado de valores.

En 1928 la Reserva Federal comenzó a implementar una política monetaria restrictiva tendente a limitar la capacidad de financiamiento para la compra especulativa de valores. La astringencia monetaria y las altas tasas de interés que produjo aquella política, contribuyeron a que esa economía entrara en una recesión en agosto de 1929, haciendo que la desaceleración económica, la limitación al crédito y el alto costo de financiamiento, contribuyeran a crear las condiciones para una corrección en el mercado bursátil. Finalmente, el 24 de octubre de 1929, también conocido como el "jueves negro", comenzó el desastre, que culminó cinco días más tarde, el martes 29, con el colapso del mercado. Las llamadas de los bancos exigiendo a sus prestatarios la reposición de las garantías, forzaron a los endeudados inversionistas a vender compulsivamente los valores y otros activos, contribuyendo esto al desvanecimiento total de los mercados y al desplome generalizado de los precios.

Las grandes mermas patrimoniales sufridas por los inversionistas, combinadas con la paralización de la actividad crediticia, crearon una situación muy crítica, caracterizada por una contracción de la demanda y de la producción, y por un aumento del desempleo. Varios factores contribuyeron a perpetuar la crisis, transformándola en una depresión que afectó por varios años a varias de las economías líderes del momento. Uno de ellos fue la decisión de Estados Unidos de aplicar una política proteccionista a su aparato productivo interno a través de la sustitución de importaciones por producción local.

Esto implicó el cierre del principal mercado para muchos países que necesitaban exportar perentoriamente. La respuesta no se hizo esperar, generalizándose la aplicación de políticas proteccionistas mediante la imposición de barreras arancelarias y restricciones comerciales, limitándose así la dimensión de los mercados en donde los aparatos productivos de las distintas economías industrializadas podían aspirar a vender sus productos.

Otro factor que contribuyó al agravamiento, generalización y perdurabilidad de la depresión, fue la decisión de muchos países de continuar aferrados al sistema monetario de patrón oro, según el cual las naciones que lo adoptaban definían el valor de sus monedas en términos de ese metal —por ejemplo, un dólar equivalía a 1/20,67 de onza troy de oro— y su emisión primaria debía estar respalda por reservas auríferas, garantizándose la convertibilidad de sus monedas por oro. Adicionalmente, se permitió a las economías más pequeñas mantener sus reservas en divisas emitidas por los países más grandes, que eran los que poseían las mayores reservas de ese metal.[4]

Si los especuladores cambiarios percibían que un país dado no disponía de las reservas suficientes para respaldar su moneda, se desataba una especulación contra la misma, convirtiéndose cantidades crecientes de esa divisa por oro. Eso

---

[4] La decisión de permitir la aplicación de esta variante del sistema monetario, también conocida como "patrón oro cambio" se tomó en la Conferencia de Génova de 1922.

fue lo que sucedió en septiembre de 1931 con la libra esterlina, forzando al gobierno británico a abandonar el esquema de patrón oro debido a la pérdida abrupta de reservas, y a dejar que la libra flotara libremente, produciéndose una devaluación de esa moneda. Acto seguido se desató un ataque especulativo contra el dólar debido a las dificultades económicas por las que atravesaba la economía norteamericana. Esto llevó a la Reserva Federal, a implementar una política monetaria aún más restrictiva que elevó notablemente las tasas de interés, buscándose con ello, por una parte, proteger las reservas de oro a través de una escasez creciente de dólares y, por la otra, atenuar las acciones especulativas al tornar más atractivo para los especuladores el arbitraje a favor del dólar, dadas las altas tasas de interés en el mercado estadounidense. Con ello se buscaba que los agentes económicos prefirieran cambiar oro por dólares para beneficiarse de las altas tasas de interés, fortaleciéndose así las reservas auríferas de EE. UU.

Esto, no obstante, tuvo severas consecuencias sobre el sector financiero de Estados Unidos, ya que se produjo un efecto opuesto al que se buscaba. Los ahorristas, convencidos de que el dólar sería devaluado, retiraban sus fondos de los bancos para convertirlos por oro o por otros activos, mientras que las altas tasas de interés generaron un substancial aumento de la morosidad de la cartera, pues muchos prestatarios no pudieron honrar sus obligaciones. La abrupta caída de los depósitos, combinada con el notable deterioro de los activos, se tradujo en severos problemas de liquidez para muchos bancos, siendo vital para ellos la obtención de auxilios financieros. Sin embargo, la Reserva Federal, lejos de satisfacer esa necesidad, lo que hizo fue restringir cada vez más la liquidez con el fin de proteger sus reservas de oro, condenando así a la quiebra a múltiples bancos y desencadenando una desconfianza generalizada en el sistema bancario. Eso generó corridas masivas de fondos que aceleraron la caída de las instituciones financieras.[5]

Las enormes pérdidas patrimoniales causadas por el desplome de los mercados de valores y por la caída abrupta de los precios de los activos, combinadas con la paralización de la actividad crediticia, generaron severas consecuencias económicas. Así, se contrajo la demanda, tanto el consumo como la inversión, no sólo como consecuencia del empobrecimiento generado por las cuantiosas pérdidas patrimoniales, sino por la escasez de financiamiento y por su alto costo, así como por la deflación que se produjo al caer los precios en forma sostenida. Esto último hacía que los consumidores postergaran sus decisiones de compra, particularmente de bienes durables, sabiendo que los mismos seguirían abaratándose en el tiempo.

Lo anterior, combinado con una demanda externa cada vez menor debido a la depresión que afectaba a otros países y a las medidas proteccionistas que se habían implantado, contribuyó a generar una profunda depresión en Estados Unidos, al punto de que en el período 1929-1933 el PIB de ese país se contrajo en un nivel cercano al 30%. Como es natural, esa restricción de la actividad productiva generó despidos masivos,

---

[5] Para un pormenorizado análisis de los aspectos monetarios y financieros que caracterizaron el período de la Gran Depresión, ver Bernanke (2004).

haciendo que la tasa de desempleo aumentara sostenidamente hasta alcanzar un nivel de 25%, y que los salarios cayeran, factores que, a la vez, restringían el consumo y limitaban las posibilidades de venta de las empresas.

Situaciones similares se vivieron en múltiples países, particularmente en los europeos, los cuales también sufrieron depresión, deflación, alto desempleo y crisis financieras. Sin embargo, la duración de estas adversidades difirió entre ellos. En efecto, tal como lo explica Bernanke (2004), aquellos que abandonaron el sistema de patrón oro a comienzo de los años 30, vale decir en los inicios de la Gran Depresión, como fue el caso de Gran Bretaña y de los países escandinavos, lograron recuperarse mucho antes que otros, como Francia, Bélgica, Holanda y Suiza, que se aferraron a ese sistema monetario por varios años más. La implementación de políticas monetarias y cambiarias más flexibles les permitió a los primeros superar la deflación, revertir las calamidades de sus sectores financieros y dar más dinamismo a las actividades crediticias, logrando así vencer la paralización de la actividad productiva.

Al igual que lo habían hecho algunas naciones europeas, como el Reino Unido, Estados Unidos de América decidió abolir el patrón oro con la finalidad de estimular su economía y sacarla de la depresión que sufría. Así, el 5 de abril de 1933, tan solo un mes después de tomar posesión el nuevo presidente, Franklin Delano Roosevelt, se dictó la *Executive Order 6102*, prohibiendo a los ciudadanos de ese país la posesión de oro y ordenando su venta inmediata a la Reserva Federal a razón de 20,67 dólares por onza troy de ese metal, imponiéndose severas penalidades pecuniarias y de pérdida de libertad a quienes infringieran la nueva orden compulsiva. Con ello se buscaba proteger y estabilizar las reservas de oro del país y desincentivar los retiros masivos de fondos de los bancos. Meses después, el 30 de enero de 1934 entró en vigor la *Gold Reserve Act of 1934*,[6] según la cual se devaluaba el dólar estadounidense, al redefinirse su valor en oro de 1,5048 gramos a 0,88867 gramos. De esta forma el valor en dólares de la onza troy del metal aurífero pasó de 20,67 dólares a 35,00, con lo que se buscaba fortalecer la capacidad competitiva del aparato productivo estadounidense y fortalecer la balanza de pagos de ese país.

Adicionalmente, la puesta en marcha de programas de expansión fiscal, en línea con las recomendaciones revolucionarias de John Maynard Keynes, contribuyó notablemente a solventar el problema. A través de la expansión del gasto público se buscaba, además de crear fuentes de empleo que dieran trabajo a los millones de trabajadores parados, inyectar recursos masivamente a la economía con el fin de estimular la demanda, particularmente al consumo privado, y con ella la actividad productiva. Las fábricas volvían a producir ante las posibilidades de mayores ventas, incrementando así la demanda de mano de obra que, a su vez, generaba mayor capacidad de compra de la población y mayor estímulo a la producción.

---

[6] Ver *Public Law 73-87, 73d Congress, H.R. 6976 "Gold Reserve Act of 1934".*

1.1.   Efectos de la Gran Depresión sobre Venezuela

La caída de los mercados bursátiles de 1929 y la materialización de la Gran Depresión de los años 30, cambió el panorama de las exportaciones venezolanas, ya que los precios internacionales de los *commodities* sufrieron severas y continuadas contracciones. Eso hizo que el valor del café en el mercado de Nueva York cayera un 77% entre 1929 y 1936, y que el precio del cacao en Londres experimentara una contracción de 75% entre 1928-1929 y 1934.[7] Los precios del petróleo venezolano, por su parte, cayeron sostenidamente desde 1927, pero los volúmenes de producción y exportación se elevaron sostenidamente hasta 1930, haciendo que el valor de las exportaciones siguiera creciendo hasta ese año.

Esa compleja situación internacional hizo que las exportaciones venezolanas, tanto las petroleras como las de otros productos, cayeran en forma sostenida e intensa durante los primeros años de la década de los 30, haciendo que el bolívar se depreciara fuertemente, llegando a cotizarse el dólar a 7,75 bolívares en agosto de 1932, nivel muy superior a la tasa establecida por la relación del valor oro de ambas monedas, que como ya se dijo, era de 5,1831 bolívares por dólar.

---

[7]   Ver Mayobre (1944).

Cuadro 1.1

Exportaciones de Mercancías
(Millones de Bs)

	Petroleras	No-petroleras	Total
1920	26	177	202
1925	194	207	401
1929	721	212	932
1930	723	153	877
1931	487	120	607
1932	549	115	665
1933	381	76	458
1934	405	76	481

Fuente: Baptista (2006: 218-220)

Después de devaluarse el dólar a raíz de la aplicación de la *Gold Reserve Act of 1934*, que redefinió el valor en oro de esa divisa, y dado que el valor del bolívar-oro se mantuvo inalterado entonces, la relación con el dólar, o paridad-oro legal, pasó de 5,1831 a 3,061, revaluándose así la moneda venezolana, al punto de que en agosto de ese año el tipo de cambio de mercado llegó a 3,04 bolívares por dólar.

Esa revaluación de la moneda, por una parte, generaba un beneficio, ya que obligaba a las compañías petroleras a traer más dólares para obtener los bolívares que necesitaban para cubrir sus obligaciones locales, sin que ello las afectara grandemente dada su alta productividad; pero, por la otra, afectaba notablemente a los exportadores de café, cacao y de otros productos locales, quienes ahora recibían menos bolívares por sus ventas externas, haciéndoseles muy difícil la viabilidad económica de sus negocios.

Surgió entonces una polémica sobre la conveniencia o no de devaluar el bolívar con el fin de estimular las exportaciones tradicionales. Por una parte, personas como Alberto Adriani, sugerían una aguda devaluación del bolívar con el fin de estimular esas ventas externas, mientras que otros, como Vicente Lecuna, se oponían a una medida de ese tipo, argumentando que una devaluación favorecería a las compañías petroleras, ya que tendrían que traer menos dólares para cubrir sus costos operativos en bolívares, implicando ello pérdidas para el país, pérdidas que, según Lecuna, no se podrían compensar con las mayores exportaciones tradicionales que se producirían por la devaluación del bolívar.[8] Dado el ambiente que entonces existía en favor de la fortaleza del bolívar, se desestimó la propuesta de devaluar la moneda, quedando en pie el problema de la pérdida de competitividad de los exportadores tradicionales.

1.2. El Convenio Tinoco

Con el fin de solventar este último problema, el gobierno decidió intervenir en el mercado cambiario con el fin de estabilizar la moneda, llegando a un acuerdo con las compañías petroleras para fijar el tipo de cambio en 3,90 bolívares por dólar para la compra de sus divisas, estableciendo otro de 3,93 bolívares por dólar para la venta. En otras palabras, se devaluó el bolívar con el fin de hacer más viable las exportaciones agrícolas, aun cuando no con la inten-

---

[8]   Ver Baptista y Mommer (1997: 12), Silva Michelena (2006: 39).

sidad propuesta por Adriani, incurriéndose en un costo, implícito en la menor cantidad de dólares que ahora tendrían que traer las compañías petroleras.

Este acuerdo, que se conoce como el "Convenio Tinoco", entró en vigor el 28 de agosto de 1934. En línea con el mismo, el gobierno nacional, a través del Banco de Venezuela, compraría las divisas que las compañías petroleras trajeran al país al tipo de cambio convenido de 3,90 bolívares por dólar, hasta por un monto que, sumado a las divisas que se obtuvieran de otras exportaciones, no sobrepasara la demanda de dólares del mercado, adquiriéndose cualquier excedente a un precio equivalente a la paridad-oro legal existente, es decir a 3,06 bolívares por dólar.[9]

En poco tiempo resultó obvio que la nueva tasa cambiaria no solventaba los problemas de los exportadores tradicionales, máxime cuando los precios internacionales de sus productos seguían cayendo, por lo que el 27 de enero de 1936 el gobierno nacional decidió otorgar unas primas a los exportadores de café, cacao, azúcar, ganado, pieles, maderas y papelón, con la finalidad de preservar la viabilidad de sus negocios de exportación. Estas primas fueron revisadas en diciembre de 1936, centralizándose las divisas de exportación favorecidas con esas ayudas en el Banco Auxiliar de la Tesorería, institución que las adquiriría a un precio de 3,90 bolívares por dólar, manteniéndose el precio de venta al público en 3,93, y estableciéndose uno de 3,915 bolívares por dólar al servicio oficial.[10]

---

[9] Ver Crazut (2010: 135-137).

[10] Ver Mayobre (1944: 356).

El 3 de febrero de 1937 se creó la Oficina Nacional de Centralización de Cambios, y dos meses después se estableció un nuevo Convenio Cambiario en el que se estableció una revaluación del bolívar, fijándose un tipo de cambio de 3,09 bolívares por dólar para la compra de divisas de las compañías petroleras y de los exportadores favorecidos con primas, y una tasa de 3,17 bolívares para la venta de dólares a los bancos, entidades que venderían esas divisas al público a 3,19 bolívares por dólar.

Capítulo 2

Creación del Banco Central de Venezuela y control cambiario (1940), tipos de cambio fijos y diferenciales (1941-1960)

Después que estalló la II Guerra Mundial en septiembre de 1939, Venezuela sufrió un importante descalabro de sus transacciones externas, reduciéndose sus exportaciones de productos agrícolas hacia Europa y sus ventas de petróleo, mientras que las posibilidades de suministro provenientes del viejo continente se vieron severamente restringidas. Eso llevó a que el 24 de junio de 1940 se dictara un decreto con el fin de establecer un control de cambios administrado por la Oficina Nacional de Centralización de Cambios,[11] ente que manejaría todas las operaciones cambiarias, fijaría las tasas correspondientes, y expediría las autorizaciones requeridas para realizar exportaciones.

---

[11] Ver *Gaceta Oficial* N° 20.218 del 25 de junio de 1940.

2.1. Creación del Banco Central de Venezuela y el control de cambios

El 15 de octubre de 1940 se dictó un nuevo decreto, asignándole al recién creado Banco Central de Venezuela (BCV) la responsabilidad de manejar todas las actividades cambiarias, sustituyendo este a la Oficina Nacional de Centralización de Cambios.[12] Se establecía en ese decreto que las divisas generadas por todas las exportaciones venezolanas tenían que negociarse de forma exclusiva con el nuevo ente y a los tipos de cambio que este fijara. Diez días más tarde, el 25 de octubre de 1940, se dictó un nuevo decreto con el fin de controlar las actividades de comercio exterior, y en particular las importaciones, creándose la Comisión de Control de Importaciones, la cual emitiría los permisos requeridos para introducir en el territorio nacional mercancías procedentes del exterior. En dicho decreto se establecieron los criterios según los cuales el BCV debía distribuir las divisas que adquiría para la realización de importaciones. Ulteriormente, el 31 de enero del año siguiente, se dictó un nuevo decreto que establecía de forma más precisa todo lo concerniente a la distribución de las divisas de que dispusiera el BCV, y reguló todo lo relativo al otorgamiento de permisos para importar.[13]

El 23 de julio de 1941 se implantó un nuevo esquema cambiario, estableciéndose dos mercados: uno libre y otro controlado, siendo este último administrado por el BCV, organismo al que tenía que vendérsele la totalidad de las divisas que se negociaran en el país provenientes de las exportaciones de petróleo, así como de café,

---

[12] Ver *Gaceta Oficial* N° 20.311 del 15 de octubre de 1940.

[13] Ver *Gaceta Oficial* N° 20.403 del 31 de enero de 1941.

cacao y ganado vacuno, las cuales representaban aproximadamente el 90% de las ventas externas del país. El resto de las divisas podía ser negociado sin restricción alguna en el mercado libre, en el cual podía intervenir el BCV.[14]

2.2. El sistema de tipos de cambio fijos y diferenciales (1941-1960)

El esquema cambiario establecido en julio de 1941 era de tipos de cambio fijos y diferenciales. Así, se ratificó el tipo de cambio de 3,09 bolívares por dólar aplicable a las compras de divisas petroleras por el BCV, vigente desde 1937, y se crearon unos tipos de cambio preferenciales para las exportaciones de café, cacao y ganadería vacuna (4,60 bolívares por dólar para las primeras y 4,30 para las segundas y terceras). Adicionalmente, se fijó un tipo de cambio de 3,335 bolívares por dólar para la venta de dólares del BCV a los bancos, y se elevó la tasa de venta al público de 3,19 bolívares por dólar, vigente desde 1937, a 3,35. En esa oportunidad se eliminaron las primas que se les daba en forma de subsidios directos a los exportadores de los productos agrícolas protegidos. La idea era que el diferencial cambiario entre el dólar petrolero y el dólar para venta al público le generara al BCV los recursos con qué seguir aportando los requeridos subsidios a las exportaciones de café y cacao, pero que ahora se materializaban a través de la adquisición, por parte del instituto emisor, de los dólares generados por esas actividades a precios substancialmente mayores.

---

[14] Para un detenido análisis de los decretos y otros instrumentos legales que rigieron la cuestión cambiaria durante estos años, ver Brewer Carías (1980) y (1994).

En los años siguientes se introdujeron algunas modificaciones en las características del control cambiario y en algunos tipos de cambio preferenciales. Así, el 4 de marzo de 1942 se dictó un decreto que buscaba, en primer lugar, regular una serie de aspectos relacionados con el control de las importaciones y de las exportaciones, en segundo lugar, eliminar el tipo de cambio diferencial aplicable a las exportaciones de ganado vacuno, ya que el precio internacional de ese producto era lo suficientemente alto como para asegurar la competitividad del sector y, finalmente, limitar las divisas que eran de venta obligatoria la BCV a aquellas provenientes de las exportaciones petroleras. En junio de ese mismo año se modificaron los tipos de cambio de compra por el BCV de las divisas generadas por las exportaciones de algunos productos agrícolas, fijándose el del café lavado en 4,30 bolívares por dólar, y el del cacao y el café trillado en 3,75, tasas que fueron nuevamente ajustadas el 15 de agosto de 1944, cuando se fijaron en 4,80 bolívares por dólar la primera, y en 4,25 la segunda.

Este sistema estaba muy en línea con el criterio cambiario que se aplicaba entonces en la Alemania nazi, y que fue implementado en muchos países en desarrollo, siendo muy común en América Latina. De acuerdo a este, el establecimiento de tipos de cambio diferenciales podía servir de fuerte estímulo a las actividades de exportación de distintos sectores productivos.[15] Eso era particularmente relevante en el caso de Venezuela, ya que el sector petrolero,

---

[15] Ese esquema cambiario estaba en línea con las recomendaciones del Dr. Hermann Max Coers, economista chileno de origen alemán que para entonces asesoraba al recién creado Banco Central de Venezuela. Ver Max Coers (1940).

altamente desarrollado, podía funcionar sin problemas con un tipo de cambio relativamente bajo como el de 3,09 bolívares por dólar, pues aun cuando esta tasa pudiera implicar la existencia de un bolívar sobrevaluado, las exportaciones petroleras no se verían afectadas, pues los precios de los hidrocarburos se establecían en dólares en los mercados internacionales.

Adicionalmente, si bien este esquema podía implicar una carga financiera para la industria, al verse las compañías concesionarias obligadas a obtener los bolívares que requerían para cubrir sus costos internos a través de la venta de dólares al BCV a aquel tipo de cambio desfavorable, se argumentaba que dicha carga no era tan gravosa y, a la vez, permitía establecer tipos de cambio diferenciales que estimulaban las exportaciones de productos de sectores más atrasados e ineficientes, como el agrícola, sin que ello implicara un costo para el instituto emisor. Por otra parte, se argumentaba que mantener un tipo de cambio bajo para el dólar petrolero era beneficioso para el país, pues de esa forma las compañías concesionarias se verían obligadas a traer más divisas para adquirir los bolívares que necesitaban para sus operaciones locales y para hacer frente a sus obligaciones tributarias.

A lo largo de la implementación de este esquema durante casi dos décadas sucedió un fenómeno distorsionante, muy característico de estos sistemas de tipos de cambio diferenciales: Los porcentajes de la producción local de café y cacao que se destinaba a satisfacer la demanda interna crecían sostenidamente, haciendo que un porcentaje cada vez mayor de las exportaciones fueran de productos foráneos que eran nacionalizados ilegalmente, para luego ser reexportados a los tipos de cambio preferenciales existentes. Esto, obviamente, generaba altos beneficios, ya que, con los bolívares que se obtenían por la venta al BCV de los dólares producidos por aquellas exportaciones se podían comprar muchas más divisas en el mercado libre al tipo de cambio de 3,35 bolívares por dólar. De hecho, el diferencial entre el tipo de cambio de las exportaciones de café lavado y el aplicable al público llegó a superar el 40%.

También es de destacar que, durante la implementación del control cambiario establecido en 1941, la evolución del tipo de cambio en el mercado libre estuvo alineada con la del oficial de 3,35 bolívares por dólar, ya que la provisión de divisas al público era abundante. Los ingresos petroleros eran lo suficientemente holgados como para generar la cantidad de moneda extranjera que se requería para la importación, las cuales estaban muy constreñidas por los problemas de escasez mundial de productos durante los años de guerra, o para otros fines. De hecho, el BCV hizo importantes compras de oro en ese período, pues disponía de un excedente de divisas, y sus reservas internacionales se cuadruplicaron en el período 1940-1944.[16] Esta situación, combinada con la existencia de un mercado libre donde intervenía el BCV, aseguraba que el tipo de cambio libre fuera similar al oficial, no percibiéndose una restricción de importancia en el acceso a las divisas.

---

[16] Ver Hernández Delfino (2015), Mayobre (1944) y Peltzer (1965).

Cuadro 2.1

Reservas Internacionales al Cierre del Período
(Millones de USD)

1940	31
1941	54
1942	76
1943	102
1944	129

Fuente: Banco Central de Venezuela

El 15 agosto de 1944 se dictó el decreto número 178 que flexibilizaba el control cambiario, eliminándose muchas de las restricciones impuestas en los años previos.[17] Sin embargo, se mantuvo la obligación de venta al BCV de las divisas que trajeran las compañías petroleras al país a la tasa de 3,09 bolívares por dólar, y se determinó que sería el instituto emisor el que continuaría estableciendo los tipos de cambio que regirían en el mercado y las condiciones de la venta de las divisas que adquiriera, previo acuerdo con el Ejecutivo Nacional. En esa oportunidad, como ya se dijo, se volvieron a ajustar las tasas de cambio aplicables a los dólares generados por las exportaciones de café y cacao, estableciéndose una de 4,80 bolívares por dólar para el café lavado, y otra de 4,25 para el café trillado y para el cacao.[18]

---

[17] Ver *Gaceta Oficial* N° 21.484 publicada el 15 de agosto de 1944.

[18] Brewer Carías (1994: 53).

En esa época se generó un interesante debate acerca de cuál debería ser la paridad única del bolívar, en línea con lo recientemente acordado en la reunión de Bretton Woods, inclinándose algunos economistas por la llamada paridad oro con el dólar que, como ya se ha dicho, en ese momento estaba en torno a 3,06 bolívares por dólar. La aplicación de este criterio habría implicado una revaluación de importancia del signo monetario en las actividades económicas distintas al petróleo, particularmente en la agrícola, afectando su capacidad competitiva internacional.[19] Sin embargo, la realidad es que, ulteriormente, Venezuela logró acordar con las autoridades del recientemente creado Fondo Monetario Internacional (FMI), la preservación del esquema de tipos de cambio diferenciales. Esto fue posible porque el período de cinco años, inicialmente establecido para la conversión al nuevo sistema, se extendió por un lapso similar y, adicionalmente, Venezuela no requirió de la asistencia financiera de ese organismo multilateral, hecho que, en cierto modo, le dio mayor libertad para mantener aquel esquema cambiario hasta fines de la década de los años 50.

---

[19] Ver Peltzer, E. y Mayobre, J.A. *El Sistema de Cambios en Venezuela*, artículo escrito a fines de 1946 y reproducido en Peltzer (1965: 223-249).

Recuadro 2

El Sistema Financiero Internacional de Bretton Woods[20]

Ya cercano el final de la II Guerra Mundial, la actitud internacional acerca de las políticas cambiarias que debían implementarse cambió substancialmente. El sistema de tipos de cambios diferenciales auspiciado por la Alemania nazi fue puesto de lado, imponiéndose el de tipos de cambio fijo. En julio de 1944 se reunieron las representaciones de 44 países aliados en Bretton Woods, un lugar de veraneo localizado en New Hampshire, EE. UU., con el fin de definir las características del sistema monetario internacional que existiría después que culminara la guerra, decisiones que fueron recogidas en el llamado "Acuerdo de Bretton Woods". Allí se decidió la creación del Fondo Monetario Internacional (FMI) y del Banco Mundial (BM), se adoptó la convertibilidad del dólar por oro, y se estableció que uno de los principales objetivos a alcanzar era la estabilidad cambiaria mundial. A tales fines, cada país que se afiliara al FMI tenía que expresar la paridad única de su moneda en términos de oro, quedando así establecido los tipos de cambio de dicha moneda con respecto a las demás, incluyendo al dólar estadounidense, cuya paridad en oro era de 1/35 de onza troy, ratificándose así la paridad-oro de esa moneda establecida desde enero de 1934. De esta forma quedaban indirectamente establecidos los tipos de cambio fijos entre todas las monedas, acordándose un período de cinco

---

[20] Tomado de Palma (1975: 52-75).

años para que los países miembros adaptaran sus esquemas cambiarios a la nueva normativa.

Al establecerse la posibilidad de que cualquier banco central que poseyera dólares estadounidenses podía presentarlos a la Reserva Federal a los fines de convertirlos por oro a razón de 35 dólares por onza troy de ese metal, se le dio a esa moneda una aceptabilidad universal, ya que poseerla era hasta mejor que acumular oro, pues su colocación o inversión podían generar un retorno en forma de intereses. Estados Unidos pudo hacer esa promesa de convertibilidad debido a los altos volúmenes de reservas de oro que poseía al final de la II Guerra Mundial.

De esta forma comenzó a operarse un flujo de recursos desde EE. UU. a los países europeos devastados por la guerra en forma de subsidios y préstamos a través del Plan Marshall, que posibilitó el inicio de la rápida reconstrucción del viejo continente. En los años subsiguientes esos flujos se acrecentaron y diversificaron en forma de inversiones en activos fijos, compra de acciones de compañías en expansión, colocaciones financieras para aprovechar los altos rendimientos que se podían obtener en Europa, y crecientes gastos militares en el viejo continente. Bien puede decirse que EE. UU. se transformó en el banquero del mundo, generándole esto grandes beneficios, ya que los dólares que producía y enviaba al exterior le permitieron realizar importantes inversiones en Europa y en otros países, creando nuevas industrias o adquiriendo el control de otras ya existentes.

La incertidumbre acerca de seguridad de suministros de petróleo que causó la crisis de Suez de 1956, y las expectativas de eventuales aumentos bruscos de los precios de los hidrocarburos, llevó a los países europeos a fortalecer sus reservas internacionales. Todos estos hechos se tradujeron en crecientes salidas de capitales de EE. UU., particularmente desde fines de los años 50, generando déficits crecientes de su cuenta capital. Paralelamente, la acumulación de dólares en los bancos centrales europeos estimulaba a estas instituciones a convertir parte de estas divisas por oro, haciendo que las reservas de EE. UU. se redujeran aceleradamente, al punto de que en 1960 la relación de esas reservas a los pasivos líquidos externos de ese país fuera, por primera vez, menor que 1,00. Esa situación continuó a lo largo de la década de los 60, creando un creciente escepticismo acerca de las posibilidades de cumplimiento de la promesa de convertibilidad del dólar por oro.

Las abundantes entradas de dólares a los países europeos y Japón, y los elevados superávits de sus balanzas de pagos, generaron expectativas crecientes de apreciación de sus monedas, desencadenando masivas y crecientes acciones especulativas, a través de las cuales se convertían dólares por marcos alemanes, francos, yenes y otras monedas. Sin embargo, los gobiernos de esos países se negaban a revaluar por temor a que sus productos perdieran competitividad en los mercados internacionales. A cambio, presionaban al gobierno estadounidense para que tomara medidas que restringieran las salidas de capitales financieros, y le presentaban a la Reserva Federal crecientes cantidades de dólares para su conversión en oro, a pesar del convencimiento que ya existía a fines de la década de los 60 acerca de la imposibilidad de EE. UU. de honrar ese compromiso de conversión debido a los bajos niveles de sus reservas auríferas.[21]

Esta situación hizo crisis el 15 de agosto de 1971, cuando el gobierno estadounidense declaró la inconvertibilidad del dólar, e impuso un recargo del 10% a sus impuestos de importación, implicando una devaluación de facto del dólar que encarecía los productos foráneos en ese país. Esta medida fortalecía la capacidad competitiva de la industria norteamericana, buscándose con ello, no solo solventar sus problemas de balanza de pagos, sino también estimular su economía, que estaba en recesión.

En respuesta a la decisión de mediados de agosto, varios países europeos y Japón decidieron dejar flotar sus monedas, las cuales comenzaron a apreciarse, haciéndose necesaria la intervención frecuente de sus gobiernos de tal forma de mantener las fluctuaciones cambiarias dentro de ciertos límites. Esto llevó a que en diciembre de 1971 se reunieran las autoridades del Grupo de los Diez en los salones del *Smithsonian Institute* de Washington D.C., llegándose a un acuerdo que se firmó el 18 de ese mes, y que se conoció como el Acuerdo Smithsoniano. Allí se acordó redefinir las paridades de las principales monedas con respecto al dólar estadounidense, readaptando el sistema de paridades fijas, pero permitiéndose fluctuaciones hacia arriba o hacia abajo con respecto a la paridad fijada hasta de un 2,25%. El dólar fue devaluado al subir el valor de la onza troy de oro de 35 dólares a 38, y al reva-

---

[21] La relación de reservas internacionales a pasivos líquidos externos de EE. UU., que era de 2,73 en 1950, bajó a 0,41 en 1969 y a 0,34 en 1970.

luarse las otras monedas con respecto al dólar. Muchas de las monedas de los países emergentes siguieron atadas al dólar dada la estrecha vinculación de estas economías a la de EE. UU. En otras palabras, después de ajustarse los tipos de cambio, se buscó preservar el principio de tipos de cambio fijos establecido en Bretton Woods, aun cuando con una mayor flexibilidad, al permitirse limitadas fluctuaciones entre las monedas.

Se esperaba que EE. UU. reabsorbiera buena parte de los dólares que se encontraban fuera de sus fronteras, pues una vez devaluado el dólar se debería producir un flujo de capitales hacia ese país debido, por una parte, al incremento de sus exportaciones y, por la otra, a las acciones de los especuladores, quienes convertirían las revaluadas monedas europeas y japonesa por dólares para así materializar jugosas ganancias. Sin embargo, no sucedió así, ya que la alta liquidez de Estados Unidos debido a sus grandes déficits presupuestarios, presionó las tasas de interés a la baja, estimulando la salida de capitales.

Esta situación, combinada con los importantes superávits externos de Japón y de varias economías de Europa, llevó al convencimiento de que las monedas de esos países volverían a apreciarse, redoblándose las transferencias de capitales especulativos hacia ellos. La situación llegó a tales extremos que, el 9 de febrero de 1973 se cerraron los mercados cambiarios y tres días más tarde se devaluó el dólar, pasando el precio de la onza troy de oro a 42,22 dólares. A pesar de ello, los mercados no se tranquilizaron, persistiendo las expectativas de ajustes cambiarios adicionales y las masivas transferencias de dólares hacia Europa y Japón. No obstante los esfuerzos de varios bancos centrales de comprar dólares para mantener las tasas cambiarias acordadas a mediados de febrero, fue tal la avalancha de fondos, que el 2 de marzo se decidió cerrar los mercados cambiarios hasta nuevo aviso.

En los días siguientes se acordó que, al reabrir los mercados, las monedas europeas flotarían con respecto al dólar, pero mantendrían paridades cuasi fijas entre sí, pudiendo éstas fluctuar un máximo de 2,25% de la paridad preestablecida. Ulteriormente se acordó que EE. UU. y los otros países intervendrían activamente en los mercados con el fin de preservar el orden en los mismos, es decir, se acordó que el sistema a aplicar sería de flotación "sucia" o intervenida. Así llegó a su final el esquema cambiario con tipos de cambio fijo establecido en Bretton Woods 29 años antes.

2.3. Período de libre convertibilidad con tipos de cambio fijos

Desde mediados de la década de los años 40 se vivió en Venezuela un prolongado período de libre convertibilidad en el que cualquier persona podía transar dólares sin ningún tipo de limitaciones y a un tipo de cambio fijo de 3,35 bolívares por dólar, establecido por el BCV desde julio de 1941. Las crecientes exportaciones de hidrocarburos y los resultados favorables de la balanza de pagos, combinados con varias acciones gubernamentales tendentes a incrementar la participación fiscal proveniente de la actividad petrolera,[22] hicie-

---

[22] El 17 de julio de 1942 se promulgó la primera Ley de Impuesto Sobre la Renta que incorporaba un impuesto progresivo sobre las ganancias de las compañías petroleras, y el 13 de marzo de 1943 se promulgó la Ley de

ron posible la canalización de crecientes montos de divisas hacia el BCV, que eran traídas al país por las compañías concesionarias y vendidas de manera obligatoria al instituto emisor al tipo de cambio de 3,09 bolívares por dólar, con el fin de obtener los bolívares que necesitaban para cubrir sus costos operativos locales y cumplir sus crecientes obligaciones tributarias. Esto no solo se tradujo en una acumulación sostenida de reservas internacionales, sino también en la posibilidad de mantener unos niveles de oferta de moneda extranjera en línea con la dinámica de la demanda existente en el mercado cambiario, demanda que evolucionaba de manera regular y sin sobresaltos ante la ausencia de expectativas cambiarias o percepciones de riesgo.

Esta situación se mantuvo inalterada hasta 1958, cuando la turbulencia política que siguió al derrocamiento de la dictadura de Pérez Jiménez creó un clima de incertidumbre que se tradujo en masivas salidas de capital. Eso hizo que las reservas internacionales sufrieran una fuerte y sostenida caída en los años que siguieron al derrocamiento de la dictadura, lo que contrastaba con el período de relativa estabilidad y abundancia de dichas reservas durante el segundo lustro de la década de los años 40 y la primera mitad de los

---

Hidrocarburos, en la que, además de imponerse la conversión y unificación del régimen legal aplicable a todas las concesiones petroleras, se elevaba el impuesto de regalía de un octavo a una sexta parte del volumen de petróleo extraído. Adicionalmente, hacia fines de 1945 se instauró un impuesto extraordinario a las altas ganancias corporativas, concebido con el objetivo de elevar las obligaciones tributarias de las compañías concesionarias, y en 1947 se estableció un impuesto adicional con el fin de asegurarle al fisco una participación del 50% de las utilidades de las empresas petroleras. Este impuesto se conoció como el *fifty-fifty*. Ver Silva (1990: 91) y McBeth (2014: 45-47).

50, habiendo éstas experimentado un importante aumento en 1956 y 1957 debido al otorgamiento de nuevas concesiones a las compañías petroleras.

Cuadro 2.2
Reservas Internacionales y Exportaciones
(Millones de USD)

	Reservas	Exportaciones
1945	190	N.D.
1946	216	512
1947	216	691
1948	346	1102
1949	408	990
1950	326	1155
1951	363	1370
1952	433	1446
1953	477	1498
1954	475	1648
1955	525	1891
1956	909	2211
1957	1381	2751
1958	983	2472
1959	703	2317
1960	597	2358

Fuente: Banco Central de Venezuela

Capítulo 3

Crisis y nuevo control cambiario (1958-1964).
Retorno a la libre convertibilidad (1964-1983)

La situación de crisis que siguió al derrocamiento de Pérez Jiménez tendió a agravarse en 1959 y 1960, cuando una serie de intentonas de golpe de Estado y el recrudecimiento de la actividad guerrillera de extrema izquierda, se combinaron con la instauración del gobierno revolucionario cubano, generalizándose el convencimiento de que el sistema democrático que recién nacía no se podría sostener, pudiendo incluso imponerse el comunismo en Venezuela.

La fuerte salida de capitales, la contracción de las inversiones extranjeras y la reducción sostenida de reservas internacionales hizo que el 8 de noviembre de 1960 se dictara el Decreto-Ley número 390 que imponía un nuevo control de cambios, suspendiéndose de esa forma la libre convertibilidad que existía desde hacía varios lustros.[23]

---

[23] Ver *Gaceta Oficial* N° 26.401 publicada el 8 de noviembre de 1960.

3.1. El control de cambios de 1960 - 1964

En este nuevo control cambiario se ratificaron los tipos de cambio establecidos 16 años antes en el decreto número 178, y se estableció que, además de las divisas originadas por las exportaciones de hidrocarburos y demás minerales combustibles, las divisas originadas por las exportaciones de mineral de hierro y demás minerales no combustibles también serían de exclusiva adquisición por el BCV, pero en este caso a un tipo de cambio de 3,33 bolívares por dólar. También se reguló allí la distribución de las divisas que adquiriera el instituto emisor, las cuales deberían destinarse a la satisfacción de las necesidades normales de pago de la economía, previa aprobación y autorización del BCV. Obviamente, estas limitaciones crearon automáticamente un mercado paralelo en el que el precio de la divisa se establecía por el libre juego de la oferta y la demanda, ubicándose este en niveles superiores y cada vez más distante del tipo de cambio tradicional de 3,35 bolívares por dólar.

El 17 de marzo de 1961 se dictó el decreto número 480[24] en el que se reglamentaba todo lo relativo al régimen de control cambiario. Así:

- se oficializó el mercado libre con un tipo de cambio de 4,70 bolívares por dólar, donde se adquirirían las divisas para la realización de importaciones no esenciales y suntuarias, así como para algunas transferencias y gastos de viaje

---

[24] Ver *Gaceta Oficial Extraordinario* N° 679, publicada el 17 de marzo de 1961.

- se ratificó el tipo de cambio de 3,35 bolívares por dólar, pero solo para pagos oficiales y para la realización de ciertas operaciones limitadas y controladas, tales como, importaciones necesarias, repatriación de capitales, gastos de estudiantes en el exterior, fletes y seguros

- se fijaron los tipos de cambio diferenciales para la compra de divisas por parte del BCV, ratificándose varios de ellos establecidos años atrás

  - Bs/USD 3,09 para los dólares petroleros

  - Bs/USD 4,80 para los dólares del café

  - Bs/USD 4,25 para los del cacao

  - Bs/USD 3,33 para los de las compañías del hierro.

Con una estructura tan compleja, proliferaron los mecanismos a través de los cuales se burlaban los controles, minimizando su efectividad. El más común era la solicitud de dólares preferenciales para la realización de importaciones que después no se materializaban, o se hacían parcialmente, haciendo que el grueso de aquellas divisas subsidiadas saliera y se acumularan en el exterior; esto hizo que el saldo deficitario de la cuenta capital de la balanza de pagos se mantuviera en niveles muy altos. Ante esto, en abril de 1962 se transfirieron al mercado libre más del 80% de las importaciones y prácticamente la totalidad de las transacciones financieras, limitándose los dólares preferenciales a importaciones consideradas como esenciales. Estas medidas de regularización, combinadas con la consolidación del sistema democrático y la disipación de los temores de radicalización política en el país, contribuyeron a normalizar la demanda de divisas.

De esta forma se creó la precondición fundamental para el desmantelamiento de los controles y la normalización del mercado cambiario. De hecho, durante el año 1963 se plantearon varias proposiciones para efectuar aquel desmantelamiento, tomando cada vez más fuerza la tesis de la unificación del tipo de cambio y la restitución de la plena convertibilidad cambiaria.

Cuadro 3.1

Saldo de la Cuenta Capital
(Millones de USD)

1958	-323
1959	-217
1960	-111
1961	-513
1962	-469
1963	-290
1964	-5

Fuente: Banco Central de Venezuela

Entonces se planteaba que el tipo de cambio petrolero de 3,09 bolívares por dólar debía abolirse, ya que el mismo le resultaba artificialmente costoso a las compañías concesionarias, quienes, en consecuencia, minimizaban sus compras locales de bienes y servicios. Adicionalmente, ya no se justificaba el argumento de que las utilidades cambiarias generadas por el diferencial del tipo de cambio petrolero con el libre era una forma de obtener mayores ingresos fiscales pues, al alinearse las dos tasas, las utilidades brutas de las compañías expresadas en bolívares también aumentarían, incrementándose así el impuesto sobre la renta que éstas tendrían que pagar. Finalmente, la substancial reducción de las exportaciones de café y cacao, y la pérdida de importancia de estas ventas externas en el total del comercio exterior del país, no justificaban el mantenimiento de los tipos de cambio especiales aplicados a la compra de los dólares provenientes de esas ventas foráneas por parte del BCV.[25]

3.2. Retorno a la libre convertibilidad con tipo de cambio fijo (1964-1983)

El 18 de enero de 1964 se dictó el decreto número 1159, mediante el cual se eliminó el control cambiario impuesto en noviembre de 1960, y se ajustaron las tasas diferenciales.[26] Así, se eliminó el tipo de cambio de 3,35 bolívares por dólar, estableciéndose una tasa única, fija y libre al público de 4,50 bolívares por dólar, mientras que la tasa aplicada a la compra de dólares petroleros por parte del BCV pasó de 3,09 bolívares por dólar a 4,40. En otras palabras, se mantuvieron los tipos de cambio fijos y diferenciales, a pesar de que la disparidad entre ellos se redujo considerablemente, pudiendo interpretarse el nuevo sistema como una cuasi unificación cambiaria. El tipo de cambio de 4,40 bolívares por dólar también se aplicaba a las operaciones de compra por parte del BCV de las divisas provenientes de la explotación de mineral de hierro.

---

[25] Ver Crazut (2010: 148-150).

[26] Ver *Gaceta Oficial Extraordinario* N° 892 del 18 de enero de 1964 y Brewer Carías (1994: 31-32).

Bajo el nuevo esquema cambiario, se mantuvo la obligación a las compañías petroleras y de extracción de hierro de vender sus dólares al BCV a los fines de obtener los bolívares que requirieran para realizar sus operaciones locales y para pagar sus obligaciones fiscales. El precio de compra de los dólares provenientes de las exportaciones de café y cacao se estableció a 4,485 bolívares por dólar, y se instauró una bonificación de 1,15 bolívares por dólar para las importaciones consideradas como esenciales, buscándose con ello evitar su encarecimiento por la devaluación del bolívar. No obstante, a lo largo de 1964 se fue eliminando ese subsidio, y ya para fines de ese año solo se mantenía para las importaciones de trigo y de leches conservadas.

Aparte de la eliminación de los controles, lo que en realidad se hizo en esa oportunidad fue ratificar el esquema que ya se aplicaba a la gran mayoría de las operaciones cambiarias, haciéndose solo una modificación de verdadera importancia en lo concerniente al tipo de cambio aplicado a la compra por parte del BCV de divisas procedentes del sector petrolero y de la actividad de extracción del mineral de hierro. Por las razones ya explicadas, esta última decisión no se tradujo en una disminución de los ingresos fiscales, ni produjo una disminución del ingreso de divisas al país proveniente de estas actividades.

El esquema instaurado en enero de 1964 estuvo vigente hasta 1983, introduciéndosele unos pequeños cambios a lo largo de esas casi dos décadas. En efecto, en 1971 y 1973, a raíz de la crisis que sufrió el sistema monetario internacional de Bretton Woods y de las depreciaciones del dólar estadounidense,[27] se decidió revaluar el bolívar con respecto a esa divisa, pasando el tipo de cambio de 4,50 bolívares por dólar a 4,40 en diciembre de 1971, y a 4,30 en febrero de 1973. El tipo de cambio petrolero, por su parte, también se modificó en esas dos oportunidades, manteniendo el diferencial de 0,10 bolívares por dólar con la tasa libre al público. Con esas dos revaluaciones se intentaba neutralizar los efectos negativos que la devaluación del dólar podría generar sobre la economía, ya que, de mantenerse inalterado el tipo de cambio con la divisa norteamericana, también se estaría devaluando el bolívar con respecto a las monedas europeas y japonesa, encareciéndose los productos que se importaran de esos países.

Después de la revaluación de febrero de 1973 el tipo de cambio de 4,30 bolívares por dólar se mantuvo inalterado por una década, atándose la moneda venezolana al dólar, por lo que el bolívar también pasó a flotar con respecto a las monedas europeas y japonesa. Como consecuencia, en épocas de debilidad de la moneda norteamericana, Venezuela tendía a incrementar sus importaciones de ese país, mientras que en los períodos de fortaleza del dólar el origen de nuestras compras externas normalmente se diversificaba, debido a las mayores importaciones procedentes de Europa y Japón.

En julio de 1976 se eliminó el sistema de tipos de cambio diferenciales, estableciéndose que todos los dólares que adquiriera el BCV, incluyendo los del sector petrolero, se harían a una tasa de 4,28 bolívares por dólar, manteniéndose el tipo de cambio para la venta al público en 4,30.

---

[27]   Ver Recuadro N° 2.

Capítulo 4

Sostenibilidad del sistema de tipo de cambio fijo

En esta sección analizaremos las condiciones presentes en la economía que permitieron mantener un sistema de tipos de cambio fijo durante casi cuatro décadas, período temporalmente interrumpido por la crisis y ajuste de los primeros años de los 60. Con este fin en mente, es necesario distinguir dos períodos importantes, el de la estabilidad, que existió hasta 1973, seguido por otro comprendido entre 1974 y 1983. En esta última década, la economía venezolana se vio expuesta a las violentas fluctuaciones creadas por las dos bonanzas petroleras (1974-1975 y 1979-1981), así como por profundos desequilibrios internos, y por crisis externas que tuvieron hondas repercusiones locales, tales como el período de altas tasas de interés internacionales de 1979-1981, y el de la crisis mexicana de 1982, que generó el inicio de la crisis de la deuda externa del mundo emergente de los años 80.

4.1. El Período de alta estabilidad (1941-1973)

Durante gran parte del lapso comprendido entre 1950 y 1973 la economía venezolana se caracterizó por su estabilidad y fortaleza sostenida, factores que contribuyeron decididamente a poder mantener un tipo de cambio fijo sin mayores inconvenientes, a excepción de los turbulentos años de inicio del período democrático (1958-1963), a los que ya hemos hecho referencia. Incluso, en la difícil década de los años 40, caracterizada por la II Guerra Mundial y por el ulterior proceso de reconstrucción en Europa y Asia y, en el caso específico de Venezuela, por la turbulencia política causada por dos golpes de Estado (1945 y 1948), el comportamiento de la economía venezolana fue sólido y favorable.

Como ya se dijo, ello se debió fundamentalmente a la captación de cantidades cada vez mayores de recursos provenientes del negocio petrolero, lo cual fue posible por la promulgación de la Ley de Impuesto Sobre la Renta en 1942 y de la Ley de Hidrocarburos en 1943, por el otorgamiento o renovación de las concesiones a las compañías extranjeras en el período 1943-1945, y por el establecimiento de mayores impuestos en 1945 y 1947, año este último en el que se estableció el llamado *fifty-fifty* que buscaba una participación igualitaria de los beneficios del negocio petroleros entre las compañías operadoras y el Estado. Ese sólido y sostenido crecimiento del ingreso petrolero se tradujo en una acumulación cada vez mayor de reservas internacionales y en una fortaleza del bolívar, siendo esta moneda reconocida como una de las más sólidas del mundo. Sin embargo, esa solidez encubría una elevada vulnerabilidad, ya que la misma dependía de forma exclusiva del ingreso de divisas generadas por el negocio petrolero.

Esa vulnerabilidad del bolívar, a su vez, se reflejaba sobre la economía nacional, razón por la que en 1948 el gobierno del presidente Gallegos elaboró un plan de reformas legislativas que buscaba como objetivo central reducir los riesgos implícitos en esa fragilidad. Como bien lo explica Rómulo Betancourt en su obra *Venezuela, Política y Petróleo*, esas reformas eran:

- Modificaciones a la Ley del BCV, para darle a ese instituto mayor flexibilidad para el desempeño de sus funciones como regulador de la moneda y orientador de las finanzas de la nación.

- Modificación de la Ley de Moneda para lograr una mejor protección y estabilidad del bolívar.

- Creación de un fondo anticíclico para afrontar posibles coyunturas críticas derivadas de alteraciones desfavorables en el mercado petrolero internacional.

- Creación de un Fondo de Estabilización de Valores que estimulara el desarrollo del mercado de títulos, con el fin de encausar el ahorro hacia las actividades productivas y crear un recurso útil adonde pudieran acudir el Estado y demás entidades públicas, así como empresas privadas.

- Reformas a la Ley de Bancos, poniendo énfasis en la reglamentación del crédito hipotecario y en las operaciones de capitalización.[28]

Durante la década de los cincuenta se tomaron una serie de medidas que incrementaron los ingresos de divisas provenientes de la actividad petrolera. La primera de ellas fue el otorgamiento de nue-

---

[28] Ver Betancourt (1978: 539-540). Un aspecto digno de destacar es que estas reformas planteadas en 1948 ya contemplaban la creación de un fondo de estabilización macroeconómica, como mecanismo para neutralizar o mitigar efectos adversos sobre la economía generados por coyunturas negativas en el mercado petrolero internacional.

vas concesiones en los años 1956 y 1957, y la segunda fue la modificación a la Ley de Impuesto Sobre la Renta de 1958, según la cual la participación del Estado en la renta petrolera subió a 60%.

Como puede apreciarse en el Cuadro 4.1, en la década de los años 60 y comienzos de los 70 continuó el proceso sostenido de aumento de la participación del Estado de las utilidades brutas de las compañías concesionarias. Eso fue producto de una serie de acciones, siendo la más importante el establecimiento de los precios de referencia fiscal para la estimación de los resultados financieros de las compañías, precios que eran fijados de común acuerdo entre el gobierno y las petroleras. Esa decisión, que se tomó en 1967, buscaba utilizar unos precios más en línea con las realidades del mercado, en vez de los precios de realización reportados por las compañías concesionarias, los cuales se prestaban a posibles manejos preferenciales, dados los altos volúmenes de venta entre empresas afiliadas a un mismo grupo operativo. Esos precios referenciales fueron sustituidos en 1971 por los llamados "valores de exportación", esta vez fijados unilateralmente por el Estado, dándole al Fisco la posibilidad de elevar la participación fiscal a través de la elevación de dichos valores.[29] De hecho, estos precios referenciales siempre fueron mayores que los precios de realización reportados por las compañías.

---

[29] Ver Rodríguez Eraso (2002: 241).

Cuadro 4.1

Participación Fiscal de las Utilidades Brutas de las Compañías Petroleras Concesionarias

1955	51 %
1960	67 %
1968	68 %
1969	71 %
1970	80 %
1973	83 %

Fuente: Petróleo y Otros Datos Estadísticos (PODE)

Esa participación cada vez mayor, combinada con unas utilidades en sostenida expansión, generó un flujo de dólares abundante y creciente a lo largo de las tres décadas en estudio. De hecho, los ingresos de divisas del BCV sobrepasaron sus egresos durante casi todos los años de ese lapso, permitiendo que las reservas internacionales crecieran sostenidamente.[30] Tan solo en los años críticos de salidas masivas de capital debido a la incertidumbre política (1958-1961), las ventas de divisas del instituto emisor superaron holgadamente sus ingresos, cayendo las reservas internacionales en magnitudes de consideración. No obstante, en esos años críticos la rela-

---

[30] Las nuevas concesiones otorgadas en 1956 y 1957 contribuyeron a aumentar notablemente los ingresos de divisas y las reservas internacionales en poder del BCV. Esto dio un margen de maniobra al instituto emisor para afrontar la masiva demanda de divisas de los años subsiguientes, postergándose el establecimiento de controles cambiarios hasta fines de 1960.

ción de reservas a importaciones se mantuvo en niveles elevados, al punto de que su valor continuó estando entre los más elevados de la América Latina.

Gráfico 4.1

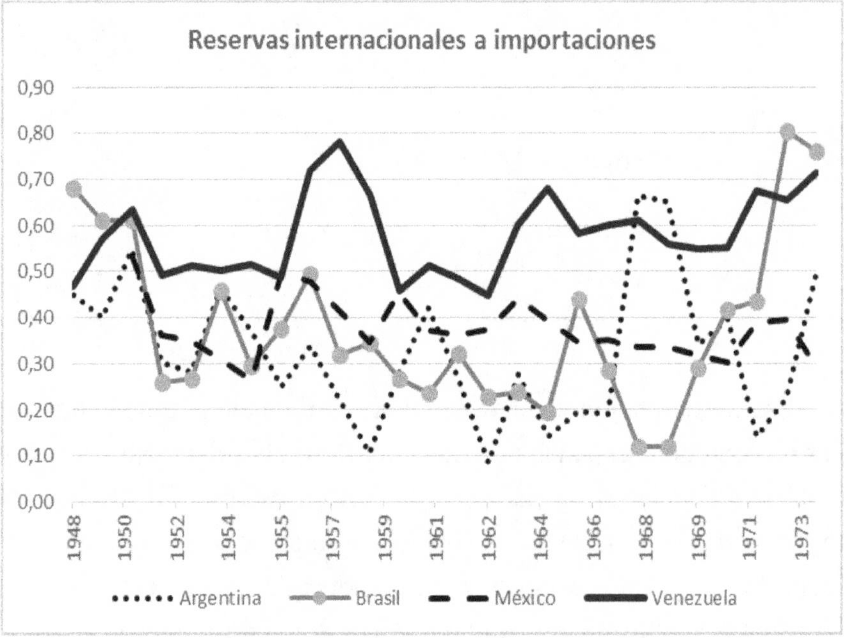

Fuente: International Financial Statistics

Esto implicó que durante buena parte de esas tres décadas se cumpliera una de las reglas básicas para la preservación de un sistema de tipos de cambio fijo: el mantenimiento sostenido de la capacidad de satisfacción plena de la demanda de divisas al tipo de cambio fijo establecido, y el convencimiento del público de que esta situación continuaría a futuro. Eso se logró porque el flujo de divisas que entraba a la economía superaba consistentemente a los egresos, no habiendo razones para pensar que esa situación cambiaría en un futuro previsible. De no existir esa convicción, la formación de expectativas cambiarias adversas habría terminado por incentivar la compra desproporcionada y compulsiva de divisas, hasta hacer insostenible el tipo de cambio fijo.

Un elemento que caracterizó a las tres décadas bajo estudio fue la disciplina fiscal que existió en gran parte de ese lapso. Esto fue posible debido, por una parte, al convencimiento de los líderes políticos de que el gasto público no debía exceder a los ingresos percibidos, evitándose así la expansión de la deuda gubernamental y, por la otra, a la abundante y sostenida renta petrolera que recibía el gobierno, lo que le permitió por varias décadas mantener un ritmo de gasto suficientemente dinámico para realizar obras públicas, construir viviendas y realizar gastos corrientes, incluyéndose entre estos últimos la prestación de una serie de servicios públicos, como educación, salud, transporte, etc. en forma gratuita o a unas tarifas subsidiadas muy bajas. Eso se hizo en una forma sostenida, sin variaciones abruptas, y en línea con la evolución de las necesidades de la población.

De hecho, a excepción de los turbulentos años del período 1958-1961, el ritmo de expansión del gasto fiscal fue gradual y muy en línea con el ritmo de expansión de la economía, pudiéndose decir que a lo largo de ese período la gestión fiscal fue predominantemente superavitaria, no siendo necesario acudir al endeudamiento ni interno ni externo.

Ese resultado de la gestión fiscal se debió a que durante esas décadas los volúmenes de producción y exportación, así como los precios internacionales del petróleo, aumentaron en forma sostenida, pero gradual y sin sobresaltos, por lo que tampoco se produjeron cambios violentos en los ingresos fiscales provenientes de la actividad petrolera, que dieran pie a variaciones abruptas del gasto gubernamental. En otras palabras, en materia fiscal primó la gradualidad, la disciplina y el balance.[31]

Gráfico 4.2

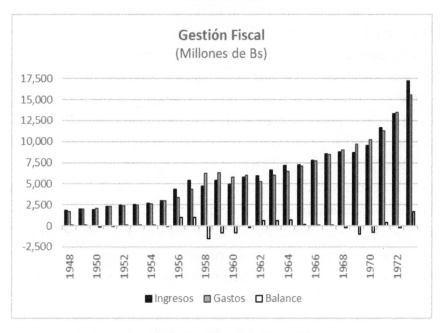

Fuente: Banco Central de Venezuela

La política monetaria de este período se puede caracterizar como conservadora en extremo. La creación de dinero primario o base se concentraba en las operaciones cambiarias del BCV, siendo muy marginales los usos de otros instrumentos de política monetaria como el redescuento, los anticipos, las operaciones de mercado

---

[31]   Durante ese lapso se materializó un acelerado proceso de modernización, producido por el uso de la cuantiosa y sostenida renta petrolera, que generó los excedentes necesarios para producir aquel proceso. Fue, por decirlo así, el "período de oro" de la economía rentista venezolana. Ver Baptista (1989).

abierto o la variación de encajes. Ello se debió, entre otras razones, a las severas limitaciones que imponía la Ley de Banco Central de Venezuela en materia de adquisición de obligaciones del Estado que, combinado con el escaso desarrollo del mercado de valores local, condenaban prácticamente a su inexistencia a las operaciones de mercado abierto.

Los redescuentos, por su parte, fueron escasamente utilizados durante las décadas de los 40 y 50, entre otras razones, porque la modalidad de otorgamiento de crédito más utilizada por la banca local era el sobregiro en cuenta corriente. Tan solo en los años de la crisis de 1958 a 1963 se notó una activación de importancia del redescuento, esto último como mecanismo para dar asistencia financiera a los bancos que perdían depósitos en grandes cantidades debido a la fuga de capitales que se produjo durante esos años.[32] Superada la crisis, el instituto emisor volvió a restringir el otorgamiento de asistencia financiera a través de ese instrumento. Como producto de lo anterior, la oferta monetaria mostró un moderado ritmo de crecimiento durante las tres décadas en estudio. De hecho, entre 1948 y 1973 la liquidez monetaria (M_2) experimentó un crecimiento interanual promedio de 10%, mientras que el PIB real creció a una tasa promedio de 6,2% por año.

Aquellas disciplinas fiscal y monetaria contribuyeron notablemente a mantener la inflación en muy bajos niveles durante esa época, siendo ésta una de las más bajas en la América Latina. Inclu-

---

[32] Crazut (2010: 188-191). Sobre las inflaciones en América Latina durante esos años, ver Pazos (1991: 893-905).

so, a nivel de consumidor, esta fue menor a la existente en los países industrializados. (Ver Cuadro 4.2 y Gráfico 4.3).

Cuadro 4.2
Inflación Interanual Promedio
1950 – 1972

	Consumidor	Mayorista
Estados Unidos	2,5%	1,7%
Japón	4,9%	1,2%
Alemania	2,5%	ND
Gran Bretaña	4,1%	3,4% *
Italia	3,6%	1,8%
México	5,0%	4,4%
Venezuela	1,6%	1,9%

* A nivel de Productor

Fuente: International Financial Statistics

Esto jugó un papel fundamental en la preservación de la estabilidad cambiaria, ya que la baja inflación local impidió que la moneda se apreciara en términos reales debido al deterioro de los precios relativos, evitando que a la larga se cayera en situaciones de sobrevaluación creciente, como fue el caso en múltiples ocasiones desde 1974 en adelante.

Gráfico 4.3

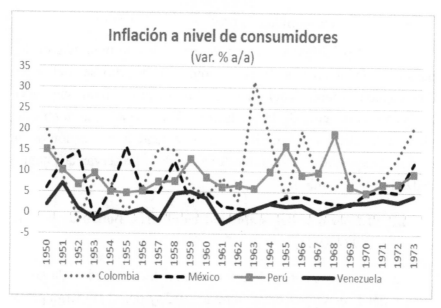

Fuente: International Financial Statistics

Nota: Se excluyen Argentina, Brasil y Chile, economías que padecieron presiones inflacionarias muy superiores a las aquí presentadas.

En general puede decirse que, a excepción del período de crisis y ajuste de 1958-1963, durante las tres décadas bajo estudio la economía venezolana mostró un comportamiento muy positivo, caracterizado por:

- la ausencia de desequilibrios internos o externos

- un alto crecimiento económico debido, en buena medida, a la sostenida y elevada inversión bruta fija de esos años[33]

---

[33] La relación de gastos de formación de capital fijo a PIB durante la década de los 50 estuvo en torno a 25%, bajando a 15% durante los años de la crisis de

- un bajo nivel de desempleo, y

- una gran estabilidad de precios y baja inflación.

En otras palabras, a lo largo de esos años se mantuvieron los balances fundamentales de la economía. Todo ello se tradujo en incrementos sostenidos del salario real promedio y en una mejora en la condición de vida de la población. Obviamente, este ambiente, tan estable y positivo, contribuyó notablemente a la creación de un clima de expectativas favorables que ayudó a preservar la estabilidad del tipo de cambio.

4.2. El período de estabilidad cambiaria, bonanzas y crisis (1974-1982)

La primera crisis petrolera internacional, desencadenada por la Guerra del *Yom Kippur* de octubre de 1973, y por el embargo petrolero liderado por Arabia Saudita en los meses subsiguientes, coincidió con el inicio del primer gobierno de Carlos Andrés Pérez a comienzos de 1974. Los ingentes recursos adicionales provenientes de la actividad petrolera implicaron, por una parte, un incremento importante del poder adquisitivo externo y, por la otra, una mayor disponibilidad de recursos para el fisco. Esto dio pie para que, desde 1974 se produjera un incremento sostenido y de grandes proporciones del gasto público a través del cual se inyectaron a la economía buena parte de los ingresos petroleros adicionales, y que, a partir de 1976 se pusiera en marcha un ambicioso plan de desarrollo con

---

comienzos de los años 60. Ulteriormente esa relación volvió a subir, ubicándose en torno al 23% en el período 1968-1973.

grandes inversiones para la propagación y ampliación de las industrias básicas y para la mejora de los servicios públicos.

No obstante, en 1974 se creó el Fondo de Inversiones de Venezuela (FIV), que no era otra cosa que un fondo de estabilización macroeconómica en el que se ahorraron parte de los ingresos petroleros adicionales de ese año y del siguiente. Sin embargo, el sostenido incremento de gasto llevó a la liquidación de esos recursos con relativa rapidez.[34]

Ese comportamiento del gasto público, combinado con el estancamiento de los ingresos después del aumento abrupto de 1974, hizo que la gestión presupuestaria pasara de una situación altamente superavitaria en 1974 y 1975 a un elevado déficit al final de la administración de Pérez en 1978. Los requerimientos crecientes de fondos hicieron que la deuda externa del sector público aumentara rápidamente, pasando de 1.500 millones de dólares en 1975 a 11.000 millones en 1978.[35]

La mayor disponibilidad de liquidez, producida por la expansión del gasto público y por la mayor actividad crediticia de la banca, generó una gran expansión del consumo y de la inversión, tanto pública como privada, estimulándose fuertemente la actividad pro-

---

[34] Para una explicación detallada del comportamiento de la economía venezolana en este período, véase Baptista (1989), Hausmann (1990), Hernández Delfino (2009) y Palma (1985) y (1989).

[35] La deuda externa del sector público continuó en franco aumento en los años subsiguientes, al punto de que en junio de 1983, en la postrimería de la administración del presidente Herrera Campins, la misma alcanzó los 29.364 millones de dólares. La deuda externa privada, por su parte, también mostró una fuerte expansión, particularmente durante los años de la primera administración del presidente Pérez.

ductiva interna. De hecho, durante varios años del quinquenio de Pérez varios sectores productivos experimentaron elevados crecimientos, aunque la expansión de la oferta interna fue de menor intensidad que la de la demanda. A su vez, el alto crecimiento de la actividad productiva implicó un aumento abrupto de la demanda de factores de producción, mano de obra entre ellos, al punto de crear una situación de práctico pleno empleo. Rápidamente se produjo una escasez crónica de mano de obra calificada que se tradujo en presiones alcistas de los salarios reales, ausentismo laboral y reducción de la productividad.

La disparidad de crecimiento entre la oferta y la demanda internas, combinada con las mayores necesidades de suministro externo, estimularon grandemente las importaciones, haciendo que después de los elevados superávits de la cuenta corriente en 1974 y 1975, se pasara a un déficit profundo en 1978, equivalente a 14% del PIB.

La complementación de la limitada oferta interna de bienes transables con importaciones impidió la materialización de profundos problemas de desabastecimiento. Esto, combinado con los controles de precios que entonces se implementaron y con los masivos subsidios otorgados, impidió la materialización de altas presiones inflacionarias en el sector de transables, mas no así en el sector de no-transables, donde se produjo una alta inflación, desconocida hasta ese momento en Venezuela.[36] La inflación promedio a nivel

---

[36] En este caso sucedió lo ya observado en otras economías que han sido receptoras de importantes entradas de capital, y en las que los recursos adicionales se han canalizado a la adquisición de no-transables. La mayor demanda de estos bienes presiona sus precios, generando apreciación real de la moneda. Ver Calvo *et al.* (1995).

de consumidor se mantuvo en niveles relativamente bajos, aunque mayores que en las décadas anteriores de alta estabilidad.

A lo largo de la administración de Pérez no varió el tipo de cambio fijo de 4,30 bolívares por dólar, siendo inexistentes las expectativas de devaluación en la mayor parte de ese período. Sin embargo, ya en 1978 comenzó a gestarse un cierto clima de incertidumbre acerca de las posibilidades de preservación de ese tipo cambio. Esto se debió a una serie de problemas que estaban presentes en la economía, entre los que destacan:

- el desequilibrio de las finanzas públicas, a pesar de algunas restricciones de gasto que se implementaron a partir de mediados de 1977[37]

- las limitaciones cada vez más profundas de respuesta del sector productivo interno a la mayor demanda interna, debido al gran desequilibrio existente en el mercado de factores de producción, particularmente en el laboral, que había producido una elevación acentuada del salario real con su consecuente efecto inflacionario

- el profundo deterioro de la cuenta corriente

- la contracción de las reservas internacionales

- el debilitamiento del mercado petrolero que se vivió en 1978, producto de una situación de sobreoferta mundial que deprimía los precios, y

---

[37] En julio de 1977 el presidente Pérez anunció que, ante el recalentamiento de la economía, era necesario implementar una serie de medidas restrictivas en el ámbito monetario y fiscal.

- la apreciación real del bolívar, entre otras razones por la mayor inflación en el sector de no-transables.

Era obvio que, de continuar estos fenómenos y desequilibrios o de profundizarse los mismos, la situación se haría insostenible, haciendo prácticamente inevitable un ajuste profundo de la economía, que conllevaría, entre otras cosas, una modificación del esquema cambiario. Esto, combinado con la incertidumbre de un año electoral, y con la elevación de las tasas de interés en los mercados financieros internacionales que se operó en la segunda mitad de 1978, generó una salida de capitales privados de cierta magnitud. No obstante, el elevado endeudamiento externo, tanto público como privado, que se produjo ese año contribuyó a que los saldos de la cuenta capital y de la partida errores y omisiones fueran positivos, neutralizando parcialmente el enorme déficit de la cuenta corriente, y haciendo que la contracción de las reservas internacionales no fuera crítica.[38]

---

[38] De no haberse producido ese endeudamiento externo, el déficit de la cuenta capital habría superado los 1.000 millones de dólares. Esto, combinado con el enorme déficit de la cuenta corriente, habría implicado la aniquilación del componente de divisas de las reservas internacionales. Esta situación, extrema e irreal, habría llevado a una devaluación abrupta del bolívar o al establecimiento de un severo control de cambios, poniendo fin al sistema de tipo de cambio fijo. Ver Palma (1985).

Recuadro 3

El dilema: Combatir la recesión o la inflación

Después de un largo período de estabilidad en las economías industrializadas, caracterizado por tasas de crecimiento satisfactorias, moderadas presiones inflaciones y bajas y estables tasas de interés, sobrevino una situación de creciente inestabilidad, particularmente durante la década de los años 70. En el caso la economía de los Estados Unidos, aquella estabilidad duró hasta mediados de los años 60, siendo esta seguida por un lapso en el que la inflación repuntó y el crecimiento económico se moderó, al punto de que en 1970 los precios experimentaron un crecimiento de 5,7%, el más alto en muchos años, y el PIB solo creció 0,2%. Se estaba gestando un mal desconocido que luego se le bautizó con el nombre de "estanflación", es decir, estancamiento con alta inflación. En ese entonces el gobierno del presidente Nixon decidió darle prioridad al combate de la recesión y el desempleo, incluso a riesgo de empeorar el problema inflacionario, para lo cual se implementó una política fiscal de carácter expansiva y una política monetaria laxa.

La elevación de los precios petroleros de 1973 y 1974 afectó directamente a esa economía, contribuyendo a generar una escalada inflacionaria de importancia y una situación de recesión, la cual se vio agravada por la restricción monetaria que se aplicó con el fin de afrontar el aumento de los precios. En los años que siguieron continuó primando el criterio del estímulo a la actividad económica sobre el combate a la inflación, aun cuando en algunos períodos, como 1978, la Fed se inclinó por una elevación de las tasas de interés con fines anti-inflacionarios. No obstante, durante el breve período en que G. William Miller presidió el banco central estadounidense (marzo de 1978 a agosto de 1979), se le siguió dando prioridad al estímulo económico sobre el combate a la inflación, haciendo que se acentuara el ritmo de aumento de los precios.

La situación cambió radicalmente con la entrada de Paul A. Volcker a la presidencia de la Fed el 6 de agosto de 1979. Dada la alta inflación que en ese momento afectaba a la economía estadounidense, que ya superaba el 11%, y que se vio potenciada por la nueva escalada de los precios petroleros debido a la crisis de Irán, se decidió darle primera prioridad a la solución de ese problema, implantándose una política monetaria severamente restrictiva. Eso hizo que las tasas de interés, no solo en Estados Unidos, sino también en el mercado de eurodólares, experimentaran un fuerte aumento y se mantuvieran en niveles muy altos durante más de tres años. Eso produjo unas transferencias masivas de capitales hacia esos mercados, forzando la implementación de políticas monetarias severamente restrictivas en el mundo entero con el fin de elevar las tasas de interés y revertir la fuga de capitales hacia los mercados del dólar, en busca de los altísimos rendimientos que allí se ofrecían. Esto, sin embargo, tuvo unos efectos recesivos y cambiarios a nivel global, no escapando a ello las economías emergentes, particularmente aquellas con apertura cambiaria, como la venezolana.

Después de un tiempo, aquella política monetaria restrictiva implementada por las nuevas autoridades monetarias norteamericanas rindió sus frutos, ya que se logró bajar substancialmente la inflación en esa economía, lográndose el objetivo buscado, aun cuando a costa de unos efectos recesivos y de un importante aumento de la tasa de desempleo.

Cuadro 4.3
Resultados Económicos en Estados Unidos

	Prime rate	Inflación	Crecimiento PIB
1978	9.1	7.6	5.6
1979	12.7	11.3	3.2
1980	15.3	13.5	-0.2
1981	18.9	10.3	2.6
1982	14.9	6.2	-1.9
1983	10.8	3.2	4.6

Fuente: Federal Reserve System, Bureau of Labor Statistics (BLS)
y Bureau of Economic Analysis (BEA)

Al inicio del gobierno de Herrera Campins en 1979 la inquietud aumentó, acentuándose la salida de capitales. Sin embargo, la caída del sah de Irán en enero de ese año y la ulterior radicalización del régimen del ayatolá Khomeini generó la segunda crisis energética debido a la reducción abrupta de la producción petrolera de ese país. Ese recorte de producción hizo que se pasara de la situación de exceso mundial de oferta y reducción de precios de 1978, a otra de escasez cada vez más acentuada, no sólo por la reducción de más de cuatro millones de barriles diarios de la producción iraní, sino también por el incremento de la demanda. Ello disparó los precios, al punto de que el crudo marcador de la OPEP (el árabe liviano de 34° API) pasó de 12 dólares por barril a fines de 1978 a 22,50 en febrero de 1979 y a 41 en noviembre. El precio promedio del crudo venezolano pasó de 12,04 dólares por barril en 1978 a 17,69 en 1979.[39] Ulteriormente, el estallido de la guerra entre Irán e Iraq en septiembre de 1980, que se prolongó por varios años, reforzó la presión alcista de los precios, particularmente en 1980 y 1981. Como consecuencia, las exportaciones de hidrocarburos aumentaron sostenidamente y con gran intensidad en el período 1979-1981, haciendo que la cuenta corriente de la balanza de pagos venezolana pasara a una situación de práctico equilibrio en 1979 después del enorme déficit del año anterior, y mostrara importantes superávits en 1980 y 1981.

Cuadro 4.4

Saldo de la cuenta corriente de la balanza de pagos
(Millones de USD)

1978	(5.735)
1979	350
1980	4.728
1981	4.000

Fuente: Banco Central de Venezuela

Esto hizo que las expectativas de devaluación desaparecieran en 1979, y que se volviera a afianzar la convicción de que el régimen de tipo de cambio fijo no sufriría modificación alguna. Esa situación se mantuvo a lo largo de 1980 y 1981. Sin embargo, la salida

---

[39] Ver Toro Hardi (1994).

de capitales privados continuó a lo largo de esos años debido a la atracción generada por las elevadas tasas de interés externas, a pesar de las mayores tasas locales producidas por la restricción monetaria que implantó el BCV durante buena parte de ese lapso.

No obstante, en 1981 se produjo un cambio que podría catalogarse de insólito en la política monetaria, cuando el Directorio del BCV decidió estimular deliberadamente la salida de capitales a través de un recorte de las tasas de interés internas, hasta ubicarlas en niveles muy inferiores a las externas.[40] Con ello se buscaba drenar los recursos que se inyectaban a la economía por la vía del gasto fiscal, el cual estaba experimentando en 1981 una importante expansión con la finalidad de estimular la actividad económica, poniendo así fin al estancamiento que habían experimentado esas erogaciones desde 1979. Las fuentes de financiamiento de ese creciente gasto fueron, por una parte, los mayores impuestos que pagó PDVSA, y por la otra, los nuevos empréstitos que engrosaron el endeudamiento externo público.

Una vez que se corrigió aquella distorsión de la política monetaria, permitiendo que las tasas de interés internas se ubicaran nuevamente en niveles competitivos con las externas, se produjo un viraje en materia de flujos de capital. En efecto, durante los últimos meses de 1981 se materializó una entrada neta de fondos, a pesar de que ya para esa época se estaban notando signos de debilidad de los precios petroleros en los mercados internacionales. Sin embargo, la ausencia de expectativas de devaluación de ese momento hacía que los capitales se movieran en atención a los rendimientos que éstos

---

[40] Ver el Informe Económico de 1981 del BCV, pp. 77-78.

podían obtener en los mercados local o foráneo. En otras palabras, el arbitraje entre mantener los recursos en moneda local o extranjera dependía esencialmente del diferencial de las tasas de interés interna y externa.

En 1982 la situación cambió en forma considerable, generándose un clima de incertidumbre creciente en el mercado cambiario. Ello se debió a varias razones. La primera de ellas fue el debilitamiento sostenido que mostraban los precios petroleros, producto de una normalización de los suministros y de la debilidad de la demanda del mundo industrializado, en parte debido a los esfuerzos de racionalización del consumo energético y de la recesión que padecían.

La segunda fue el estallido de la crisis mexicana en febrero de ese año, producida por la devaluación del peso debido a la crítica caída de sus reservas internacionales, pérdida de reservas que fue generada por la intensa fuga de capitales, por las menores exportaciones petroleras, por el elevado costo financiero sobre una crecida deuda externa, y por las dificultades de seguir obteniendo financiamiento externo ante la masiva deuda que habían acumulado. La declaración de moratoria de México sobre su deuda externa en agosto de ese año hizo estallar la crisis de la deuda externa de las economías emergentes, y potenció un clima de pesimismo e incertidumbre en Venezuela, donde se generalizó el convencimiento de que los problemas de México podrían reproducirse en breve lapso.

Un tercer factor que contribuyó a la generación de aquel clima de incertidumbre en 1982 fue la sostenida y acentuada apreciación real del bolívar, que se materializó particularmente desde 1979. Eso fue producto, por un lado, de la mayor inflación que padecía Venezuela en comparación con las de sus principales socios comerciales, particularmente los pertenecientes al mundo industrializado, y, por el otro, de la apreciación sostenida del dólar estadounidense con respecto al resto de las principales divisas, ya que al estar el bolívar atado al dólar a través de un tipo de cambio fijo, también se apreció en términos reales con respecto a aquellas terceras monedas, acentuándose su sobrevaluación.

Recapitulando, el debilitamiento de los precios petroleros, la crisis mexicana y la sobrevaluación creciente del bolívar, se aunaron para crear aquella incertidumbre en el mercado cambiario durante 1982, reapareciendo las expectativas cambiarias negativas. Eso incentivó las importaciones como un mecanismo para protegerse contra la devaluación esperada, haciendo que subiera la relación de importaciones de mercancías a producto, hasta ubicarla en un nivel superior al 20% del PIB. Obviamente, la caída de las exportaciones, combinadas con el repunte de las importaciones, tanto de bienes como de servicios, hizo que el déficit de la cuenta corriente de ese año superara los 4.200 millones de dólares, equivalente a 6,3% del PIB.

Las salidas de capital, por su parte, volvieron a tomar cuerpo, generándose una gran presión sobre las reservas internacionales. De hecho, los movimientos de capital de corto plazo del sector privado experimentaron un saldo deficitario de 4.121 millones de dólares, que sumado al saldo negativo de la partida "errores y omisiones" de 2.385 millones, nos da una idea de la magnitud de las salidas de capital de ese año. Ello llevó a que a mediados de 1982 el Directorio del BCV decidiera exigirle a PDVSA la transferencia al instituto emisor de la totalidad de las divisas que mantenía depositadas en bancos del exterior, pasando esos recursos a engrosar las ya mermadas reservas internacionales. Eso no significó más que la extensión de la agonía, ya que aquella transferencia de recursos al BCV, lejos de generar la confianza buscada, lo que hizo fue renovar el ansia de sacar capitales del país, ya que esa acción fue interpretada como un signo de debilidad del BCV, y como una clara demostración de que, al llegar las reservas a niveles críticos, el instituto emisor se vería forzado a tomar alguna medida cambiaria con el objeto de frenar la caída de dichas reservas.

Durante las primeras semanas de 1983 las frenéticas salidas de capital llegaron al paroxismo ante el convencimiento de que el tipo de cambio de 4,30 bolívares por dólar era insostenible. De hecho, en las primeras siete semanas del año, el BCV vendió más de 4.000 millones de dólares y perdió más del 10% de sus reservas internacionales. Ante esta situación, en el fin de semana que siguió al viernes 18 de febrero se anunció el establecimiento de un control de cambios con tipos de cambio diferenciales, poniéndose así fin al sistema libre convertibilidad con tipo de cambio fijo.[41]

4.3. A modo de conclusión

De todo lo anterior se puede concluir que, una vez terminado el período de estabilidad y pocos cambios que caracterizó al negocio petrolero durante varias décadas y hasta los primeros años de los 70, la economía venezolana y, más específicamente, su realidad cambiaria, sufrieron importantes cambios. Los súbitos aumentos de ingresos de exportación producidos por los altos precios de los hidrocarburos de mediados de los años 70 y de 1979-1981, dieron pie para la implementación de políticas de franca expansión de gasto

---

[41]   Al viernes 18 de febrero de 1983 se le recuerda como "el viernes negro".

público, a través del cual se inyectaban a la economía los recursos adicionales provenientes de las exportaciones petroleras, generándose altos crecimientos de la demanda agregada y de la producción. Sin embargo, las caídas de los precios que siguieron a los períodos de bonanza crearon un clima de incertidumbre y de expectativas cambiarias, ante el convencimiento de que la merma de ingresos de divisas crearía una situación de escasez de moneda extranjera que se traduciría en fuertes ajustes del tipo de cambio.

En las dos ocasiones en que esto sucedió (1978 y 1982) los agentes económicos buscaron protección contra la devaluación que se percibía como inminente a través de compras masivas de dólares, produciéndose un doble efecto adverso sobre las reservas internacionales, las cuales no sólo se contraían como producto de las mermadas exportaciones, sino también por las masivas salidas de capital. El mantenimiento de un esquema de tipo de cambio fijo bajo estas condiciones se hacía muy difícil, ya que la satisfacción de la totalidad de la demanda de divisas al tipo de cambio preestablecido se hacía cada vez más precaria, hasta hacerse insostenible.[42]

Antes de llegarse al punto de quiebre se hicieron grandes esfuerzos para satisfacer la demanda, para lo cual se acudió al financiamiento externo a través de la contratación de empréstitos con la finalidad de mantener la oferta de dólares en línea con la demanda. En otras palabras, con el fin de preservar el tipo de cambio fijo el sector público se endeudaba para financiar las salidas de capitales privados.[43]

---

[42] Como ya dijimos, la segunda crisis energética de 1979 evitó la materialización de una crisis cambiaria, ya que los aumentos abruptos de los precios desvanecieron las expectativas de devaluación que existían.

[43] Ver M. Rodríguez (1987).

La sobrevaluación de la moneda hacía aún más costoso ese esfuerzo por evitar la modificación del tipo de cambio, ya que el bajo precio de la divisa estimulaba grandemente la realización de masivas importaciones de insumos y de bienes finales, que se acumulaban en forma de inventarios, buscando con ello una protección contra la devaluación esperada.

Una de las condiciones básicas para que se pueda mantener un tipo de cambio fijo en una economía como la venezolana, caracterizada por una baja diversificación de sus exportaciones y alta vulnerabilidad a las violentas fluctuaciones de los precios petroleros, es contar con unos volúmenes de moneda extranjera de tal dimensión que convenzan a los agentes económicos de que, incluso en los períodos de caída de las exportaciones, está garantizada la plena satisfacción de la demanda de divisas. Obviamente, esa condición no ha estado presente en esta economía desde que comenzó la volatilidad de los precios en los mercados internacionales de hidrocarburos hasta nuestros días.

Desde que culminó aquella situación de estabilidad, continuidad y predictibilidad, que caracterizó a la economía venezolana durante varias décadas anteriores a 1974, desaparecieron los balances fundamentales de la economía, dando paso a la inestabilidad, a los cambios abruptos y a la alta exposición a choques externos causados por fluctuaciones violentas en variables de vital importancia. Esto, obviamente, contribuyó a hacer insostenible e inviable el esquema de tipo de cambio fijo.

Capítulo 5

Control cambiario con tipos de cambio diferenciales
(1983-1989)

En el control de cambios que se implantó en febrero de 1983 se establecieron tipos de cambio diferenciales para distintas transacciones:[44]

- se mantuvo el tipo de cambio de 4,30 bolívares por dólar para las importaciones esenciales y para el pago del servicio de la deuda externa, tanto pública como privada

- se estableció un tipo de cambio de 6,00 bolívares por dólar para las importaciones no esenciales

- se creó un mercado libre para la adquisición de divisas, donde existía un tipo de cambio flotante y en el que el BCV intervenía en forma regular

- se creó la Oficina del Régimen de Cambios Diferenciales (Recadi), distinto e independiente del BCV, que tendría en-

---

[44] Ver Palma – Rodríguez (1983).

tre funciones la asignación de divisas a los tipos de cambio preferenciales de 4,30 y 6,00 bolívares por dólar.

Esas medidas cambiarias tuvieron un efecto contundente sobre el resultado de las transacciones externas de 1983. Así, las importaciones de mercancías experimentaron una contracción de 52,8% al pasar de 13.584 millones de dólares en 1982 a 6.409 millones en 1983. Ello no sólo se debió al encarecimiento de la divisa para las importaciones no esenciales y a la lentitud en la asignación de divisas por parte de Recadi, sino también a la severa recesión de ese año, caracterizada por una contracción real del PIB de 5,6%. El saldo de la cuenta corriente, por su parte, pasó de un déficit de 4.246 millones de dólares en 1982 a un superávit de 4.427 millones en 1983, y la fuga de capitales se redujo considerablemente después del establecimiento de los controles.

5.1. Inicio de la administración de Lusinchi: ajuste y control de cambios

Con la intención de ubicar el tipo de cambio aplicable al grueso de las importaciones en niveles más racionales y competitivos, y como parte de un programa de ajuste que se implantó desde el inicio de la administración del presidente Lusinchi, en febrero de 1984 se estableció una nueva tasa controlada de 7,50 bolívares por dólar para la mayoría de las compras externas de mercancías, lo cual implicó una devaluación del bolívar comercial —bolívares que se destinan a la adquisición de dólares regulados para la realización de importaciones—, dejándose la tasa preferencial de 4,30 bolívares por dólar para un pequeño grupo de importaciones esenciales, tales como medicinas y algunos alimentos. En esa oportunidad, también se estableció que las divisas petroleras y del hierro serían adquiridas por el BCV a la tasa de 6,00 bolívares por dólar. Este esquema estuvo vigente, salvo pequeños ajustes, hasta fines de 1986.

Durante los dos primeros años del nuevo gobierno, los resultados de la cuenta corriente de la balanza de pagos fueron ampliamente superavitarios. Ello se debió a la moderación de las importaciones de mercancías provocada por la restricción cambiaria y por la recesión que se vivía en 1984 y en buena parte de 1985, producto del ajuste que entonces se implantaba. Como parte de la nueva política económica se aplicaron severos controles de precios, particularmente a nivel de consumidor. Esto, combinado con la limitada capacidad de compra de la población, hizo que la inflación a nivel de consumidor fuese inferior que a nivel de mayorista, generándose una inflación represada que ulteriormente tendría que materializarse.

Gráfico 5.1

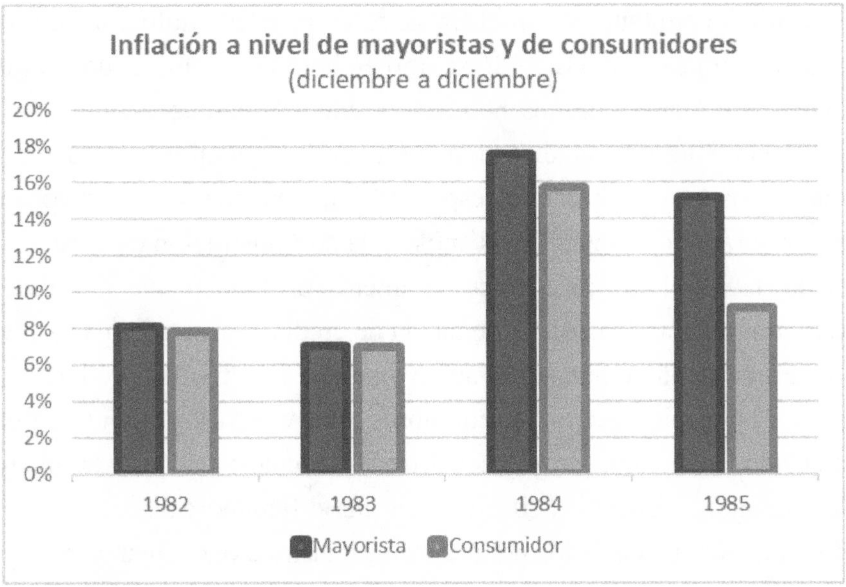

Inflación a nivel de mayoristas y de consumidores
(diciembre a diciembre)

Fuente: Banco Central de Venezuela

5.2. Segunda etapa de la administración de Lusinchi

A fines de 1985 se comenzó a implementar una política fiscal expansiva con la finalidad de estimular la actividad económica en línea con lo que se llamó el Plan Trienal de Inversiones. Meses más tarde, sin embargo, en febrero de 1986 colapsaron los precios petroleros a nivel mundial debido a la guerra de precios que entonces se desató en el seno de la OPEP, produciendo esto una caída de las exportaciones petroleras y una severa contracción de los ingresos fiscales. Esto último, combinado con el mantenimiento de la política fiscal expansiva durante 1986, generó una brecha fiscal equivalente a 5% del PIB, la cual fue cubierta, por una parte, con los recursos de Tesorería ahorrados en los años previos y, por la otra, con un importante déficit de la cuenta corriente de la balanza de pagos que fue financiado con reservas internacionales.

Adicionalmente, y con el fin de reforzar el estímulo a la actividad económica, durante 1986 se implementó una política monetaria expansiva a través de una holgada asistencia financiera a la banca. Paralelamente, se congelaron las tasas de interés en niveles mucho más bajos que la inflación esperada, medida que se mantuvo en vigor durante los tres últimos años de la administración de Lusinchi (1986-1988). Las tasas reales de interés profundamente negativas estimularon grandemente la demanda de créditos, acentuándose así la expansión de la demanda privada, y con ella la actividad productiva, pero a costa de crear un desequilibrio cada vez más profundo en el mercado financiero, ya que aquel deseo creciente por acceder al financiamiento bancario coincidió con una dificultad cada vez mayor de captación de depósitos por parte de las instituciones financieras.

En diciembre de 1986 se introdujeron cambios de importancia en el esquema del control cambiario. Además de devaluarse intensamente el bolívar comercial, pasando el tipo de cambio controlado al que se harían la mayoría de las importaciones de 7,50 bolívares por dólar a 14,50, se decidió obligar a los exportadores privados a vender sus divisas al BCV a la nueva tasa oficial. Si bien en los años anteriores la sobrevaluación del bolívar comercial había crecido, el ajuste cambiario fue desproporcionadamente alto, produciéndose una situación de alta subvaluación.

Sin embargo, en 1987 y 1988 se produjo una escalada inflacionaria de importancia debido a la conjunción de una serie de factores, tales como:

- la maxidevaluación del bolívar comercial
- la franca expansión del gasto público deficitario
- el intenso y sostenido aumento de la demanda privada debido a la expansión de la oferta monetaria, producida por la política fiscal que se implementaba y por la expansión de la actividad crediticia de la banca
- el divorcio del tipo de cambio libre con respecto al controlado. Ante las restricciones para el acceso a las divisas preferenciales, y siendo los dólares libres aquellos a los que todos los agentes económicos tenían acceso, la tasa libre rápidamente se transformó en el tipo de cambio de referencia para determinar los costos de origen externo. Esto tendió a exacerbarse en la medida en que el diferencial cambiario se ensanchó, y que el acceso a los dólares preferenciales se hizo más limitado

- la indexación de hecho, aunque no obligatoria, de todos los contratos, lo cual hizo aparecer un fenómeno de inercia inflacionaria.[45]

Aquel repunte inflacionario fue intenso a nivel de mayorista, particularmente en 1987, diluyendo rápidamente la subvaluación que se creó al devaluar con tanta fuerza el bolívar comercial en diciembre del año precedente. De hecho, a fines de 1987 se estaba en una situación cercana al equilibrio, volviendo a aparecer el fenómeno de la sobrevaluación creciente a lo largo del año siguiente.

Desde el establecimiento del control de cambios se observó una tendencia clara a la depreciación del bolívar en el mercado libre, en el cual el BCV participaba como principal oferente. Rápidamente se produjo una disociación creciente entre las tasas de cambio controladas y la imperante en ese mercado, al punto de que a los dos años de establecido el nuevo régimen cambiario el dólar "libre" se había encarecido un 200%, y en los días que antecedieron a la maxidevaluación de diciembre de 1986 la diferencia entre la tasa controlada de 7,50 bolívares por dólar y la libre era de 235%. Como puede apreciarse en el Gráfico 5.2, este fenómeno persistió a lo largo de todo el período de vigencia de los controles.

Era obvio que esa situación de distorsión creciente era insostenible, entre otras razones, porque hacía cada vez más inoperante el sistema de controles existente, ya que la disparidad creciente de las tasas de cambio estimulaba a los agentes económicos a buscar mecanismos para evadir o burlar las regulaciones. Al igual que lo ya

---

[45] Ver Edwards (1995).

vivido en el control cambiario de principios de los años 60, se idearon innumerables mecanismos y subterfugios para obtener dólares a tipos de cambio preferenciales, que después eran vendidos en el mercado libre o enviados al exterior. Adicionalmente, múltiples exportadores buscaron las vías para evadir la venta de divisas al BCV a la tasa controlada oficial, y proliferaron las corruptelas en la asignación de divisas, cobrándose jugosas comisiones o primas por encima de las tasas oficiales como condición para obtener las asignaciones de divisas preferenciales.

Gráfico 5.2

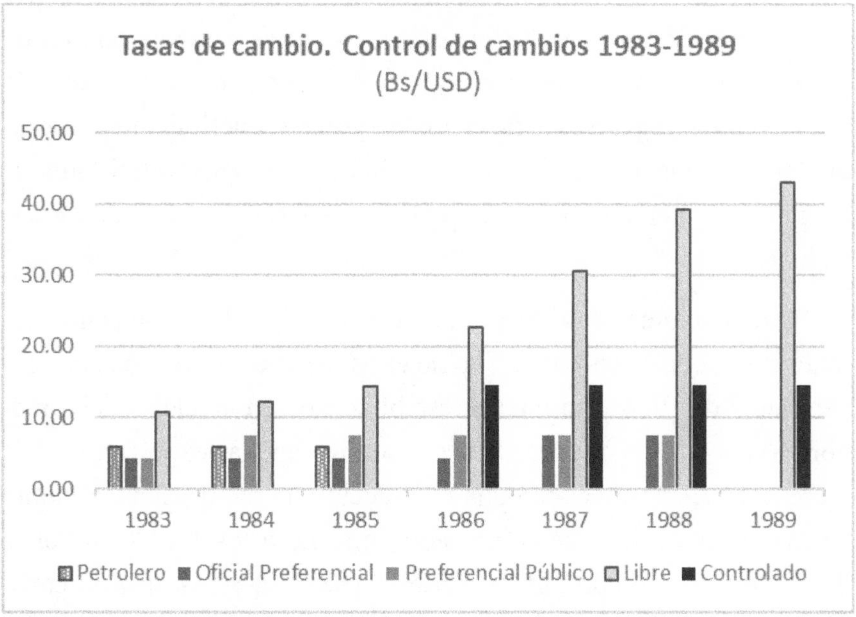

Tasas de cambio. Control de cambios 1983-1989 (Bs/USD)

Fuente: Banco Central de Venezuela, MetroEconómica

Las distorsiones llegaron a extremos en el año 1988, cuando se estableció una garantía cambiaria para las importaciones realizadas a través de la apertura de cartas de crédito. Todo importador a quien se le asignaba divisas preferenciales, y que financiaba sus compras externas a través de la apertura de cartas de crédito, recibía la garantía del BCV de que, al vencimiento de ese instrumento, podría adquirir las divisas respectivas a la tasa preferencial vigente en el momento de la asignación, es decir a 14,50 bolívares por dólar, y en algunos casos excepcionales a 7,50 bolívares por dólar, independientemente del tipo de cambio de mercado que existiere al vencimiento de la carta de crédito.

Ante el convencimiento de que a comienzos de 1989 el nuevo gobierno devaluaría el bolívar, el otorgamiento de esa garantía generó una demanda desproporcionada de divisas preferenciales. De hecho, en 1988 las importaciones de mercancías aumentaron más de 36% con respecto al año precedente, expansión muy superior a la que debía darse para satisfacer los mayores requerimientos de productos externos de la economía. De allí que sea lógico inferir que ese notable incremento se debió, en parte, a la sobrefacturación de importaciones.

Otros factores contribuyeron a deteriorar la balanza de pagos durante el período 1986-1988. Uno de ellos fue el colapso de los precios petroleros de 1986 y su ulterior estabilización en niveles mucho menores que en los años precedentes. Eso hizo que las exportaciones de mercancías experimentaran una contracción de importancia, al punto de que después de haberse ubicado en torno a los 15.000 millones de dólares por año durante el período 1982-1985, las mismas cayeran a 8.535 millones de dólares en 1986, para luego estabilizarse en torno a los 10.000 millones de dólares en 1987 y 1988.

Otro factor de deterioro fue el alto nivel de pagos por concepto de servicio de deuda externa, los cuales equivalieron a casi 40% de las exportaciones durante los dos últimos años de la administración de Lusinchi.[46] Como producto de lo anterior, las reservas internacionales mostraron una sostenida y severa contracción a los largo de ese período, al punto de que a fines de 1988 el saldo de las mismas, excluida la tenencia de oro, era de 3.092 millones de dólares, magnitud equivalente a tan solo un 30% de la existente tres años antes.

Cuadro 5.1

Reservas Internacionales al Cierre del Período
(Millones de USD)

1983	11.888
1984	13.773
1985	15.486
1986	11.755
1987	11.080
1988	7.068

Fuente: Banco Central de Venezuela

---

[46]   En 1984 se llegó a un primer acuerdo de reestructuración de la deuda pública con la banca acreedora, acuerdo que estuvo estrechamente vinculado a la promesa del gobierno de proveer dólares a tipos de cambio preferenciales a los deudores privados para el servicio de sus obligaciones externas. Ulteriormente, en 1986 y 1987, se revisaron estos acuerdos, en términos que no fueron favorables a Venezuela. Como producto de estos, se hicieron importantes pagos de intereses y amortización, reflejándose estos en los resultados de las transacciones externas. Para un análisis sobre el manejo de la deuda externa durante este período, ver Palma (1987).

Al tomar en cuenta que para ese momento los compromisos de venta de divisas a tipos de cambio preferenciales para la cancelación de las cartas de crédito contraídos por el BCV se ubicaban en torno a 6.700 millones de dólares, es obvio concluir que ese esquema cambiario era insostenible. El sistema de control cambiario implantado desde febrero de 1983 tenía que ser modificado.

5.3. A modo de conclusión

De la experiencia vivida durante los 6 años de vigencia del control de cambios (desde febrero de 1983 a marzo de 1989) se pueden extraer varias conclusiones relevantes. Al igual que lo sucedido durante el control cambiario de los años 60, el establecimiento de este tipo de restricciones puede justificarse como un mecanismo efectivo para contener una fuga desmedida de capitales, evitando así el agotamiento de las reservas internacionales. Esto es de particular importancia en una economía como la venezolana, tan vulnerable y expuesta a los vaivenes de los precios petroleros internacionales, debido no sólo a los cambios abruptos de los ingresos de divisas que producen las oscilaciones de aquellos precios, sino también por la exacerbación de las expectativas cambiarias que ellas generan. En consecuencia, ante una situación de fuga masiva de fondos, como la que se produjo en 1982 y comienzos de 1983, que no se pueda conjurar a través de medidas ortodoxas de restricción monetaria, podría justificarse el establecimiento de un control de cambios. Sin embargo, éste tiene que implantarse con un criterio eminentemente temporal, y acompañado de una serie de políticas tendentes a corregir o neutralizar los factores que generaron aquella fuga.

Si, por el contrario, los controles se implantan con criterio de permanencia, rápidamente aparecen los mecanismos para burlarlos,

neutralizando su eficiencia y haciéndolos, a la larga, contraprodu-
centes. Esto se hace particularmente crítico en controles de cambios
como el implantado en los años 80, en el que la autoridad cambiaria
no evitó la distorsión y disociación entre las paridades controladas y
la libre, produciéndose severas consecuencias económicas, la proliferación de mecanismos para burlar los controles, y las corruptelas en
su administración, llevándolos, finalmente, a su total inoperatividad.

Capítulo 6

Unificación cambiaria con libre convertibilidad
(1989-1994)

Además del profundo desequilibrio externo y cambiario existente, a comienzos de 1989 la economía venezolana también padecía grandes desbalances, tanto en el área fiscal, como en la monetaria y financiera. La política francamente expansiva de gasto público que se implementó durante los tres últimos años de la administración de Lusinchi se tradujo en desequilibrios crecientes de las finanzas públicas, haciendo que en 1988 el déficit del gobierno central equivaliera a 4,8% del PIB, y que el del sector público consolidado equivaliese a más de 7%. En el área monetaria y financiera se materializó un agudo desequilibrio, caracterizado por una sobredemanda de créditos bancarios que se produjo, por una parte, por la existencia de tasas de interés reales profundamente negativas y, por la otra, por las limitaciones cada vez mayores para el otorgamiento de crédito de la banca, debido a las dificultades para captar depósitos y a la política monetaria restrictiva que impuso el BCV en 1987 y 1988.

Ante esta situación se hacía inevitable la implementación de un severo programa de ajuste que buscara la corrección de aquellos desequilibrios. Como parte de ese programa había que modificar el esquema cambiario agotado y distorsionado que existía. En tal sentido, el 13 de marzo de 1989 se decretó la eliminación del control cambiario y del sistema de tipos de cambio diferenciales, unificándose el cambio a la tasa existente en el mercado libre, la cual, para esa fecha oscilaba en torno a los 40,00 bolívares por dólar. En el Convenio Cambiario celebrado entre el Ejecutivo y el BCV se determinó que el tipo de cambio del bolívar con el dólar se establecería por el libre juego de la oferta y la demanda, no existiendo ninguna limitación en las operaciones cambiarias. En otras palabras, se abolía el control de cambios, vigente desde febrero de 1983, para dar paso a un sistema de tipo de cambio único y flotante dentro de en un esquema de libre convertibilidad.

En esa oportunidad se determinó que, ante la imposibilidad del BCV de honrar los compromisos de suministro de divisas a los tipos de cambio preferenciales del régimen anterior para la cancelación de las cartas de crédito, la asignación de esas divisas preferenciales dependería de la fecha de nacionalización de las mercancías adquiridas en el exterior. En tal sentido, si la mercancía había ingresado al país antes del 31 de mayo de 1988, se le suministraría al importador el 100% de las divisas al tipo de cambio preferencial correspondiente, pero ese porcentaje disminuía progresivamente en la medida en que la fecha de nacionalización de la mercancía fuese más próxima. Esto respondía al supuesto de que cuanto más reciente hubiese sido el ingreso de la mercancía al país, tanto mayor sería el inventario que aún tendría el importador, pudiendo éste venderla a un mayor precio. Esto le permitiría obtener la cantidad de bolívares necesarios para adquirir los dólares más costosos al momento de vencer la carta de crédito.

Si bien esto generó reacciones negativas de parte de múltiples importadores, quienes criticaron el incumplimiento de la garantía cambiaria otorgada por el BCV, las nuevas autoridades mantuvieron su decisión, argumentando que, de cumplirse aquella promesa, se aniquilarían las escasas reservas internacionales líquidas disponibles, ya que los montos garantizados de divisas preferenciales estaban en torno a los 6.700 millones de dólares, monto muy cercano a las reservas internacionales totales existentes a fines de 1988, y muy superior a las reservas disponibles en divisas. Esto pondría a la economía en una situación muy vulnerable y peligrosa, particularmente en un momento en el que se iniciaba la implementación de un complejo y amplio programa de ajuste con el fin de afrontar los severos y múltiples desequilibrios existentes.

La masiva devaluación que implicó la eliminación abrupta de los tipos de cambio controlados de 14,50 y 7,50 bolívares por dólar, y la unificación cambiaria a la tasa de cambio imperante en el mercado paralelo generó un gran impacto sobre los precios, haciendo que la inflación a nivel de consumidor del mes de marzo superara el 21%, que en abril fuera de 13,5% y en mayo de 6,4%. Eso estuvo influido por la alta dependencia de las importaciones de bienes y servicios que para ese momento tenía la economía venezolana.[47] En los meses que siguieron, aquella inflación se estabilizó en torno al 3% intermensual, tasa todavía muy elevada, aun cuando de mucha menor intensidad que la observada en el trimestre siguiente a la devaluación, cuando se operó lo que hemos llamado la "ola inflacionaria" o el "tsunami cambiario", debido a la similitud a una gran

---

[47] La relación de importaciones de bienes y servicios a PIB del año 1988 era de 27,2%, substancialmente mayor a la históricamente observada.

ola o tsunami que se produce al graficar la inflación mensual en los meses que siguieron a la devaluación.[48]

Gráfico 6.1

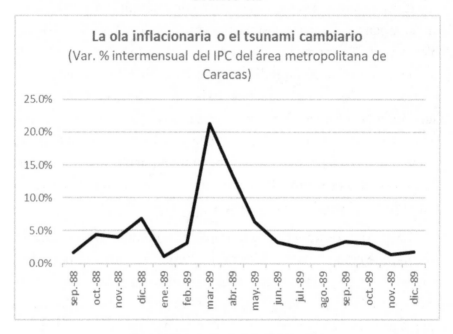

Fuente: Banco Central de Venezuela

En promedio, la inflación a nivel de consumidor de 1989 fue superior al 80%, mientras que a nivel de mayorista la misma se acercó al 100%. Esto, obviamente, generó una contracción de importancia en los salarios reales, ya que el aumento de los salarios

---

[48] Este concepto de la "ola inflacionaria" o del "tsunami cambiario", los hemos identificado así debido a que, al graficar los extraordinarios ajustes de precios que se producen después de las maxidevaluaciones que normalmente se materializan al desmantelarse los controles cambiarios y unificarse el tipo de cambio, se nota una similitud con una enorme ola o tsunami, con efectos devastadores en lo económico y en lo social. Ver Palma (2013 b).

nominales de ese año fue muy inferior al experimentado por los precios.

Paralelamente, se acudió a varios organismos multilaterales, entre ellos al Fondo Monetario Internacional (FMI) en busca de asistencia financiera para fortalecer la golpeada situación de las reservas internacionales. Ello implicó la negociación de una serie de acciones con ese organismo a los fines corregir los múltiples desequilibrios presentes en la economía. El equilibrio fiscal se logró en forma casi automática debido al incremento notable de los ingresos del sector público, lo cual se produjo por la devaluación, por las mayores tarifas de los servicios públicos y por los mayores precios de los bienes producidos por las empresas del Estado. Esto permitió corregir el gran déficit de 1988 a pesar del importante crecimiento que también experimentó el gasto público, aunque de menor intensidad que el de los ingresos.

En cuanto al desequilibrio monetario y financiero, el mismo se afrontó a través de la liberación de las tasas de interés con el fin de corregir la enorme distorsión que estas habían experimentado por la congelación de que fueron objeto en los tres últimos años de administración de Lusinchi, buscándose con ello que las mismas pasaran a ser positivas en términos reales. Si bien estas continuaron siendo negativas durante los meses de la "ola inflacionaria" a pesar del notable incremento que experimentaron las tasas nominales después de su liberación, al estabilizarse la inflación mensual a partir del mes de junio de 1989, las mismas pasaron a ser positivas en términos reales. El elevado costo del financiamiento corrigió el desequilibrio financiero de 1988, pues redujo la demanda de créditos, y los prestatarios que se habían endeudado en exceso procedieron a cancelar sus obligaciones.

De hecho, durante el segundo semestre de 1989 el BCV restringió la asistencia financiera a los bancos ante la mayor demanda de divisas que estos hacían debido a los crecientes niveles de liquidez de que disponían. En efecto, la mayor captación de depósitos debido a los mayores intereses pasivos, combinada con la menor demanda de créditos, forzaba a los bancos a buscar colocación para esos recursos excedentes, viendo en los dólares una opción atractiva. Después de la unificación cambiaria de marzo, el bolívar experimentó una ligera apreciación, estabilizándose el tipo de cambio por varios meses en torno a los 36 bolívares por dólar. Sin embargo, hacia finales del segundo semestre, esa tasa comenzó a elevarse paulatinamente; eso estimuló la demanda de divisas por parte de los bancos, quienes veían como inminente que, a futuro, la tendencia alcista del precio de la divisa continuaría y posiblemente se acentuaría.

Paralelo a estas acciones de ajuste, se establecieron una serie de medidas de mayor permanencia que buscaban conformar una reforma estructural de largo plazo de la economía. Entre estas se puede mencionar la nueva política comercial, consistente en la eliminación de controles cuantitativos a las importaciones, en la reducción y unificación de los aranceles de importación, y en el establecimiento de un *draw-back* funcional con el fin de estimular las exportaciones no tradicionales. Adicionalmente, se decidió avanzar decididamente en los procesos de integración económica regional, particularmente con Colombia, lo cual comenzó a dar frutos en los primeros años de los 90.

También se anunció la implantación de una serie de medidas tendentes a reestructurar el sector público, para lo cual se elaboraron varios proyectos de ley que se introdujeron en el Congreso Nacional, muchos de los cuales no fueron aprobados por razones políticas. Se reestructuró la deuda pública externa a través del nuevo esquema del Plan Brady (febrero de 1990), y se relanzó un esquema de conversión de deuda por inversión, el cual no dio los resultados esperados. Adicionalmente, se hicieron ajustes periódicos a las tarifas de los servicios públicos y de los precios de los bienes producidos por las empresas del Estado para ubicarlos más en línea con los costos, se definió un plan de privatizaciones que se cumplió parcialmente, y otro de inversiones en infraestructura. En materia petrolera, se puso en marcha un plan de inversiones tendente a incrementar la producción.[49]

En materia cambiaria, además de la libre convertibilidad, se mantuvo el esquema de flotación del tipo de cambio por más de cinco años, buscándose como objetivo central impedir la apreciación real de la moneda, para así evitar caer nuevamente en situaciones de sobrevaluación que afectaran las actividades productivas de transables. En este sentido el BCV implantó un sistema de ajustes periódicos del tipo de cambio nominal en línea con el diferencial de precios internos y externos. Al principio esos ajustes eran esporádicos, observándose una alta estabilidad de aquella tasa por varios meses, para luego experimentar una corrección de alguna consideración. En otras palabras, los ajustes se hacían en forma escalonada. Ulteriormente, este sistema fue sustituido por un *crawling-peg*, o minidevaluaciones periódicas, en algunos casos interdiarias, dándole una mayor predictibilidad al comportamiento de la tasa de cambio nominal. Sin embargo, ese mecanismo nunca fue anunciado

---

[49] Para un análisis más detallado sobre las políticas económicas implantadas en la segunda administración del presidente Pérez, que comenzó en 1989, ver M. Rodríguez (2002) y Naím (1993).

oficialmente por las autoridades cambiarias, ni se conocían a priori las tasas de ajuste que aplicaría el BCV.

Este sistema probó ser eficiente a lo largo del período de su implementación. Si bien permitió la materialización de un proceso de apreciación real del bolívar, el mismo fue relativamente moderado y manejable, pudiendo decirse que se logró el objetivo de evitar la sobrevaluación creciente y desproporcionada del signo monetario.[50] Eso fue posible debido, por una parte, al mantenimiento de unos niveles de reservas internacionales elevados a lo largo de todo el período 1990-1993 que le permitieron al BCV tener una participación activa y dinámica en el mercado cambiario y, por la otra, a la implementación de una política monetaria de corte restrictivo que se tradujo en la elevación sostenida de las tasas de interés, haciendo que en 1993 las tasas reales fueran ampliamente positivas. Esto contribuyó a limitar las salidas netas de capital a pesar del deterioro del clima económico y político que se vivía, deterioro que se produjo por:

- el debilitamiento del mercado petrolero, que comenzó en 1991 con la declinación sostenida de los precios de exportación

- el enrarecimiento del clima político creado por las intentonas de golpe de Estado de febrero y noviembre de 1992

---

[50] En Barcia (1999) se hacen estimados alternativos del índice de tipo de cambio real, llegándose en todos los casos a conclusiones similares. Ver capítulo 10.

- la destitución del presidente Pérez en mayo de 1993, y el ulterior nombramiento de Ramón J. Velásquez como presidente interino

- la incertidumbre creciente creada por la campaña electoral y por la consolidación cada vez más cierta de la candidatura de Rafael Caldera.

Curiosamente, ese resultado de la política cambiaria se logró a pesar del desequilibrio fiscal creciente que se materializó durante los años 1992 y 1993, debiéndose esto, por una parte, al mantenimiento durante esos años de una política expansiva de gasto que se venía implementando desde los inicios de la administración de Pérez, y que se había potenciado en 1990 debido a los mayores ingresos petroleros producto del conflicto Iraq-Kuwait y, por la otra, a la caída de los ingresos fiscales durante los dos últimos años del período presidencial. Todo ello se tradujo en un déficit fiscal equivalente a 3,6% del PIB en 1992, seguido de otro equivalente al 2,9% del PIB en 1993. El desequilibrio fue aún más profundo a nivel de sector público consolidado, debido a los altos requerimientos de financiamiento para cubrir importantes erogaciones, tales como los proyectos de inversión del sector petrolero para expandir la capacidad de producción.

Después del dramático ajuste de precios internos de 1989, la inflación se mantuvo en altos niveles en el resto del quinquenio de Pérez. En gran medida, esto se produjo por el aumento de los costos de producción debido a factores como:

- los incrementos de precios y tarifas de bienes y servicios públicos

- la eliminación de los subsidios

- el ajuste cambiario y la ulterior depreciación sostenida del bolívar

- los aumentos compulsivos de salarios, y

- los altos costos de financiamiento debido a las altas tasas de interés, y otros.

La política de restricción monetaria que implementó el BCV a lo largo de todos esos años impidió que la inflación fuera aún mayor, ya que aquella política neutralizó en buena medida el efecto de expansión monetaria que generó el creciente gasto público, haciendo que, durante varios años, la oferta monetaria no mostrara crecimientos desproporcionados, salvo en algunos períodos puntuales, como 1990 y parte de 1991.

Dado que uno de los objetivos centrales de la política económica durante la administración de Pérez era evitar la sobrevaluación de la moneda, el acentuado deterioro de los precios relativos debido a la mayor inflación interna que externa, tuvo que venir acompañado de un ajuste intenso y sostenido del tipo de cambio nominal, para así lograr el objetivo de una relativa estabilidad del tipo de cambio real o evitar la sobrevaluación real de la moneda.

Capítulo 7

Crisis financiera y fin de la libre convertibilidad

El estallido de la crisis financiera a comienzos de 1994 cambió notablemente el panorama económico. (Ver Recuadro 4). En tan solo pocos meses de ese año el BCV emitió 840.000 millones de bolívares de dinero base, recursos que fueron prestados al gobierno a través de Fogade para cubrir los auxilios financieros otorgados a la banca. Ese monto equivalía a 10% del PIB, a 200% de la base monetaria de comienzos de 1994, y a más del 100% de la carga tributaria de PDVSA estimada para ese año. Obviamente, una expansión de dinero primario de esa magnitud tenía que causar severas distorsiones económicas, entre ellas inflacionarias y cambiarias.

En efecto, al canalizarse la mitad de aquel monto a la adquisición de dólares, buscando con ello un mecanismo de protección patrimonial, es fácil imaginar la presión que esto causó sobre las reservas internacionales. El BCV, en línea con la política cambiaria de *crawling-peg* que venía implantando, hizo frente a la mayor demanda de divisas manteniendo las minidevaluaciones periódicas sin mayor alteración hasta fines de abril. De hecho, durante los cuatro primeros meses de 1994 el dólar se encareció tan solo 11%, a pesar de la masiva demanda de que era objeto y de la aguda y sostenida caída de las reservas internacionales.

Gráfico 7.1

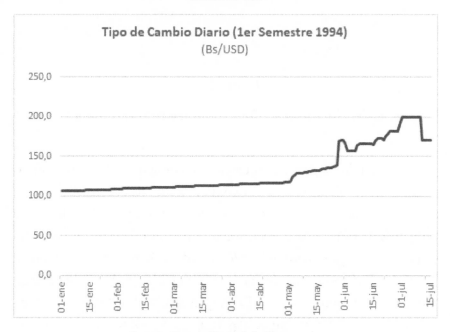

Fuente: Banco Central de Venezuela

A comienzos del mes de mayo, el BCV inició un nuevo esquema de venta de divisas a través de subastas, estableciendo los montos de dólares a subastar en línea con su disponibilidad. El tipo de cambio diario se establecía por el promedio de las cotizaciones presentadas por los bancos, una vez eliminados los valores extremos. Las limitaciones de oferta de dólares en las subastas no sólo presionaron al alza el tipo de cambio, sino que hizo aparecer un mercado paralelo en el que el dólar flotaba, estableciéndose una tasa de cambio superior a la de las subastas. En junio arreció la demanda de divisas, aumentando con ello la presión sobre el tipo de cambio.

Como producto de estas dislocaciones, el precio del dólar aumentó un 70% en los meses de mayo y junio, al pasar de 118 bolívares por dólar a fines de abril a casi 200 bolívares dos meses más tarde.

Durante el primer semestre, las reservas internacionales en poder del BCV sufrieron una reducción de 30%, al pasar de 12.656 millones de dólares a fines de 1993 a 8.861 millones el 30 de junio de 1994, notándose la contracción más intensa en el mes de mayo, cuando cayeron más de un millardo de dólares.

Ante esta situación, el 27 de junio, además de anunciarse la suspensión de algunas garantías constitucionales y de establecerse un control de precios y de tasas de interés, se decidió suspender las operaciones cambiarias, estableciéndose días más tarde un control de cambios, el cual comenzó a regir en los primeros días de julio. De esta forma culminó el período de libre convertibilidad con tipo de cambio único y flotante, vigente desde marzo de 1989.

Recuadro 4

La crisis financiera de 1994[*]

El 12 de enero de 1994, a tan solo días de haberse promulgado la nueva Ley General de Bancos y otras Instituciones Financieras, el Banco Latino quedó fuera de compensación al no poder hacer frente al elevado saldo adverso de ese día. Las corridas de depósitos que ese banco había venido sufriendo desde hacía varios meses, y que se habían agudizado en diciembre de 1993 y particularmente en los primeros días de 1994, eran respuesta a la percepción cada vez más generalizada del público de que esa institución había caído en severos problemas de liquidez y ulteriormente de solvencia financiera.

Durante varios años las necesidades cada vez más apremiantes de liquidez llevaron a ese banco a seguir una política agresiva de captación de depósitos a través de la elevación sistemática de las tasas de interés que pagaba por los depósitos; ese objetivo se logró, transformándose en el centro de ahorro por excelencia y en el segundo banco del país en término de depósitos. Sin embargo, ello no permitió neutralizar los severos problemas de liquidez creados por el franco deterioro de sus activos, que se produjo, entre otras razones, por la alta concentración de préstamos a empresas relacionadas, por el financiamiento de proyectos altamente ilíquidos, y por múltiples inversiones que no dieron los resultados esperados.

Días después de haber salido de la cámara de compensación se tomó la decisión, con el respaldo del presidente electo y de sus colaboradores, de cerrar el Banco Latino e intervenirlo. Esto, como era de esperar, causó una gran conmoción, ya que gran parte de los innumerables ahorristas que habían depositado sus fondos en dicho banco fueron víctimas de una total indeterminación sobre cuál iba a ser la suerte de sus ahorros. Si bien la decisión de intervenir el banco se justificaba plenamente, resulta incomprensible la forma como se llevó a cabo esa intervención. No podía cerrarse el segundo banco del sistema sin que existiera una estrategia clara de cómo proteger los intereses de sus depositantes, máxime cuando el banco afectado agrupaba al grueso de los ahorristas del país, la mayor parte de ellos personas de escasos recursos que dependían del rendimiento de sus depósitos para cubrir sus necesidades básicas.

Esa desafortunada decisión detonó un proceso de desconfianza generalizada que llevó al público a retirar sus depósitos de una serie de bancos que se percibían como de alto riesgo, produciéndose así un efecto contagio de grandes proporciones.

El nuevo gobierno, ante la crisis de incertidumbre y desconfianza generalizada, tomó una serie de decisiones. Así, solicitó al Congreso Nacional la elaboración de una ley para manejar la crítica situación, sancionándose la Ley de Emergencia Financiera en cuestión de pocos días; adicionalmente, se reabrió el Banco Latino a comienzos de abril, recapitalizándolo y procediendo al pago parcial de sus depósitos; y finalmente, se decidió apoyar financieramente a los bancos donde se estaban produciendo corridas. Esta última decisión se tomó bajo el convencimiento de que estos bancos lo que padecían era una situación de iliquidez transitoria, mas no un problema de solvencia, no justificándose por lo tanto su intervención. Este fue el segundo gran error en el manejo de la crisis, ya que los bancos afectados sí estaban en situación de insolvencia.

En vez de intervenirlos y estatificarlos a puertas abiertas, relevando a su directiva y alta gerencia, pero garantizando su normal funcionamiento, se decidió auxiliarlos a través del Fondo de Garantía de Depósitos y Protección Bancaria (Fogade), institución que recibía en forma de préstamo del BCV las ingentes sumas de dinero que se requerían a tales fines. Esos fondos eran utilizados para cubrir los saldos adversos de compensación que regularmente tenían los bancos con problemas, evitándose así que esas instituciones salieran de la cámara de compensación, situación que forzaría automáticamente su intervención. Sin embargo, los cheques contra esos bancos emitidos por las empresas relacionadas que habían sido beneficiarias de buena parte de los créditos otorgados, así como los retiros de depósitos realizados en bancos *off-shore*, en mesas de dinero o a través de otras captaciones fuera de balance, que eran pagados por los bancos locales a través de cheques de gerencia, terminaban siendo cancelados con los recursos de los auxilios financieros. Al no existir un control eficiente por parte de las autoridades financieras sobre estos retiros, es fácil inferir que una buena parte de los auxilios financieros fueron indebidamente utilizados para proteger los intereses de los propios banqueros, o de personas que habían hecho depósitos en bancos del exterior y cuyos derechos no tenían por qué ser protegidos localmente.

A pesar de todos estos esfuerzos, las instituciones auxiliadas, ocho en total, fueron intervenidas y cerradas en junio de 1994, probándose la inconveniencia de los auxilios financieros, no sólo debido a la total ineficacia de la medida, sino también por las graves consecuencias macroeconómicas que dicha política generó.

Ulteriormente fueron estatificados el Banco de Venezuela (9 de agosto de 1994) y el Banco Consolidado (11 de septiembre de 1994), por encontrarse ambos en franca situación de insolvencia. En estos casos, sin embargo, se procedió con rapidez, se removió a sus directivos, el Estado absorbió las pérdidas y pasó a ser el propietario de las instituciones, se mantuvieron los bancos abiertos y se garantizó a los clientes la integridad de sus depósitos. En otras palabras, se realizaron intervenciones de hecho en la forma adecuada. Los resultados de estas acciones fueron muy distintos a los observados en el caso de los bancos previamente intervenidos ya que, después de la acción oficial, comenzaron a aumentar los depósitos y se iniciaron los procesos de recuperación de las instituciones, lo cual permitió su ulterior venta a bancos privados extranjeros.

Durante la segunda mitad de 1994 otros bancos comenzaron a mostrar debilidad, procediendo la Junta de Emergencia Financiera a negociar con sus dueños programas de recuperación y recapitalización. Todos estos planes fracasaron, por lo que estas instituciones fueron estatizadas meses después. A diferencia de lo sucedido con los bancos Consolidado y Venezuela, la promesa de pago de los depósitos no convenció a los clientes de dichos bancos, tomándose entonces la decisión de transferir los depósitos de estas organizaciones a otras instituciones previamente estatalizadas. Esta decisión, conocida como "migraciones", afectó a los bancos receptores de esos depósitos, ya que el aumento de sus pasivos no vino acompañado por un incremento correspondiente de activos rentables. No fue sino hasta un año después cuando se produjo la necesaria transferencia de activos a estas instituciones. Esto afectó particularmente al Banco Latino, el cual, a pesar de haber sido recapitalizado, no pudo absorber los elevados costos implícitos en la transferencia de depósitos que se le impuso.

Al fin del proceso, un tercio de la Banca Comercial había sido afectada. Trece bancos, representantes del 37% de los depósitos totales del sistema habían desaparecido, mientras que otros, tradicionalmente percibidos como los bancos más sólidos, experimentaron un crecimiento de grandes proporciones al ser los receptores de buena parte de los depósitos de los bancos afectados.

Los costos de esta crisis financiera —conformados por la suma de los auxilios financieros, de los pagos a depositantes, de las reposiciones de pérdidas, migraciones de depósitos y préstamos de bancos del Estado—, se calculan en 1,8 billones de bolívares, lo cual equivalía a más del 21% del PIB de 1994, año en el que se incurrió en la mayor parte de esos costos. Eso hizo a esa crisis una de las más costosas de las últimas décadas, no sólo en América Latina, sino en el mundo entero. Dentro de esta medición de costos no se incluyen las pérdidas patrimoniales ni la caída del ingreso real sufrida por los agentes económicos, generadas por la devaluación de la moneda, por la aceleración inflacionaria, por el mayor desempleo y subempleo y por el limitado ajuste de las remuneraciones, efectos que, en mayor o menor medida, fueron causados o agravados por la crisis financiera.

[*] Tomado de Palma, Pedro A. *La Economía Venezolana en el* Quinquenio *1994-1998: De Una Crisis a Otra.* **Nueva Economía**, Año VIII, No. 12, abril de 1999. Caracas: Academia Nacional de Ciencias Económicas. Pp. 97-158.

Nota: Para un detenido análisis de la crisis financiera de Venezuela de 1994 ver García *et al.* (1998); Hernández Delfino (1996); Krivoy (2002) y C. Rodríguez (2002).

7.1. Nuevo control cambiario (julio de 1994 a abril de 1996)[51]

Como parte del nuevo esquema cambiario se estableció un tipo de cambio fijo y único de 170 bolívares por dólar, declarándose ilegales todas las operaciones cambiarias fuera del mercado oficial. Paralelamente, se hizo de venta obligatoria al BCV todas las divisas que obtuvieran las empresas públicas y privadas como producto de sus exportaciones, del endeudamiento y por otras causas, prohibiéndoseles (a excepción de la banca) el mantenimiento de cuentas en dólares. Adicionalmente, se creó la Junta de Administración Cambiaria (JAC) y la Oficina Técnica de Administración Cambiaria (OTAC), las cuales administrarían el sistema de control cambiario.

La severa restricción para la asignación y otorgamiento de divisas durante los primeros meses de vigencia del control causó serios percances a múltiples empresas, las cuales no podían honrar sus compromisos externos ni realizar importaciones, a menos que violaran la ley adquiriendo divisas en el mercado paralelo ilegal o negro. Tuvieron que pasar varios meses para que se comenzara a observar cierta regularización en el proceso de asignación y entrega de divisas, pero, obviamente, en forma restringida.

Al igual que en el pasado, al comenzar la imposición de los controles se logró frenar y revertir la caída de las reservas internacionales en poder del BCV, haciendo que en el segundo semestre de 1994 estas mostraran una expansión de 2.803 millones de dólares, cerrando el año en un nivel de 11.507 millones. Sin embargo, y a

---

[51]   Ver Palma (1999).

pesar de las severas penalizaciones a los violadores de las normas, a medida que pasaban los meses se hacían cada vez más evidente las debilidades del nuevo esquema, apareciendo múltiples mecanismos, algunos de ellos legales, a través de los cuales se evadían o se eludían los controles. Esto hizo que, durante los primeros cinco meses de 1995, las reservas internacionales en poder del instituto emisor experimentaran una baja sostenida, aunque de moderadas proporciones. Sin embargo, a partir de junio esa reducción se acentuó, haciendo que en los primeros tres trimestres de ese año las mismas se contrajeran en 2.300 millones de dólares (- 20%).

Adicionalmente, la presión del mercado forzó la implantación de mecanismos de obtención de divisas fuera del esquema oficial controlado. Así, por ejemplo, en abril de 1995 se aprobaron las operaciones de colocación de bonos Brady a través de la Bolsa de Valores de Caracas. Esos títulos denominados en dólares podían ser adquiridos en bolívares, oficializándose así un mercado paralelo que de hecho ya venía funcionando, y cuyo tipo de cambio se establecería por la relación entre la cantidad de bolívares que había que pagar para la adquisición del bono y su valor en dólares en el mercado secundario. Al iniciarse este mercado, la cotización que en él existía era equivalente a la del mercado negro y el de la frontera, es decir 230 bolívares por dólar, aproximadamente, nivel en el que se mantuvo sin mayores variaciones hasta agosto de 1995, y que excedía en un 35% a la tasa oficial 170 bolívares por dólar, vigente desde junio de 1994.

En los meses que siguieron, los obstáculos cada vez mayores para obtener dólares al tipo de cambio oficial, combinados con la severa caída de las reservas internacionales, hicieron que el tipo de cambio en el mercado de bonos Brady aumentara con gran vigor y en forma sostenida, haciendo que, a mediados de abril de 1996, cuando se eliminó el régimen de control de cambios y se volvió al tipo de cambio único, esa tasa estuviese en torno a 500 bolívares por dólar.

Paralelamente, durante 1994 y 1995 se materializó una elevada inflación, tanto a nivel de consumidor como de mayorista, ubicándose ésta en torno al 60% anual. Ello se debió, entre otras razones, a:

- una gestión fiscal ampliamente deficitaria, particularmente a nivel de sector público consolidado

- un elevado nivel de liquidez, creado por los auxilios financieros y por la política expansiva de gasto público, a pesar de la política monetaria francamente restrictiva del BCV, particularmente durante 1995. Buena parte de esa liquidez se canalizaba hacia el mercado paralelo, presionando al alza el tipo de cambio libre

- problemas de desabastecimiento, particularmente en los primeros meses de implantación del control cambiario, debido a la imposibilidad de tener acceso a los dólares para importación

- la acentuada depreciación del bolívar en el mercado paralelo, combinada con la convicción de que el tipo de cambio oficial iba a ser ajustado al alza, lo cual incrementó notablemente los costos esperados de reposición.

Al haberse mantenido el tipo de cambio controlado en 170 bolívares por dólar por más de 17 meses, es lógico inferir la acentuada apreciación real experimentada por el bolívar comercial debido al pronunciado deterioro de los precios relativos, producido por la mayor inflación interna en comparación con la padecida en las economías de los principales socios comerciales. El 11 de diciembre de 1995, se ajustó la tasa oficial a 290 bolívares por dólar, ubicándose en un nivel similar al de la paridad comercial de importaciones de ese momento. Esa cotización oficial se mantuvo hasta el desmantelamiento del control cambiario en abril de 1996.

Gráfico 7.2

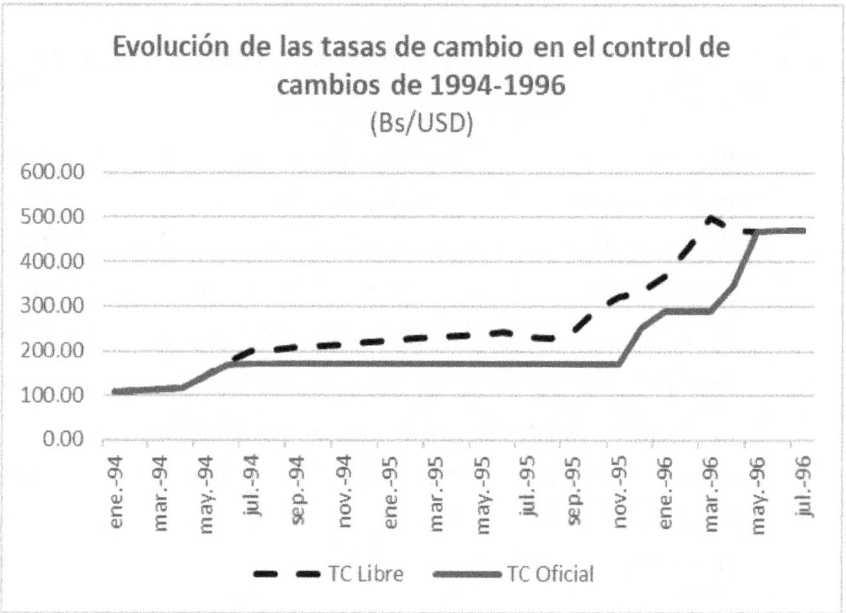

Evolución de las tasas de cambio en el control de cambios de 1994-1996
(Bs/USD)

Fuente: Banco Central de Venezuela y MetroEconómica

A fines de 1995 y comienzos de 1996 la inflación experimentó una escalada de grandes proporciones. En efecto, al expresar la inflación mensual en términos anuales observamos que ésta pasó de 72% en octubre de 1995 a más de 150% en enero de 1996. Esto, en una economía donde no existía la indexación de salarios, era una situación insostenible. De hecho, ese fue uno de los factores fundamentales que llevó al gobierno del presidente Caldera a dar un giro de 180 grados en materia de política económica en el mes de abril de 1996, poniéndose en marcha una reforma estructural que acogía el esquema de economía de mercado y eliminaba los controles existentes, el cambiario entre ellos. Esta reforma fue bautizada como la Agenda Venezuela.[52]

7.2. Se repite la historia

Al igual que en las experiencias anteriores, el control cambiario bajo análisis mostró su eficacia inicial al frenar la fuga incontrolada de capitales que lo originó, pero también demostró su rápido desgaste, haciéndose súbitamente ineficaz en la consecución de su objetivo central, que era la protección de las reservas internacionales. Adicionalmente, en este caso se ratificó que ese tipo de esquema cambiario introduce una serie de elementos distorsionantes en la economía, como obstáculos a la actividad productiva y la exacerbación de la especulación financiera, a los fines de burlar los controles y sacar provecho a las profundas distorsiones cambiarias que crea. Otro aspecto relevante a destacar es que cuando estos esquemas de control pretenden divorciar el dinamismo del tipo de cambio de la realidad económica a través de la fijación de tipos de cambio controlados, lo que estimulan es la materialización de mercados paralelos en los que el tipo de cambio se fija por el libre juego de la oferta y la demanda, con el agravante de que cuanto mayor sean las acciones tendentes a evitar que dichos mercados operen, o que los agentes económicos acudan a él, tanto mayor tiende a ser la distorsión y el divorcio entre la cotización libre y la oficial.

---

[52] Para un análisis pormenorizado de la Agenda Venezuela, ver Palma – Rodríguez (1997), Corrales (2000) y Palma (1999).

Esto genera presiones distorsionantes en la economía, pues cuanto más restringido sea el acceso al tipo de cambio preferencial, tanto mayor será la tendencia a tomar la tasa de cambio del mercado libre como la de referencia al momento de establecer, entre otras cosas, los criterios de los costos de reposición esperados, el riesgo cambiario, y el costo de oportunidad de vender al tipo de cambio oficial los dólares producidos por las exportaciones o por los dividendos obtenidos en moneda extranjera.

Igualmente, cuanto mayor es la disparidad entre las tasas controladas y la libre, legal o no, tanto mayor tiende a ser el estímulo para evadir los controles, pues las operaciones de obtención de divisas a tipos de cambio preferencial se tornan muy rentables. Ello también exacerba las expectativas de devaluación, estimulándose la búsqueda de protección contra la corrección cambiaria inminente. Eso, a su vez, genera presiones adicionales en los mercados de divisas, haciendo aún más difícil el mantenimiento de la funcionalidad del sistema de controles cambiarios, y forzando a que la devaluación al momento de unificar la tasa sea muy intensa, con efectos recesivos profundos sobre la economía.

En resumen, si bien el establecimiento de un control de cambios puede generar beneficios en lo inmediato al frenar la hemorragia de divisas y represar liquidez en el mercado interno, presionando a la baja las tasas de interés, rápidamente desaparecen esas ventajas para dar lugar a una serie de distorsiones de alto costo para la economía en términos de inflación, recesión, incertidumbre, corrupción, y acumulación de distorsiones, que a la larga hay que afrontar, aun cuando las mismas impliquen un alto costo.

Capítulo 8

Retorno a la libre convertibilidad con un sistema de bandas cambiarias

Al igual que lo sucedido en 1989, al eliminarse los controles a partir del 22 de abril de 1996 y migrarse hacia una unificación cambiaria, se estableció un tipo de cambio único similar al que entonces existía en el mercado libre, ubicándose este en 500 bolívares por dólar, para luego bajar y oscilar entre 465 y 470, nivel donde se mantuvo hasta comienzos de julio, cuando se estableció un sistema de bandas cambiarias.

Como bien puede inferirse, al unificarse el tipo de cambio, y en tan solo algo más de cuatro meses, el dólar controlado o preferencial se encareció en un 176%, al pasar el tipo de cambio controlado de 170 bolívares por dólar a comienzos de diciembre de 1995 a 470, días después de la unificación del tipo de cambio, lo cual implicó una devaluación del bolívar destinado a la compra de dólares preferenciales de 63,8%. Sin embargo, a pesar de la intensidad de la devaluación, el aumento del índice de tipo de cambio real con respecto a la cesta de monedas incluidas en su cálculo fue relativamente menor. Eso se debió a que en los años precedentes el dólar y, en consecuencia, el bolívar comercial destinado a la adquisición de divisas preferenciales, se apreciaron notablemente con respecto a las monedas de otros socios comerciales de Venezuela (Europa, Japón, etc.). De hecho, el bolívar se apreció en términos reales mucho más con respecto a esas terceras monedas que con respecto al dólar estadounidense.[53]

La estabilidad del tipo de cambio en los meses que siguieron a la unificación se debió a varios factores, a saber:

- a la implementación de una política monetaria restrictiva que elevó las tasas de interés de manera considerable

- a la moderación de la demanda de divisas después del substancial ajuste cambiario que se había producido, y

- a una elevada oferta de dólares en el mercado, producida por importantes ingresos de capitales.

8.1. El sistema de bandas cambiarias (de julio de 1996 a febrero de 2002)

Desde el 1 de julio de 1996 se implantó un sistema de bandas cambiarias, en el cual el tipo de cambio fluctuaría en un rango predeterminado. A tales fines, se estableció una paridad central en un nivel similar al existente en el mercado en ese momento, es decir 470 bolívares por dólar, la cual se ajustaría a razón de un 1,3% por mes, porcentaje que coincidía con la inflación mensual proyectada para el último trimestre del año. Igualmente, se fijaron unos límites de 7,5% por arriba y por abajo de la paridad central, formándose así la banda dentro de la cual fluctuaría la tasa de cambio nominal.

---

[53] Ver Barcia (1999).

En los meses que siguieron al establecimiento de este sistema se notó una gran estabilidad del precio de dólar, lo cual estaba en línea con los postulados de la nueva política cambiaria. Ello se logró a través de intervenciones del BCV que aseguraban la satisfacción de la demanda de divisas que se producía, evitando así presiones sobre la tasa. De esta forma, a fines de diciembre de 1996 el tipo de cambio estaba en niveles muy próximos al límite inferior de la banda, y muy similares a los de la paridad central inicial.[54] Ante esto se decidió ajustar la paridad central con el tipo de cambio existente el 31 de diciembre de ese año. El anclaje cambiario continuó a lo largo de todo el año 1997, produciéndose dos nuevas rectificaciones hacia abajo de la paridad central, una el 1 de julio y otra el último día del año. En otras palabras, la banda fue "quebrada" hacia abajo en tres oportunidades, para así evitar que el tipo de cambio se saliera de su límite inferior.

Este anclaje cambiario se produjo en un período en el que la inflación interna era mucho mayor que la que padecían los principales socios comerciales de Venezuela, produciéndose en consecuencia una sostenida apreciación real de la moneda. La mayor inflación fue producto de la conjunción de tres factores importantes. El primero de ellos fue la devaluación de comienzos de 1996; el segundo fue la inercia inflacionaria existente, y el tercero se produjo por la implementación de una política fiscal ampliamente expansiva que se tradujo en elevados crecimientos del gasto público real durante 1996 y

---

[54] La paridad central inicial de la banda el 1 de julio de 1996 fue de Bs/USD 470, mientras que la de cierre de año fue de Bs/USD 476,75. Ello implicó un encarecimiento de la divisa de tan solo 1,4%, mientras que la inflación a nivel de mayorista que se dio en ese semestre fue de 13,6%.

1997, haciendo que la oferta monetaria también mostrara un intenso crecimiento en ese lapso, a pesar de los esfuerzos del BCV por controlar la liquidez a través de una política monetaria restrictiva. De hecho, las acciones de restricción monetaria se hicieron a través de actuaciones de la mesa de dinero del instituto emisor, y de operaciones de mercado abierto, consistentes en la venta de obligaciones emitidas por ese ente —Títulos de Estabilización Monetaria, TEM—,[55] que ofrecían un alto rendimiento. Esto le generó altos costos y pérdidas al BCV.

La disparidad inflacionaria se mantuvo en el tiempo, a pesar de que la intensidad del aumento de los precios, particularmente a nivel de mayorista, cedió en los meses que siguieron al arranque del esquema de bandas, aunque se mantuvo en todo momento en niveles muy superiores a los externos. De hecho, después de la devaluación de abril de 1996 el bolívar comercial estaba subvaluado, situación que se corrigió unos meses más tarde, para luego dar paso a una sobrevaluación creciente desde fines de ese año. Al igual que lo sucedido en 1989, la maxidevaluación se tradujo en un dramático ajuste de los precios, particularmente a nivel de mayoristas, contribuyendo esto a eliminar buena parte de la elevada subvaluación que se originó con el ajuste cambiario.

Esta situación continuó a lo largo de todo el período que estuvo en vigor el sistema de bandas, llegándose, como veremos más ade-

---

[55] Los Títulos de Estabilización Monetaria (TEM) eran bonos cero-cupón emitidos por el BCV que eran vendidos al sistema financiero a través de subastas, generando estos unos rendimientos elevados que eran altamente costosos para el instituto emisor.

lante, a un nivel de sobrevaluación muy acentuada de la moneda en el momento en que este se sustituyó por un sistema de libre flotación del tipo de cambio en febrero de 2002.

Cuadro 8.1

Inflación a Nivel de Mayoristas y de Consumidores
(Variaciones porcentuales anuales promedio)

	Al Mayor		Al Consumidor
	General	Productos Nacionales	
1995	57,7%	60,3%	59,9%
1996	103,2%	99,6%	99,9%
1997	29,8%	32,7%	50,0%
1998	22,2%	24,4%	35,8%

Fuente: Banco Central de Venezuela

La caída de los precios del petróleo causada por las secuelas de las crisis asiática y rusa de 1997 y 1998, respectivamente, y por los altos inventarios de hidrocarburos en los países consumidores, tuvo hondas repercusiones en Venezuela. Además de la reducción importante de las exportaciones y del deterioro de la balanza de pagos, los ingresos fiscales sufrieron una contracción de importancia. Esto último, combinado con los compromisos de pago por servicio de deuda pública externa, que fueron particularmente altos en 1998, hizo que las necesidades de financiamiento del gobierno central de ese año se elevaran a un nivel equivalente a 9% del PIB.

Paralelamente, y como ya era tradicional en Venezuela, el debilitamiento petrolero contribuyó a deteriorar las expectativas cambiarias, ante el temor de que la merma de ingresos de divisas generara limitaciones de oferta en el mercado cambiario, comenzándose a operar una demanda creciente y sostenida de dólares desde el mes de abril de 1998. Esto se vio potenciado por otros factores que también contribuyeron a la creación de un clima de incertidumbre y desconfianza, tales como:

- la sobrevaluación cada vez más evidente del bolívar comercial

- las incertidumbres políticas crecientes de ese año electoral, ante la consolidación cada vez más cierta de la candidatura presidencial de Hugo Chávez

- el convencimiento de que las altas necesidades de financiamiento del gobierno llevarían a una devaluación con el fin de elevar los ingresos fiscales petroleros.

El estallido de la crisis rusa a mediados de agosto de 1998, caracterizada por la devaluación del rublo y la declaración de moratoria de parte de la deuda pública de ese país, no sólo se tradujo en el derrumbe de su bolsa de valores y de los precios de sus bonos en los mercados internacionales, sino también en la caída abrupta de los mercados de valores de los países del mundo emergente, producto del efecto contagio. Dada la característica común de Venezuela y Rusia de ser exportadores de petróleo, muchos analistas internacionales percibieron que en Venezuela podría producirse una situación tan adversa como la que se vivía en el país europeo; esto desencadenó una venta masiva de valores venezolanos, lo que se tradujo, por una parte, en el desplome de los precios de esos títulos en los mercados internacionales y, por la otra, en la caída abrupta de la bolsa de Caracas. Paralelamente, se redujo la demanda local de dinero y se potenció la demanda de divisas como un mecanismo de protección. Buena parte de la elevada compra de dólares se financió con préstamos locales en bolívares.

Ante esta situación, el BCV decidió resistir los embates especulativos a través de la venta masiva de divisas, logrando que los ajustes del tipo de cambio fueran tan solo marginales. Simultáneamente, el instituto emisor redobló los esfuerzos por restringir la oferta monetaria, disparándose las tasas de interés. En efecto, en el mes de septiembre de 1998 las tasas pasivas superaban el 50%, mientras que las activas promediaban el 75%, ubicándose las tasas para préstamos de corto plazo en niveles próximos al 100%. Esto implicaba tasas pasivas reales superiores al 20%, mientras que las activas superaban holgadamente el 40% en términos reales.[56] Dada esa realidad, y generalizado el convencimiento de que el BCV no devaluaría, pues contaba con los recursos para evitarlo, a mediados de septiembre se revirtió la situación, bajando la demanda de divisas y aumentando su oferta, ya que los agentes económicos que se habían endeudado en bolívares para adquirir divisas ante la expectativa de devaluación existente, procedieron a liquidar sus posiciones en dólares y a cancelar sus obligaciones en bolívares, dado el alto costo financiero que tenían que afrontar.

Superada la crisis a fines de septiembre, en los meses subsiguientes el bolívar se fortaleció y estabilizó, a pesar de la efervescencia política ante la proximidad de las elecciones de principios de diciembre y el triunfo cada vez más inminente de Chávez. De hecho, después de alcanzar un máximo de 589,25 bolívares por dólar en el momento más álgido del furor especulativo, el tipo de

---

[56]   Para un análisis más detallado, ver Palma (1999).

cambio del último trimestre de 1998 estuvo en torno a los 570, experimentando incluso una caída hasta los 555 bolívares por dólar en los días que siguieron a la elección presidencial, cuando surgió una ola de optimismo debido a las positivas declaraciones de Chávez en su condición de presidente electo. Esto produjo, además del fortalecimiento del bolívar ya mencionado, una acentuada recuperación, aunque efímera, de la bolsa de valores, permitiendo que la tasa cambiaria al cierre del año fuera de 565 bolívares por dólar, nivel similar al existente a comienzos de agosto de ese año.

8.2. Un nuevo gobierno y la ratificación del sistema de bandas

El nuevo gobierno, que tomó posesión el 2 de febrero de 1999, decidió continuar el sistema de bandas con el claro objetivo de utilizar el anclaje cambiario como mecanismo controlador de la inflación. Para ello se diseñó un esquema de política monetaria que buscaba como uno de sus objetivos centrales la protección de las reservas internacionales, de tal forma que éstas se mantuvieran en los niveles requeridos para asegurar la permanencia de aquel anclaje cambiario.[57] En tal sentido, el BCV implantó una política monetaria de corte restrictivo a través de:

- operaciones de mercado abierto con la modalidad de REPOS
- modificación de encajes
- reapertura de la mesa de dinero, y
- encarecimiento del redescuento.

---

[57] Ver Mensaje de Fin de Año del presidente del Banco Central de Venezuela (2001).

En un principio esa política dio los resultados esperados, ya que la inflación siguió mostrando la tendencia a la moderación que venía experimentando desde fines de 1996, debilitándose de esta forma la inercia inflacionaria. Incluso, ello fue posible a pesar de la política fiscal netamente expansiva que se implementó desde 1999, la cual generó altas necesidades de financiamiento al gobierno central, pues sus ingresos ordinarios no aumentaron al ritmo que lo hizo el gasto.

Inicialmente, pudiera dar la impresión de que lo anterior se contradice con la imagen de prudencia de gasto, implícita en el importante nivel de ahorro que se hizo en el Fondo de Inversión para la Estabilización Macroeconómica (FIEM) durante los tres primeros años de la administración de Chávez. Sin embargo, al comparar las cifras de aquel ahorro con el nuevo endeudamiento del gobierno central, se llega a una conclusión diferente. En efecto, en el período 1999-2001 los aportes acumulados al FIEM fueron de 4,8 billones de bolívares, mientras que en el mismo lapso el gobierno central incrementó su nivel de endeudamiento interno en 8 billones de bolívares, a los fines de cubrir las necesidades de financiamiento de esos años. Eso implicó que la deuda interna del gobierno central pasara de 2,5 billones de bolívares a fines de 1998 a 10,5 billones a fines de 2001.[58]

Uno de aspectos importantes a destacar es que la notable estabilidad cambiaria del período 1999-2001 en buena medida se debió al comportamiento favorable de los precios petroleros, que mostraron

---

[58] Este monto no incluye la deuda en forma de Letras del Tesoro, Bonos del Tesoro y Certificado de Reintegro Tributario.

una franca tendencia al crecimiento desde mayo de 1999. De hecho, el precio promedio de ese año se ubicó en torno a los 16 dólares por barril, nivel muy superior a los 9 dólares por barril que se estaba previendo en los primeros meses del año, cuando aún se vivía la depresión del mercado petrolero que venía del año anterior. En el año 2000 el precio promedio subió a 26 dólares el barril y en el primer semestre de 2001 se ubicó en torno a 22 dólares, antes de experimentar una sostenida y brusca caída en el segundo semestre de ese año.

Gráfico 8.1

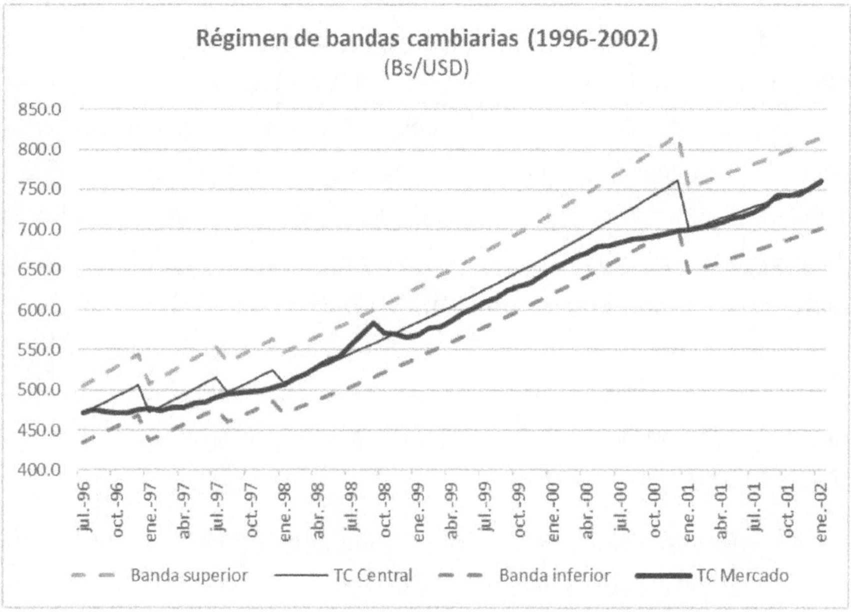

Régimen de bandas cambiarias (1996-2002)
(Bs/USD)

Fuente: Banco Central de Venezuela, MetroEconómica y Ecoanalítica

Esto permitió que no sólo se materializara la estabilidad cambiaria, sino que hasta se decidiera reducir en varias oportunidades la intensidad de corrección mensual de la paridad central de la banda, y que a comienzos de 2001 se volviera a quebrar la banda hacia abajo, a los fines de evitar que la tasa cambiaria nominal rompiera el límite inferior de la misma.[59]

No obstante, durante todos esos años continuó el proceso de apreciación real de la moneda, haciendo crecer en forma sostenida el nivel de sobrevaluación del bolívar comercial. La disparidad creciente entre la tasa de cambio nominal y la de equilibrio de importaciones era cada vez mayor, al punto de que a comienzos de 2002 la sobrevaluación superaba el 55%.

Sin embargo, es válido preguntarse por qué se mantuvo la estabilidad cambiaria en los meses de bajos precios de esos tres años, vale decir, durante los primeros meses de 1999 y durante el segundo semestre de 2001 y primeros meses de 2002. Con respecto al primer caso, hay que recordar que a comienzos de 1999 aún estaban frescas las vivencias de agosto y septiembre de 1998, cuando el BCV ganó "la batalla" de la especulación cambiaria que se desató, infligiendo severos costos a los especuladores cambiarios. Eso contribuyó a que se mantuviera la calma en el mercado, a pesar de los bajos precios petroleros que imperaban a comienzos de 1999.

Con referencia al segundo lapso (segundo semestre de 2001 y comienzos de 2002), la situación fue diferente. De hecho, durante esos meses se desencadenó una nueva oleada especulativa contra el bolívar, muy similar a la de mediados de 1998, debido, en gran parte, al comportamiento adverso de los precios petroleros. Estos caye-

---

[59] Ver Guerra – Pineda (2000: 25-28), y Campos *et al.* (2006: 113-115). En esos trabajos se detallan los distintos quiebres de la banda a lo largo de su existencia.

ron como consecuencia, por un lado, de la recesión internacional y de los altos niveles de inventarios que mantenían los países consumidores y, por el otro, de la expansión de la producción de varios países exportadores como Rusia, Noruega y Canadá, lo que neutralizó los esfuerzos de recorte de la OPEP, manteniendo altos los niveles de oferta en los mercados internacionales. Esta situación petrolera adversa se vio complementada con el enrarecimiento del clima político en Venezuela, haciendo que los agentes económicos percibieran un ambiente de alto riesgo e incertidumbre, ante lo cual decidieron comprar divisas como un mecanismo de cobertura.

El BCV, nuevamente hizo frente al ataque especulativo vendiendo los dólares necesarios para satisfacer la demanda, e implementando una política monetaria más restrictiva. Como resultado de estas acciones, las reservas internacionales del instituto emisor comenzaron a mermar, haciendo que en el segundo semestre de 2001 estas se redujeran en un nivel próximo a los 1.500 millones de dólares.[60] Sin embargo, en las primeras seis semanas de 2002 la demanda especulativa de dólares arreció, a pesar de la mayor restricción monetaria y de la notable escalada de las tasas de interés. Esto hizo que las reservas internacionales del BCV se contrajeran en 2.000 millones de dólares en ese breve lapso, haciendo insostenible la situación. Cada vez se hacía más obvio que el esquema de bandas cambiarias se había agotado, siendo necesaria su modificación radi-

---

[60] Se refiere a la tenencia de activos internacionales del BCV, constituidos por las reservas internacionales más los recursos depositados en el FIEM. El monto global de esos activos era de USD 19.992 millones a fines de junio de 2001, mientras que para fines de ese año había disminuido a USD 18.522 millones.

cal, o su sustitución por un esquema alternativo y más funcional. El sistema de bandas implementado desde comienzos de julio de 1996 había llegado a su final.

Gráfico 8.2

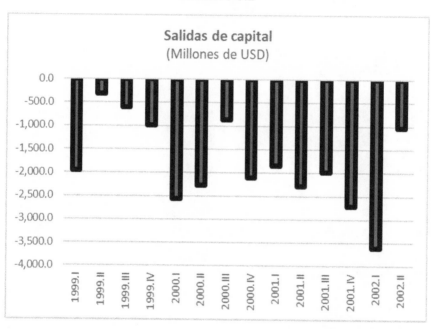

Fuente: Banco Central de Venezuela y MetroEconómica

Nota: Las fugas de capital privado se estimaron como la suma de las partidas de la balanza de pagos 1. Errores y Omisiones, 2. Moneda y depósitos (en Otras inversiones, Sector Privado, Activos) y 3. Títulos de deuda (en Inversión en cartera, Sector privado, Activos). Estimados hechos en línea con lo sugerido en Cuddington (1986). Para un análisis detallado de las estimaciones de las salidas de capitales ver, además de Cuddington (1986), Schneider (2003).

Capítulo 9

La flotación del tipo de cambio único con libre convertibilidad

Aprovechando el feriado de Carnaval, el 12 de febrero de 2002 el presidente Chávez anunció a la nación la implantación de un nuevo sistema cambiario a partir del día siguiente, consistente en la libre flotación del tipo de cambio, manteniéndose la libre convertibilidad y el tipo de cambio único. Como parte del nuevo esquema, el BCV ofertaría cada día una determinada cantidad de dólares a través de tres subastas diarias, haciéndose de conocimiento público los precios promedio que resultaren de cada subasta. De esta manera se establecerían los tipos de cambio referenciales que servirían para determinar el tipo de cambio de mercado. Al comenzar las subastas se estableció que el BCV ofertaría 60 millones de dólares diarios por esa vía, magnitud que ulteriormente, en el mes de mayo, se redujo a 45 millones. Adicionalmente, el instituto emisor intervendría en el mercado en forma esporádica para corregir o evitar distorsiones o desviaciones de la tasa cambiaria. El nuevo esquema implicaba el abandono del anclaje del tipo de cambio como instrumento controlador de la inflación, pasando esa función de restricción inflacionaria a la política fiscal. Eso dio origen al término "ancla fiscal".

En los primeros días de funcionamiento del nuevo esquema, el tipo de cambio se disparó, pasando de 793 bolívares por dólar, última cotización bajo el esquema de bandas, a 1.079,50 el 25 de febrero, tan solo dos semanas después de comenzar a operar el nuevo sistema, mostrando en los días posteriores una tendencia a la moderación. Ese abrupto aumento del precio del dólar de 36%, que equivalió a una devaluación del bolívar de 26,5%, lo podemos identificar como el *overshooting* que normalmente se presenta en este tipo de situaciones, seguido por una apreciación ulterior de la moneda, que se da cuando los agentes económicos se convencen de que después del ajuste cambiario es conveniente vender moneda extranjera para adquirir bienes locales.[61]

Uno de los factores que contribuyó a bajar la tasa cambiaria desde los primeros días de marzo fue la severa profundización de la política monetaria restrictiva que implementó el BCV desde que comenzó a operar el nuevo esquema cambiario, haciendo que las tasas de interés, al igual que lo que sucedió en agosto y septiembre de 1998, se dispararan, llegando las activas reales a ubicarse en algunos momentos en niveles del 40%. Eso hizo que, incluso en los días que siguieron a los dramáticos sucesos políticos de mediados de abril,[62] la tasa cambiaria se mantuviera en torno a los 850 bolívares por dólar durante la segunda quincena de ese mes.

---

[61]   Ver Dornbusch (1976).

[62]   Después de una masiva protesta contra el gobierno el 11 de abril de 2002, la cual fue reprimida con un saldo de varias personas fallecidas, se produjo un golpe de Estado que apartó del poder a Hugo Chávez. Sin embargo, un par de días después éste retomó el control del gobierno.

Todos los agentes económicos, sin embargo, sabían que esa era una tasa artificial e insostenible, ya que la misma, además de implicar un nivel de sobrevaluación aún mayor que el existente en los últimos días de vigencia del sistema de bandas, se había logrado a través de una restricción monetaria que estaba asfixiando al sector productivo del país. Entonces se manifestó una paralización total de actividades, ya que cayeron las ventas y desaparecieron las posibilidades de cobro en la cadena productiva, pues nadie se desprendía de la poca liquidez de que disponía. Todos querían cobrar, pero nadie estaba dispuesto a pagar. Por su parte, múltiples deudores individuales e institucionales no podían honrar sus obligaciones, dadas las altísimas tasas de interés existentes, pudiendo sobrevivir económicamente tan solo aquellos con posiciones en divisas que pudieran ser liquidadas. Esto generó un aumento abrupto de la cartera morosa de la banca, incrementándose la vulnerabilidad de algunos bancos del sistema que estaban en una situación poco sólida.

Ante esa dramática situación, no quedaba más alternativa que flexibilizar la política monetaria, permitiendo una mayor holgura de liquidez a través de la compra por parte del BCV de valores en poder de la banca. Eso permitió que bajaran las tasas de interés, pero también que se canalizara hacia el mercado cambiario buena parte de la mayor liquidez disponible, debido, por una parte, al convencimiento de que el bolívar se depreciaría intensamente y, por la otra, a la incertidumbre y zozobra que causaba la inestabilidad política que se vivía en el país y la radicalización y confrontación cada vez mayor del discurso gubernamental. Eso hizo que el tipo de cambio se elevara en forma sostenida e intensa.

Si bien ese abrupto ajuste cambiario implicó la práctica eliminación de la sobrevaluación del bolívar, el mismo también generó expectativas negativas, ante el convencimiento de que éste contribuiría a profundizar la recesión ya existente,[63] a aumentar el desempleo y el subempleo, y a deteriorar el salario real como producto del aumento de los precios.

Gráfico 9.1

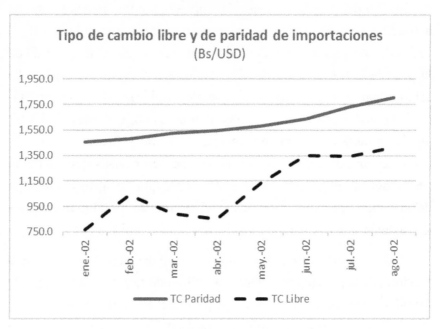

Fuente: Banco Central de Venezuela y MetroEconómica

---

[63] De acuerdo con los estimados del BCV, en el segundo trimestre de 2002 el PIB real experimentó una contracción de 9,9% con respecto a igual período del año precedente, habiendo sectores que sufrieron caídas aún más severas, como el de la Construcción (-30,81%), Petróleo (-16,74%), Transporte y Almacenamiento (-10,1%) y Comercio (-11,8%). La contracción del primer semestre de 2002 con respecto al de 2001 fue de 7,1%. Para un análisis de los efectos contractivos de una devaluación, ver Cooper (1971) y Krugman – Taylor (1978).

Con relación a la inflación, hay que decir que el anuncio gubernamental de que el ancla cambiaria sería sustituida por el ancla fiscal a los fines de afrontar ese problema, generó una serie de expectativas e incertidumbres acerca de las posibilidades de éxito en esa materia, ya que, en los meses que siguieron a ese anuncio, lo que se observó fue una dramática situación de desequilibrio fiscal. En efecto, a pesar del incremento de los ingresos esperados debido al repunte de los precios petroleros internacionales que entonces se operaba, a la depreciación abrupta de la moneda, y a los mayores impuestos al valor agregado y al débito bancario,[64] los estimados acerca de la gestión presupuestaria del año 2002 siguieron mostrando un desequilibrio de importancia, previéndose para el año siguiente una situación mucho más delicada. Esto creó un escepticismo general acerca de las posibilidades reales de que, por un lado, se controlara la inflación a través del ancla fiscal, y de que, por el otro, se eliminara la volatilidad cambiaria, ya que el logro de lo segundo dependería en gran medida de la consecución de lo primero.

Se creó así una expectativa de que la inexistencia de aquella supuesta ancla fiscal podría obligar al BCV a seguir implementando una política monetaria restrictiva, impidiendo la baja de las tasas de interés. Eso no sólo afectaría al sector productivo privado y a los deudores en bolívares, sino que también perjudicaría al gobierno central, quien tendría una mayor carga financiera para servir su deuda interna, y a quien le sería mucho más difícil y costosa la co-

---

[64] A fines de julio de 2002 se introdujeron una serie de ajustes al IVA y al impuesto al débito bancario, elevándose sus tasas de 14,5% a 16% en el primer caso, y de 0,75% a 1% en el segundo.

locación de nuevas obligaciones en el mercado local para cubrir sus necesidades de financiamiento.

Volviendo al análisis del comportamiento del tipo de cambio, desde mediados de octubre de 2002 el precio del dólar dejó de crecer, e incluso mostró una tendencia a la moderación, a pesar de que la liquidez monetaria mantuvo su ritmo de expansión. Eso se debió, por una parte, a que la banca se vio forzada a liquidar parte de su posición en moneda extranjera debido a limitaciones y regulaciones impuestas por las autoridades monetarias y, por la otra, a que múltiples empresas también vendieran parte de su tenencia de dólares para obtener la liquidez que requerían para afrontar sus obligaciones de fin de año. Esa situación se exacerbó durante las primeras semanas de diciembre, cuando la suspensión de actividades debido al paro general que se inició el día 2 de ese mes interrumpió el flujo de ingresos de las empresas. Esto último contribuyó a que el tipo de cambio mantuviera su tendencia a la baja durante las primeras tres semanas de diciembre, a pesar del paro petrolero que se inició el 4 de dicho mes, y que implicó una caída abrupta de la producción y la exportación de hidrocarburos.

No obstante, como era lógico esperar, la práctica paralización de la principal actividad económica del país, combinada con la exacerbación del clima político, hizo que las salidas de capital repuntaran notablemente, haciendo que el tipo de cambio reiniciara su franca tendencia alcista durante los últimos días de diciembre y primeras semanas de enero de 2003, pasando de 1.263,50 bolívares por dólar el 19 de diciembre a 1.853 el 21 de enero siguiente. Esto implicó un encarecimiento del 45,8% de la divisa norteamericana y una depreciación del bolívar de 31,4%, contrayéndose las reservas internacionales en poder del BCV en más de 13% en esas pocas semanas. Ello llevó a las autoridades económicas a suspender las operaciones cambiarias al sector no gubernamental el 21 de enero de 2003, y a implantar a partir del 6 de febrero un severo control cambiario.

Capítulo 10

Competitividad en la economía venezolana

En el presente capítulo trataremos de determinar cómo ha evolucionado la competitividad de la economía venezolana en los mercados internacionales a lo largo de las casi tres décadas comprendidas entre 1974 y 2002, lapso en el que, como ya ha sido analizado, se implementaron las más diversas políticas cambiarias, en escenarios petroleros muy diversos y en muchos casos antagónicos. Este análisis nos permitirá establecer, entre otras cosas, si el sector productivo venezolano distinto al petrolero ha sido competitivo en los mercados internacionales o no, y si Venezuela ha sido víctima de la llamada "Enfermedad Holandesa", problema que, según algunos analistas, es común en economías dependientes de la exportación de *commodities*, como el petróleo.

A tales fines, es conveniente repasar algunos conceptos básicos.

10.1. Tipo de cambio efectivo nominal y real

Al comparar los tipos de cambio de la moneda de un país con las divisas de las economías con las que mantiene relaciones comerciales, se puede obtener un tipo de cambio promedio de esa moneda con respecto a la cesta de aquellas divisas. Para ello, debe dársele a cada una de esas tasas de cambio un peso relativo o ponderación, en base a la importancia que cada una de esas naciones tiene con el país en cuestión en materia comercial. Eso nos permite obtener la "tasa de cambio efectiva", la cual puede expresarse en forma de índice.

Sin embargo, ese cálculo no nos permite establecer si los bienes locales son relativamente más baratos o caros que los foráneos. Para ello es necesario incorporar en el análisis la evolución de los precios relativos, es decir la de los precios internos versus los externos, pudiendo entonces obtener la "tasa de cambio efectiva real", la cual no es más que la relación de precios externos e internos expresados en términos de una misma moneda.

$$R = \frac{TCN*Pf}{P} \quad \text{[I]}$$

Donde:

R es el Tipo de Cambio Real

TCN es el Tipo de Cambio Nominal (precio de la divisa en moneda local)

Pf es el índice de precios externos en divisas

P es el índice de precios internos en moneda local

El numerador de esa fracción representa los precios externos expresados en moneda local, por lo que R no es más que la relación de precios externos a precios internos. Si R aumenta, producto de un mayor TCN (depreciación de la moneda local), o porque Pf aumenta más intensamente que P, se dice que la moneda local se ha **depreciado en términos reales**, haciéndose más competitivos los productos locales en el exterior. Si, por el contrario, R disminuye, producto de un menor TCN (apreciación de la moneda local), o del encarecimiento más intenso de los productos internos en comparación a los foráneos, se dice que la moneda se ha **apreciado en términos reales**, perdiendo competitividad los productos locales en el exterior.

Un ejemplo numérico ayudará a clarificar estos conceptos. Supongamos un país latinoamericano cuya moneda es el "peso (Pe)" y el cual realiza importaciones procedentes de tres áreas económicas, a saber: EE. UU. (50%), Unión Europea (20%) y Japón (30%).

En un período base, las tasas de cambio con respecto a las divisas de esos socios comerciales son las siguientes:

10 Pe/ USD

11 Pe/ €

0,0625 Pe/ ¥

El cálculo del Índice de Tipo de Cambio Efectivo (ITCE) del período base sería el siguiente:

Cuadro 10.1

	Tipo de Cambio	Índice	Ponderación	Índice Ponderado
USD	10	100	0,5	50
€	11	100	0,2	20
¥	0,0625	100	0,3	30

Índice de Tipo de Cambio Efectivo en el período base ($ITCE_0$): **100**

Supongamos que en el período "t" los tipos de cambio pasan a:

12 Pe/USD   (el dólar se encareció 20% en término de pesos)

15,4 Pe/€   (el euro se encareció 40% en término de pesos)

0,08875 Pe/¥   (el yen se encareció 42% en término de pesos)

El cálculo Índice de Tipo de Cambio Efectivo del período "t" sería:[65]

Cuadro 10.2

	Tipo de Cambio	Índice del T. de Cambio	Ponderación	Índice Ponderado
USD	12	120	0,5	60
€	15,4	140	0,2	28
¥	0,08875	142	0,3	42,6

Índice de Tipo de Cambio Efectivo en el período "t" (ITCE$_t$): **130,6**

Si ahora suponemos que entre el período base y el período "t" los precios locales aumentaron 18% en promedio, mientras que en EE. UU. aumentaron 6%, en la Unión Europea 3% y en Japón 2%, los índices de precios en el período "t" serían los siguientes:

Índices de Precios en el período "t"
(Período base = 100)

Local (P)	118
EE. UU.	106
Unión Europea	103
Japón	102

---

[65] El término "Efectivo" significa que el cálculo del índice de tipo de cambio corresponde a un promedio ponderado.

Podíamos entonces estimar el Índice de Tipo de Cambio Efectivo Real (R) en el período "t" aplicando la fórmula (I):

Cuadro 10.3

	[1]	[2]	[3]	[4] = [2] *[3]	[5]	[6] = [4] * [5]
	Tipo de cambio	Índice tipo de cambio	Pf/P	R_i	Ponderación	Índice Ponderado Real
USD	12	120	0,8983	107,8	0,5	53,90
€	15,4	140	0,8729	122.2	0,2	24,44
¥	0.08875	142	0,8644	122,7	0,3	36,82

Índice de Tipo de Cambio Efectivo Real, en el período "t"   R=115,16

Las cifras de la columna [4] nos dicen que entre el período base y el período "t" el peso se **deprecio en términos reales** 7,8% con respecto al dólar estadounidense, 22,2% con respecto al euro y 22,7% con respecto al yen, habiendo experimentado una depreciación real promedio de 15,16% con respecto a la cesta de las tres monedas de sus socios comerciales. Esas depreciaciones se produjeron debido a que, entre los dos períodos analizados, los encarecimientos de las tres divisas en términos de pesos compensaron con creces las variaciones de los precios relativos, que se produjeron por el encarecimiento más intenso de los bienes y servicios en el país latinoamericano en comparación con los que se produjeron en las economías de sus socios comerciales. En otras palabras, esas depreciaciones reales del peso implicaron incrementos en la competitividad de los productos del país latinoamericano en el exterior, y pérdida de competitividad de los bienes y servicios transables de sus tres socios comerciales en el país latinoamericano, con particular énfasis en los casos de la Unión Europea y Japón.

Por el contrario, si entre los períodos analizados los tipos de cambio del peso con respecto a las tres divisas no hubiesen cambiado, o se hubiesen incrementado muy marginalmente, los índices de tipo de cambio real del peso con respecto a esas tres monedas hubiesen disminuido, implicando esto una **apreciación real** del peso y, consecuentemente, una pérdida de competitividad de los productos transables del país latinoamericano. Usando la fórmula [I] para el cálculo del índice de tipo de cambio real, esa apreciación del peso implicaría una disminución de R, debido a que las tasas de cambio del peso con respecto a las tres divisas (*TCN*) no variaron, o aumentaron muy poco, mientras que las relaciones de precios (*Pf /P*) se redujeron en los tres casos, debido a que *P* aumentó más intensamente que *Pf*.

Existen otras formas de estimar el tipo de cambio real, particularmente para economías en desarrollo. En estos casos dicha tasa se estima a través de la relación de índices de precios en moneda local de bienes transables y no-transables.

$$R = \frac{Pt}{Pnt} \qquad \text{[II]}$$

Donde:

Pt   es el índice de precios de bienes transables

Pnt   es el índice de precios de bienes no-transables

(En ambos casos son índices de precios en moneda local)

La lógica de este estimado es que, bajo el supuesto de que las estructuras de costos de ambos tipos de bienes son similares, la rentabilidad que se obtiene al producir uno u otro tipo de bienes está estrechamente vinculada a sus precios. De allí que, si la rentabilidad de producir bienes transables aumenta en comparación con la que genera la producción de no-transables, debido a que los precios de los primeros se incrementan con más intensidad que los precios de los segundos, la economía se inclinará por producir transables en detrimento de los no-transables, abriendo así la posibilidad de desarrollar una mayor actividad comercial con otros países. Por el contrario, si *Pnt* aumenta más que *Pt* y, en consecuencia, *R* se reduce, ello haría más rentable la producción de no-transables, estimulando la producción de ese tipo de bienes en detrimento de los transables, por lo que disminuiría el nivel de actividad comercial con otras economías.

Ahora bien, si se cumple la "ley de un precio único", según la cual los precios de productos idénticos vendidos en diferentes países son iguales después de hacer ajustes de costos transaccionales, como transporte y tarifas, los precios de los bienes transables de una economía se determinarían internacionalmente, y solo los precios de los productos no-transables responderían a factores estrictamente internos. En ese caso, el tipo de cambio real expresado en moneda local sería:

$$R = \frac{TCN*Ptf}{Pnt} \quad \text{[III]}$$

Donde:

TCN es el Tipo de Cambio Nominal (precio de la divisa en moneda local)

Ptf es el índice de precios de bienes transables internacional

Pnt es el índice de precios local de bienes no-transables

En ese caso, si *R* se incrementa, producto de un aumento de *TCN* (depreciación de la moneda local), o por una elevación de los precios internacionales de los bienes transables (Ptf) más intensa que el aumento de los precios de los no-transables (Pnt), se produce una **depreciación real** del tipo de cambio, aumentando la competitividad de la economía. Si, por el contrario, R disminuye, producto de una reducción de TCN (revalorización de la moneda local), o por un aumento de los precios internacionales de los bienes transables menos intenso que el de los precios de los no-transables, se generaría una **apreciación real** del tipo de cambio, disminuyendo la competitividad del aparato productivo local.

En el caso específico de Venezuela, el estimado de sobrevaluación del bolívar tiende a ser mayor cuando se usa la metodología de relación de precios de transables y no-transables, que cuando se utiliza la metodología de la relación de precios relativos externos e internos. Ello, posiblemente, se debe al alto grado de dolarización de los precios de los bienes no-transables (edificios, terrenos, etc.), lo cual hace que, al devaluarse la moneda, los precios de estos últimos en moneda nacional aumenten más intensamente que los precios de los transables y, en consecuencia, que los precios internos P. Por ello, al producirse una devaluación, la relación (P_{tf}/P_{nt}) baja más intensamente que la relación (P_f/P) y, por lo tanto, el valor de R aumenta menos en el primer caso que en el segundo. Por ello, al producirse una devaluación del bolívar, la reducción de la sobrevaluación es menor en el primer caso que en el segundo, resultando al final un estimado de sobrevaluación mayor cuando se usa el método de la relación de los precios de transables y no-transables, que cuando se utiliza el método de los precios relativos externos e internos.

Sin embargo, cuando existen controles de precios muy severos que limitan el aumento de los precios de los bienes no-transables, aquella sobreestimación de la sobrevaluación cambiaria tiende a no producirse. Igualmente, cuando hay controles de precios más o menos efectivos, o los centros de producción local son altamente eficientes, las devaluaciones tienden a tener un mayor efecto correctivo de la sobrevaluación, ya que la reacción de los precios internos P al ajuste cambiario tiende a ser menor.[66]

10.2. Tipo de cambio real del bolívar

Como se dijo al comienzo del presente capítulo, es muy útil analizar el comportamiento del tipo de cambio real del bolívar en el lapso 1974-2002 para determinar cómo evolucionó la competitividad del aparato productivo venezolano distinto al petrolero durante esas casi tres décadas, en las que se implementaron los más diversos esquemas cambiarios, con escenarios petroleros cambiantes, y en las que se materializaron presiones inflacionarias crecientes y muy superiores a las de los años precedentes. A tales fines, haremos uso de un estimado del índice de tipo de cambio efectivo real del bolívar elaborado por el economista José Barcia Arufe,[67] y cuya versión gráfica se presenta en el Gráfico 10.1. En este, el valor 100 de dicho índice corresponde a diciembre de 1995, cuando el tipo de cambio nominal de 290 bolívares por dólar equivalía al de paridad, ya que, en ese momento, esos bolívares compraban lo mismo que un dólar afuera.

---

[66] Ver Barcia (1999) y Zambrano Sequín (1991). Para el análisis metodológico, ver Edwards (1989).

[67] José Barcia, economista sénior y vicepresidente de MetroEconómica, realizó en 1999 un interesante trabajo titulado *Una aproximación al tipo de cambio real de equilibrio en Venezuela y sus determinantes fundamentales*, el cual fue publicado como una Sección Especial del Informe Mensual de MetroEconómica de marzo de ese año. En ese estudio se incluye un estimado trimestral del índice de tipo de cambio real para el período 1973-1998, siendo este ulteriormente actualizado hasta llevarlo al tercer trimestre de 2010.

Gráfico 10.1

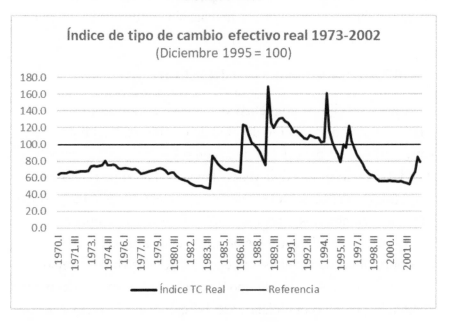

Índice de tipo de cambio efectivo real 1973-2002
(Diciembre 1995 = 100)

Fuente: José Barcia (2003)

Un aumento del índice indica una depreciación real del bolívar y, consecuentemente, una disminución corresponde a una apreciación real. Adicionalmente, valores por encima de la línea de 100 corresponden a situaciones de subvaluación de la moneda, mientras que valores inferiores a 100 indican situaciones de sobrevaluación.

Como puede observarse en el gráfico analizado, durante la primera administración del presidente Pérez (1974-1978) el bolívar estuvo sobrevaluado en términos reales, pero sin experimentar mayores variaciones en el grado de esa sobrevaluación. Esto se debió, por una parte, al mantenimiento de una tasa de cambio fija del bolívar con respecto al dólar estadounidense a lo largo de todo ese período y, por la otra, a la estabilidad que experimentó la relación de precios externos e internos (Pf / P) durante esos años. El mantenimiento inalterado del tipo de cambio de 4,30 bolívares por dólar respondía a la política de tipo de cambio fijo que entonces se implementaba, viéndose esta reforzada por el vigoroso aumento de los precios petroleros de finales de 1973 y de 1974, que generaron elevados superávits de la cuenta corriente de la balanza de pagos. Por su parte, la estabilidad de la relación de precios relativos externos e internos se debió a que la mayor inflación local que se materializó en esos años de bonanza petrolera vino acompañada de un repunte inflacionario en el resto del mundo, particularmente en los países industrializados, esto último como producto de la debilidad del dólar estadounidense, del encarecimiento del petróleo y de varios *commodities* alimenticios, como el maíz, la soya y el azúcar, así como de la política fiscal expansiva implementada en Estados Unidos con el fin de estimular su actividad productiva después de la recesión sufrida en 1974 y 1975.

A partir de 1979 se produjo una importante apreciación del bolívar, acentuándose así el grado de sobrevaluación de esa moneda. Ese fenómeno, que duró hasta fines de 1982, se debió a factores internos y externos. Entre los primeros cabe mencionar el mantenimiento del tipo de cambio fijo de 4,30 bolívares por dólar durante esos años, que fue posible debido al notable incremento de los precios petroleros de 1979 y 1980. Eso contribuyó a reducir el elevado déficit fiscal, y a eliminar el enorme déficit de la cuenta corriente de la balanza de pagos que existían en 1978. Otro factor local fue el notable incremento de la inflación interna, en respuesta al desmantelamiento de los controles que se habían implementado por varios años durante el gobierno anterior, lo cual hizo que se materializara una inflación represada que se había acumulado durante los últimos años de la administración de Pérez.

Entre los factores externos que contribuyeron a generar esa apreciación real del tipo de cambio en Venezuela hay que mencionar la política monetaria restrictiva implementada en EE. UU. desde fines de 1979, después de encargarse Paul Volcker de la presidencia de la Reserva Federal. Como ya se dijo previamente, esa restricción monetaria tenía como finalidad controlar la creciente inflación en ese país, producida, en parte, por el encarecimiento de los productos importados debido a la debilidad del dólar que entonces existía. La restricción monetaria produjo un aumento considerable de las tasas de interés en Estados Unidos, contribuyendo ello a fortalecer su moneda. Dado que el tipo de cambio del bolívar con respecto a esa divisa se mantuvo inalterado hasta comienzos de 1983, la moneda venezolana también acompañó al dólar en su proceso de apreciación con respectos a las divisas europeas y de otras partes del orbe, contribuyendo ello a la apreciación real de la moneda venezolana durante el período 1979-1982.

Las extraordinarias salidas de capital que se produjeron en 1982 y comienzos de 1983 debido, en primer término, a los menores precios petroleros y al consecuente deterioro de la cuenta corriente, en segundo término, a las expectativas de devaluación del bolívar y, por último, al estallido de la crisis en México, provocaron una aguda pérdida de reservas internacionales y la imposición del control de cambios en febrero de 1983, pero manteniendo el tipo de cambio de 4,30 bolívares por dólar para múltiples importaciones, y para otras operaciones, tales como el servicio de la deuda privada externa. Meses más tarde, al comienzo de la administración de Lusinchi en 1984, se estableció un tipo de cambio más competitivo de 7,50 bolívares por dólar, dejándose el tipo de cambio de 4,30 para unas reducidas importaciones esenciales. Ello implicó una devaluación del bolívar y una importante depreciación real de la moneda, corrigiéndose, aunque parcialmente, la sobrevaluación existente. No obstante, el mantenimiento del nuevo tipo de cambio oficial por casi tres años, combinado con un deterioro de los precios relativos, debido a una alta inflación local y a una moderación de la inflación externa, particularmente en el mundo desarrollado, hizo que reapareciera una tendencia a la apreciación real del tipo de cambio durante el período 1984-1986, ampliándose así el margen de sobrevaluación del bolívar.

La reducción abrupta de los precios petroleros que se produjo en 1986 se tradujo, por una parte, en una severa contracción de las exportaciones petroleras y en la aparición de un déficit de la cuenta corriente de la balanza de pagos y, por la otra, en una reducción de importancia de los ingresos fiscales, factor que, combinado con la implementación de una política expansiva de gasto público con el fin de estimular la actividad económica, produjo un deterioro de las finanzas públicas. La materialización de los déficits externo y fiscal, y la sobrevaluación de la moneda existente, llevó a que en diciembre de 1986 se materializara una importante devaluación, pasando el tipo de cambio oficial de 7,50 bolívares por dólar a 14,50. Ello se tradujo en una abrupta depreciación de la moneda, que no solo eliminó la sobrevaluación existente, sino que hizo que 1986 cerrara con una situación de subvaluación del bolívar.

En 1987 y 1988 se produjo un repunte inflacionario de importancia debido a la devaluación, a la política de expansión de gasto público, y a la alta demanda de créditos bancarios estimulada por las tasas de interés reales profundamente negativas debido a la congelación de las tasas nominales en niveles artificialmente bajos. Esto hizo que los precios internos aumentaran mucho más intensamente que los externos. Obviamente, la inamovilidad del tipo de cambio oficial a la tasa de 14,50 bolívares por dólar durante esos dos años, combinada con la reducción sostenida de la relación (Pf / P) se tradujo en una apreciación sostenida de la moneda durante los últimos años de la administración de Lusinchi, haciendo que aquella subvaluación de fines de 1986 desapareciera, y que al finalizar 1988 el bolívar se encontrara nuevamente sobrevaluado.

La fuerte devaluación que se produjo a comienzos de 1989 al desmantelarse el control de cambios y unificarse el tipo de cambio al nivel existente en el mercado libre, corrigió de plano la sobrevaluación existente a fines de la administración de Lusinchi, pasándose a una situación de subvaluación del bolívar. Como se dijo en el capítulo 6, durante los años correspondientes a la segunda administración de Pérez (1989-1993), se implementó un sistema de libre convertibilidad de la moneda, y un esquema de ajustes periódicos de la tasa cambiaria nominal, con el objetivo evitar situaciones de sobrevaluación de la moneda que pudieran afectar las actividades productivas de bienes transables. Al principio, esos ajustes eran esporádicos y escalonados, para luego pasar a un sistema de minidevaluaciones periódicas, o *crawling-peg*, que le dio una mayor predictibilidad a la evolución de dicha tasa. Si bien este mecanismo permitió la materialización de un proceso de apreciación real del bolívar, debido a que los ajustes del tipo de cambio nominal no compensaban del todo el deterioro de los precios relativos, producido por una inflación interna muy superior a la foránea, esa apreciación del bolívar fue relativamente moderada y manejable, pudiendo decirse que se logró el objetivo de evitar la sobrevaluación a lo largo de ese quinquenio.

La implementación del esquema de minidevaluaciones periódicas continuó durante los cuatro primeros meses de 1994, a pesar del abrupto incremento de la demanda de divisas que se produjo después del estallido de la crisis financiera de enero de ese año. Sin embargo, la caída de las reservas internacionales hizo que en los meses de mayo y junio el BCV abandonara la política de *crawling-peg* y migrara hacia un esquema de subastas de moneda extranjera, implicando ello un importante encarecimiento de la divisa y la ulterior imposición del control de cambios a partir de los primeros días de julio.[68] El fuerte aumento del tipo de cambio implicó una depreciación real del bolívar que incrementó el grado de subvaluación de la moneda al momento de imponerse el nuevo control cambiario.

Sin embargo, esa subvaluación desapareció rápidamente, ya que durante los 18 meses que siguieron se produjo una sostenida apreciación real del tipo de cambio oficial, generándose nuevamente una situación de sobrevaluación. Ello se debió, por una parte, al establecimiento de un tipo de cambio oficial fijo de 170 bolívares por dólar, que se mantuvo sin variación desde el inicio del control cambiario hasta diciembre del año siguiente y, por la otra, a que durante ese lapso se materializó una disminución sostenida de la relación de precios (Pf / P) debido a aumentos muy superiores de los precios internos (P) en comparación a los foráneos (Pf).

Las importantes devaluaciones de diciembre de 1995 y abril de 1996 corrigieron nuevamente la sobrevaluación del bolívar, aun cuando temporalmente, ya que la cuasi fijación del tipo de cambio nominal oficial durante el largo período de implementación de las

---

[68] Ver el Capítulo 7 y el Recuadro 4.

bandas cambiarias (julio de 1996 a febrero de 2002), combinado con el continuado deterioro de los precios relativos, implicó que durante ese lapso se produjera una sostenida apreciación real cambiaria. Eso eliminó rápidamente la subvaluación existente a mediados de 1996, para dar lugar a una creciente y sostenida sobrevaluación real de la moneda durante buena parte del período de implementación de las bandas cambiarias.

La decisión de eliminar el sistema de bandas en febrero de 2002, y sustituirlo por un esquema de libre flotación del tipo de cambio, corrigió en parte la desproporcionada sobrevaluación del bolívar. El importante ajuste del tipo de cambio nominal que se produjo durante el resto de ese año, en respuesta a los problemas económicos y políticos existentes, corrigió en buena medida la sobrevaluación existente.[69]

10.3. Venezuela y la baja competitividad de su sector de transables

Del análisis anterior se desprende que la economía venezolana, al igual que muchas otras economías petroleras, no ha escapado al padecimiento reiterado de situaciones de sobrevaluación de su mo-

---

[69] Para un análisis alternativo sobre el comportamiento del tipo de cambio real en Venezuela en la segunda mitad del siglo XX, sus determinantes y cómo se vio afectado este por cambios en el mercado petrolero, ver A. Grisanti (1998). Igualmente, Vivancos (2005) realizó un interesante trabajo para estimar el tipo de cambio real en Venezuela como relación entre los precios de los transables y no-transables en el período 1960-2004, incluyendo un análisis comparativo sobre los enfoques metodológicos utilizados por otros autores en diversos estudios sobre la estimación del tipo de cambio real de equilibrio en Venezuela.

neda, con el consecuente efecto de una baja competitividad de su sector de transables, excluido el petrolero.

La insistencia de anclar el tipo de cambio nominal durante largos períodos, a pesar del deterioro persistente de los precios relativos debido a una inflación local superior a la externa, ha generado procesos de apreciación sostenida del bolívar, que se han traducido en situaciones de creciente sobrevaluación del tipo de cambio. Ello ha minado la competitividad de los bienes transables distintos al petróleo, ha estimulado las importaciones, y ha obstaculizado el crecimiento y la diversificación del sector productivo y de las exportaciones de productos manufacturados o de servicios, como el turismo.

Ese anclaje cambiario, que en variados casos ha tomado la forma de una fijación del tipo de cambio por lapsos prolongados, ha sido posible por los elevados ingresos de divisas que generan las exportaciones petroleras en períodos de altos o crecientes precios. Sin embargo, cuando esos precios bajan, en muchos casos de forma abrupta, estallan las crisis de balanza de pagos, no solo como producto del deterioro de la cuenta corriente, sino también de la cuenta de capital, ya que aumentan las salidas de fondos ante el deterioro de las expectativas cambiarias. Todo ello hace que se produzcan importantes devaluaciones de la moneda, varias veces seguidas por la imposición de controles cambiarios y de precios, que corrigen o mitigan aquellas situaciones de alta sobrevaluación cambiaria. Esas correcciones, sin embargo, tienden a ser transitorias, pues los ajustes cambiarios normalmente son seguidos por el restablecimiento de tipos de cambio fijos o por tasas variables, pero con modificaciones marginales periódicas; esos anclajes cambiarios llevan a la reaparición de procesos de apreciación real de la moneda que, eventualmente, generan nuevas situaciones de sobrevaluación creciente.

Los procesos cambiarios descritos limitan las posibilidades de diversificar la economía, haciéndola altamente dependiente de los ingresos generados por las exportaciones petroleras. Ello se produce porque esas exportaciones no se ven mayormente afectadas por situaciones de sobrevaluación cambiaria, ya que el aumento de los costos que se puede generar por la apreciación de la moneda es relativamente marginal, y el precio de exportación está fijado en dólares por el mercado internacional, siendo este substancialmente mayor que el costo de producción y comercialización de los hidrocarburos.

No es ese el caso de las exportaciones de productos manufacturados, ya que el anclaje cambiario en un ambiente de mayor inflación interna que externa hace que los costos de producción en divisas de los bienes producidos localmente aumenten con mayor intensidad que los de los productos similares producidos en otras partes del mundo, minando así su competitividad.

10.3.1 ¿Enfermedad Holandesa u otra cosa?

Varios analistas identifican esas reiteradas realidades de la economía venezolana como casos típicos de la "Enfermedad Holandesa",[70] término que pretende explicar las consecuencias que generan procesos de apreciación real de la moneda, causados por acentuados aumentos de los ingresos de divisas debido a incrementos de los volúmenes de exportación de algún *commodity*, o a aumentos

---

[70] El término "Enfermedad Holandesa" surgió en la literatura económica en los años 70 del siglo XX para explicar las consecuencias de la apreciación real del florín holandés, que se produjo en ese entonces como producto de los altos flujos de divisas que entraron a ese país por las mayores exportaciones de gas.

abruptos del precio del producto básico que exportan, el petróleo en el caso venezolano.

Esta posición, sin embargo, ha sido cuestionada por otros analistas, quienes aducen que los desequilibrios que se producen en los países altamente dependientes de la renta petrolera en períodos de bonanza, no se pueden catalogar como la materialización de la Enfermedad Holandesa, ya que esos desequilibrios no son producto de la pérdida de competitividad del sector de transables debido a la apreciación real del tipo de cambio creado por la mayor oferta de divisas, sino que se deben a las políticas públicas que se implementan durante esos períodos de bonanza.

Una de esas posiciones es la que se conoce como "contingencia estructurada" expuesta por Terry Lynn Karl,[71] según la cual las decisiones de políticas públicas están influidas por una serie de factores que se han construido a lo largo de la historia, y que determinan el rango de alternativas con que cuentan los gobiernos al momento de decidir las políticas públicas a implementarse en un momento dado. Con el aumento abrupto de los ingresos petroleros, las demandas de la población se multiplican de forma automática, exigiendo mejoras de los servicios públicos, creación de fuentes de empleo, mayores asignaciones para mejorar el armamento militar, modernización de la infraestructura, proliferación y ampliación de programas sociales, etc. Ello presiona a quienes regentan el gobierno, quienes se inclinan por implementar políticas expansionistas orientadas a la satisfacción de esas mayores demandas, como se ha

---

[71] Karl, Terry. L. (1997) *The Paradox of Plenty. Oil Booms and Petro-States*. Los Angeles: University of California Press.

hecho en el pasado, para lo cual no solo basta contar con los mayores recursos generados por las mayores exportaciones de petróleo, sino que incluso se hace necesario incurrir en un mayor endeudamiento para cubrir parte de los mayores gastos.

Todo esto se potencia por una ilusión de abundancia que tradicionalmente invade a los gobernantes, quienes se convencen de que los mayores ingresos se van a mantener en el tiempo y que los precios de exportación no bajarán, siendo esto el inicio de una fase de abundancia que se mantendrá por un período prolongado. Esa situación rápidamente distorsiona y desorganiza el sector público, y lleva a la fijación o anclaje del tipo de cambio nominal o incluso a la revaluación de la moneda, al despilfarro de los recursos, a la proliferación de la corrupción, a la menor eficiencia del gasto, y al aumento notable de la dependencia de la renta petrolera.

Cuando sobrevienen las caídas de los precios, las consecuencias son devastadoras, porque la capacidad de adaptación a la menor disponibilidad de recursos es inexistente, creándose profundas crisis, con consecuencias económicas y sociales dramáticamente adversas. De allí que se pueda decir que uno de los dilemas a los que se enfrentan reiteradamente los petro-estados es que las bonanzas de los años de altos precios de exportación echan las bases para los futuros estallidos.

10.3.2 El modelo de transables – no-transables

La presencia prolongada de situaciones de alta y creciente sobrevaluación de la moneda puede llevar a la materialización del modelo de "transables – no-transables", según el cual, los productores locales de bienes comercializables, ante la imposibilidad de competir con productos foráneos, abandonan sus actividades de producción, desmantelan sus fábricas, y se transforman en importadores de lo que antes producían, migrando de una actividad de "transables", como es la manufactura, a otra de "no-transable", como es la comercial.

Podría pensarse que ese proceso no es mayormente relevante mientras se disponga de las divisas suficientes para realizar las requeridas importaciones y que, incluso, su presencia beneficia a los consumidores, quienes pueden tener acceso a productos foráneos más baratos. Sin embargo, una alta dependencia de las exportaciones de productos básicos, como es el caso de Venezuela con el petróleo, introduce un factor de vulnerabilidad importante en estas economías, ya que la volatilidad de los precios internacionales de esos *commodities* hace que un desplome de estos, como ha sucedido en repetidas ocasiones con el petróleo, reduzca abruptamente la disponibilidad de divisas para importar, sobre todo si no se dispone de altos niveles de reservas internacionales.[72]

La situación se agravaría si ya se ha materializado el modelo de transables – no-transables, pues el abandono previo de las actividades manufactureras impediría contar con un aparato productivo local diversificado que pueda ser utilizado para sustituir importaciones con producción local.

La materialización de un fenómeno como el descrito azuza la inflación, no solo como producto de los problemas de escasez y

---

[72] Para un tratamiento más detallados de los temas relacionados a las consecuencias de fenómenos sostenidos de sobrevaluación cambiaria ver Corden (1984), Sachs - Larrain, (2002: chapter 21), Banejas Rivero *et al.* (2017), Hausmann (1990), Karl (1997), L. X. Grisanti (2008), Gil Yepes (2015: capítulo II) y Zambrano Sequín (2015).

desabastecimiento que se generan por las imposibilidades de importar, sino también por las inevitables devaluaciones de la moneda que se producen al reducirse abruptamente el ingreso y la disponibilidad de divisas, encareciéndose los bienes de origen externo. Adicionalmente, esas devaluaciones generan efectos recesivos de importancia en economías pequeñas y poco diversificadas, como la venezolana, pérdida de la capacidad de compra de los ingresos nominales de la población, aumento del desempleo y pérdidas patrimoniales de importancia.[73]

Por todo lo anterior, es fundamental para economías altamente dependientes de la exportación de *commodities*, y específicamente de productos energéticos con alta volatilidad de precios, por una parte, evitar situaciones de apreciación real de sus monedas que generen altas sobrevaluaciones del tipo de cambio y, por la otra, disponer en todo momento de altos niveles de moneda extranjera. Para el logro de este último objetivo, es recomendable la creación y preservación de abultados fondos de estabilización macroeconómica durante los años de altos precios de exportación, que permitan disponer de recursos suficientes con los que se puedan compensar caídas abruptas de los ingresos de exportación, y posibiliten la implementación de políticas económicas anticíclicas que contrarresten o mitiguen los efectos adversos de esas reducciones de ingresos.

---

[73] Ver Cooper (1971), Krugman -Taylor (1978) y Fontiveros – Palma (1987).

Capítulo 11

2003: Un nuevo control cambiario

Como se dijo al final del capítulo 9, las intensas salidas de capital que se produjeron a fines de 2002 y primeras semanas de 2003 debido a la práctica paralización de la actividad económica y a la profunda crisis económica y política que entonces existía, hicieron que en algo más de cuatro semanas la divisa norteamericana se encareciera un 45,8%, que el bolívar se depreciara un 31,4%, y que las reservas internacionales en poder del BCV se contrajeran en más de 13%. Eso llevó a que las autoridades económicas suspendieran las operaciones cambiarias al sector no gubernamental el 21 de enero de 2003, y que se implantara a partir del 6 de febrero un severo control cambiario. Así se puso fin al período de relativa libertad económica que se venía aplicando durante los primeros años del gobierno de Chávez, y se dio inicio a otro de creciente intervención y control del Estado en el proceso económico.

11.1. Características del nuevo control cambiario

El nuevo régimen de administración de divisas se regiría en línea con las normas establecidas en los dos convenios cambiarios celebrados entre el Ejecutivo Nacional y el BCV, publicados en la Gaceta Oficial el día anterior a su entrada en vigor.[74]

En el primero de esos convenios se establecía el nuevo régimen para la administración de divisas, distinguiéndose entre la reglamentación aplicable al sector público y al sector privado, mientras que en el segundo se establecían los tipos de cambio aplicables a todas las operaciones cambiarias indicadas en el Convenio Cambiario número 1, fijándose un tipo de cambio oficial de 1.596,00 bolívares por dólar para la compra y uno de 1.600,00 para la venta. Adicionalmente, se publicaron dos decretos en los que se disponía la creación de la Comisión de Administración de Divisas (CADIVI) y se designaban los miembros que la integrarían, asignándosele a dicha comisión amplias atribuciones para la estructuración y el manejo del control cambiario.

En el caso del régimen aplicable al sector público no hubo mayores modificaciones, ratificándose la obligatoriedad de vender al BCV las divisas que obtuvieran los entes públicos por operaciones de exportación, contratación de empréstitos u otros conceptos, y estableciéndose que las solicitudes de adquisición de moneda extranjera por parte de estos entes se canalizarían directamente a través del BCV, quedando estas exentas de las regulaciones y controles de CADIVI, las cuales solo serían aplicables a los miembros del sector privado.

Entre otras normas y características del nuevo régimen cambiario se pueden mencionar las siguientes:

---

[74] Ver *Gaceta Oficial* N° 37.625 del 5 de febrero de 2003.

- se estableció que todas las divisas originadas por las exportaciones, o aquellas que ingresaran al país por cualquier otro concepto, como turismo, transporte, remesas, servicios profesionales, etc. eran de venta obligatoria al BCV al tipo de cambio oficial

- se creó un mercado paralelo en el que se podían hacer transacciones de compra y venta de moneda extranjera a un tipo de cambio libre. Estas operaciones eran lícitas, siempre que las divisas que se transaran no entraran al país, en cuyo caso eran de venta obligatoria al BCV

- la compra de divisas al tipo de cambio oficial para importaciones, remesas, servicio de deuda privada externa y otros fines, quedaba limitada y sujeta a la aprobación previa de CADIVI. No obstante, cualquier importador podía realizar importaciones pagándolas con divisas de su propiedad o que las obtuviera en el exterior a través de operaciones de compra o de endeudamiento, sin que para ello se requiriera la autorización previa de CADIVI

- inicialmente se establecieron unas normas excesivamente rígidas para la realización de exportaciones privadas, teniendo estas que contar con la aprobación previa de CADIVI; ulteriormente se flexibilizaron estas normas

- la utilización de los Convenios de Pagos y Créditos Recíprocos para la realización de pagos desde o hacia países de ALADI seguía siendo voluntaria. Sin embargo, las importaciones a través de este mecanismo tenían que contar con la autorización previa de CADIVI, y el importador, u organización autorizada, le debía pagar al BCV el equivalente en bolívares de las divisas correspondientes al tipo de cambio oficial.[75]

En los primeros meses de implementación del control se paralizaron las operaciones cambiarias, haciéndolo prácticamente inoperante. Eso se debió a la conjunción de una serie de factores, entre los que se pueden mencionar los siguientes:

- la inexperiencia del personal recién nombrado en CADIVI
- la limitación de técnicos especializados
- la engorrosa y detallada normativa del control cambiario, y
- la exigencia de presentar constancias de pago de múltiples contribuciones a entes públicos para poderse inscribir en el registro de usuarios del sistema de administración de divisas (RUSAD).

Esto contribuyó a que el tipo de cambio en el mercado libre, el cual comenzó a operar en forma automática, mostrara una escalada muy acentuada y sostenida durante los primeros seis meses de operación del control cambiario, pasando de un nivel de 1.758 bolívares por dólar —cotización del 20 de enero de 2003, último día de operaciones bajo el esquema de libre flotación—, a cerca de 3.000 bolívares durante la tercera semana de julio, lo cual implicó un encarecimiento de la moneda norteamericana en este mercado de más de 68% en menos de seis meses, y un desligamiento profundo entre el tipo de cambio fijo oficial de 1.600 bolívares por dólar y el del mercado libre, llegando a diferir estos en más de 85%.

---

[75] Resolución N° 03-02-02 del Banco Central de Venezuela, *Gaceta Oficial* N° 37.632 del 14 de febrero de 2003.

Ello sucedió a pesar de que en los primeros meses de implementación del control cambiario se comenzaron a hacer algunas operaciones privadas tendentes a adquirir divisas con el fin de neutralizar aquella práctica paralización de las operaciones cambiarias tradicionales. Una de ellas fue la adquisición en bolívares de acciones de la Compañía Anónima Teléfonos de Venezuela (CANTV) en la Bolsa de Valores de Caracas (BVC), con la finalidad de canjearlas por recibos de depósitos americanos (ADR) de la misma compañía, los cuales podían ser ulteriormente vendidos en dólares en la bolsa de Nueva York. Eso generó un aumento abrupto del precio de las acciones de la CANTV y el desbocamiento del índice bursátil de la Bolsa de Valores de Caracas, así como un importante aumento de la cotización de los ADR de CANTV en Wall Street. No obstante, durante el mes de mayo de 2003, cuando estas operaciones estuvieron más en boga, el comportamiento del tipo de cambio libre continuó mostrando un sostenido ascenso, ya que los volúmenes de dólares obtenidos a través de este mecanismo no fueron de las proporciones requeridas para modificar aquella tendencia cambiaria.

Durante los últimos días del mes de julio el tipo de cambio libre experimentó una reducción muy pronunciada, ubicándose en torno a los 2.500 bolívares por dólar, nivel en el que se mantuvo por varios meses. Ello se debió a una mayor oferta de divisas, que se materializó a través de la venta de bonos de deuda pública denominados en dólares que podían ser adquiridos por el público en bolívares al tipo cambio oficial, para luego ser revendidos a descuento en los mercados secundarios internacionales. De esta forma, el ente público que vendía la obligación obtenía los bolívares necesarios para adquirir en el BCV las divisas que requería pero, a la vez, se les posibilitaba a los compradores de esos títulos adquirir dólares a un precio que se determinaba dividiendo la cantidad de bolívares gastados en la adquisición del bono entre el número de dólares obtenidos al venderlo a descuento en el exterior.

Esto, además de absorber liquidez monetaria, redujo la presión de demanda existente en el mercado paralelo, y permitió, como ya se dijo, estabilizar el tipo de cambio libre durante varios meses. En noviembre de 2003 se realizó una segunda venta de bonos con estas características, contribuyendo ello a alimentar el mercado paralelo. No obstante, esto era el inicio de un oneroso proceso de endeudamiento externo del sector público sin que mediara una negociación formal, resultando, a la larga, una pesada y creciente carga para el país y para los entes públicos que emitían esos títulos, quienes se endeudaban a largo plazo en dólares y pagando unos intereses muy elevados, a cambio de unos pocos bolívares que percibían al momento de venderlos localmente en el mercado primario.

Gráfico 11.1

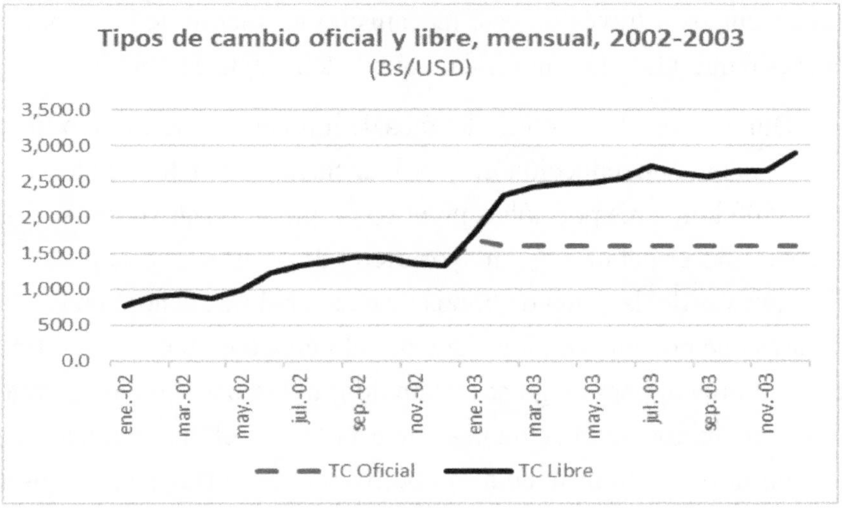

Fuente: Banco Central de Venezuela, MetroEconómica y Ecoanalítica

No obstante, a partir de diciembre la cotización libre comenzó a mostrar un aumento sostenido, cerrando el año en 3.000 bolívares por dólar; esto se debió, en parte, a las expectativas de ajuste del tipo de cambio oficial a comienzos de 2004, como de hecho ocurrió el 9 de febrero de ese año, pasando la tasa de compra de 1.596 bolívares por dólar a 1.915,20, y la de venta de 1600 bolívares por dólar a 1920,00, niveles que se mantuvieron inalterados hasta comienzos de marzo de 2005.[76] Otro factor que también contribuyó a la subida del tipo de cambio paralelo en diciembre de 2003 y primeros meses del 2004 fue el enrarecimiento del clima político, debido a las dilaciones y maniobras oficiales tendentes a postergar el referendo revocatorio del presidente de la República, el cual finalmente se pudo realizar el 15 de agosto de 2004. Las crecientes tensiones que ello causó estimularon la compra de divisas como un mecanismo de protección ante el clima de creciente incertidumbre que entonces se vivía, presionando el tipo de cambio libre, hasta llevarlo en primeros días de marzo de ese año a 3.600 bolívares por dólar.

11.2. Control de cambios con abundancia de divisas (de 2004 a mediados de 2008)

A partir del año 2004 los precios internacionales del petróleo experimentaron un importante y sostenido aumento, que se mantuvo hasta mediados de 2008, generando esto un consecuente incremento de los ingresos por concepto de exportaciones. A pesar de ello, se decidió mantener, e incluso agudizar el control cambiario, particularmente en el segundo semestre, con consecuencias muy adversas.

---

[76] Para un análisis sobre las implicaciones de este ajuste en la tasa de cambio oficial, ver C. Rodríguez (2004).

Después del notable aumento del tipo de cambio libre durante los primeros meses de 2004, a mediados de marzo esa cotización comenzó a experimentar una tendencia a la moderación que se mantuvo hasta fines de ese año, cuando alcanzó los 2.570 bolívares por dólar, nivel inferior al existente al cierre de 2003. Este comportamiento se debió a varios factores, entre los que destacan:

- el importante aumento del precio de exportación de petróleo

- las distintas ventas de bonos denominados en dólares, pero adquiribles en bolívares, que se hicieron a lo largo del año[77]

- la flexibilización en la asignación y liquidación de divisas a la tasa oficial, y

- el establecimiento de cupos de dólares preferenciales para el consumo con tarjetas de crédito en el exterior y para compras de bienes y servicios a través de internet.[78]

---

[77] En marzo de 2004 se anunció la colocación de las "Unidades de Inversión" con un valor de 2.880.000 bolívares cada una. Estas estaban conformadas por tres títulos: dos Vebonos con vencimientos en 2008 y 2009 con un valor de 960.000 bolívares cada uno, y por una nota de 500 dólares estadounidenses, equivalente a 960.000 bolívares al tipo de cambio oficial de 1.920 bolívares por dólar. La venta ulterior de estos títulos generó un tipo de cambio implícito superior a los 3.225 bolívares por dólar, algo menor que la tasa libre del momento, pero muy poco atractiva para los inversionistas. Por ello se requirió que el 16 de abril el Ministerio de Finanzas tuviera que anunciar una nueva colocación de 1.000 millones dólares de bonos públicos adquiribles en bolívares. En este caso la cotización implícita fue más atractiva, contribuyendo a reducir el tipo de cambio paralelo a 2.900 bolívares por dólar.

[78] En febrero de 2004 se autorizó un cupo anual de gasto en el exterior a través del uso de tarjetas de crédito de 2.000 dólares, siendo este aumentado a 3.000 en junio y a 4.000 en octubre. Adicionalmente, en junio se estableció un cupo anual para compras a través de internet de 1.500 dólares, el cual se amplió en octubre a 3.500 dólares.

Durante los dos primeros años de implementación del control cambiario la inflación repuntó de una manera importante, particularmente a nivel de mayorista. Las severas restricciones en la asignación de divisas durante buena parte de 2003 forzaron a los importadores a realizar sus compras externas con dólares libres, implicándoles eso un incremento acentuado de sus costos. Esto hizo que ese año el índice de precios al mayor aumentara 53,1% en comparación con 2002, y que los precios de los productos foráneos aumentaran aún más intensamente.

Los precios a nivel de consumidor, por su parte, también mostraron un crecimiento de importancia, aunque de mucha menor intensidad que a nivel de mayorista. Los estrictos controles de precios implantados desde febrero de 2003, combinados con la caída de las ventas debido a la severa contracción del poder de compra de los consumidores que se produjo en ese caótico año, impidió que los detallistas pudieran transferir a sus clientes los mayores precios que ellos pagaban a sus proveedores, generando esto una importante reducción de sus márgenes de beneficio. De hecho, se creó una brecha entre los índices de precios de los bienes controlados y no controlados, que se mantuvo creciendo en el tiempo.[79] Sin embargo, la mayor fluidez de divisas preferenciales que se operó en 2004 redujo la presión sobre los precios, aun cuando la inflación a nivel de mayorista (30%) se mantuvo muy por encima de la que se produjo a nivel de consumidor (19,2%).

---

[79] De acuerdo a estimados de MetroEconómica, la brecha entre los índices de precios de los bienes controlados y los no controlados llegó a superar el 70% en el segundo semestre de 2009.

Al igual que tantas veces en el pasado, la fijación del tipo de cambio oficial por períodos prolongados, combinada con la mayor inflación interna en comparación con la que padecían nuestros principales socios comerciales, produjo una intensa apreciación real del tipo de cambio. Esto se tradujo en una sobrevaluación creciente del bolívar destinado a la compra de dólares preferenciales, ubicándose ésta en un 38,8% al cierre de 2004, a pesar de la corrección de la tasa controlada de febrero de ese año.

En enero de 2005 comenzó nuevamente a subir el tipo de cambio paralelo ante el convencimiento de que se produciría en breve un nuevo ajuste de la tasa oficial, como de hecho sucedió. El 3 de marzo se aumentó nuevamente el tipo de cambio oficial, ubicándose en 2.144,60 bolívares por dólar para la compra y 2.150,00 para la venta, significando esto un encarecimiento de un 12% del dólar preferencial, y una reducción de la sobrevaluación del bolívar destinado a la adquisición de esa divisa a algo menos de un 30%.

El importante incremento de los precios petroleros a lo largo de ese año permitió, en primer lugar, continuar la política de franco aumento de gasto público que se venía implementando desde el año anterior, con el consecuente incremento de la oferta monetaria y del consumo privado. Esto, a su vez, se tradujo en un fuerte estímulo a la actividad productiva, haciendo que el crecimiento del PIB no petrolero de ese año fuese 12,2%, y que el valor de las importaciones creciera 41%. En segundo lugar, los abultados ingresos de petrodólares permitieron flexibilizar notablemente las aprobaciones y liquidaciones de divisas preferenciales por parte de CADIVI y del BCV respectivamente, lo cual se reflejó en una moderación de la inflación, particularmente a nivel de mayorista, debido al abaratamiento de las compras foráneas, al poder ser éstas realizadas con dólares relativamente baratos debido a la sobrevaluación generada por el anclaje del tipo de cambio oficial. Esto también contribuyó a estabilizar la tasa en el mercado paralelo, ya que muchas de las importaciones que antes tenían que hacerse con dólares libres, ahora se podían realizar con divisas preferenciales.

Sin embargo, dos importantes acontecimientos cambiaron el panorama cambiario en el tercer trimestre de 2005. El primero de ellos fue la modificación de la ley del Banco Central de Venezuela del 20 de julio, obligando al instituto emisor a definir periódicamente el nivel "adecuado" de reservas internacionales y a transferir, sin ninguna compensación, 6.000 millones de dólares de sus reservas internacionales a un fondo que sería creado y manejado por el Poder Ejecutivo para financiar gasto público; el fondo que se creó a tales fines fue el Fondo de Desarrollo Nacional, (Fonden). También se estableció en esa reforma que PDVSA sólo vendería al BCV la cantidad de dólares de sus exportaciones requerida para obtener los bolívares que necesitare para cancelar sus necesidades de pago en moneda local, tanto de carácter operativo como tributario, pudiendo mantener fondos en divisas a los fines de cubrir sus gastos operativos y de inversión en el exterior, debiendo transferir mensualmente al Fonden el remanente de las divisas obtenidas. A partir de esa reforma legal, y luego de realizarse aquella primera transferencia de seis millardos de dólares, el BCV tuvo que transferir periódicamente al Fonden las reservas "excedentarias", es decir, aquellas que excedía a las reservas "adecuadas".[80]

---

[80] Ver *Gaceta Oficial* N° 38.232 del 20 de julio de 2005. Entre 2005 y 2012 el BCV y PDVSA transfirieron al Fonden un monto total de 105.267 millones de dólares (52.664 millones el BCV y 52.603 millones PDVSA). Ver Palma

El otro acontecimiento fue la aprobación en septiembre de 2005 de la Ley Contra los Ilícitos Cambiarios, según la cual se establecían severas penalizaciones a quienes realizaran operaciones cambiarias que violentaran las normas del control cambiario existente, incluyendo penas de presidio de varios años y cuantiosas multas a quienes realizaran transferencias de divisas al exterior en cantidades superiores a las autorizadas.[81] Un aspecto importante es que esta nueva ley siguió permitiendo la adquisición de divisas a través de operaciones con títulos valores, tales como la adquisición de bonos denominados en bolívares que se canjeaban por títulos en dólares para ser vendidos ulteriormente en mercados foráneos, o por la compra directa con moneda local de papeles denominados en dólares para su ulterior venta. De esta forma se preservó la legalidad del mercado libre o paralelo, popularizándose una nueva denominación para la cotización en ese mercado —el tipo de cambio de permuta—, por ser este el resultado del canje y ulterior venta de títulos denominados en moneda extranjera en los mercados foráneos.

Esos dos acontecimientos, combinados con un recorte transitorio en la provisión de divisas preferenciales, hicieron que en los meses de septiembre y octubre de 2005 se notara un repunte de la tasa de cambio libre, para luego moderarse en los dos últimos meses

---

(2013). Como consecuencia del desplome de los precios petroleros que se produjo a partir de mediados de 2014 los aportes de estas organizaciones se redujeron considerablemente, particularmente en 2015. En definitiva, entre 2005 y 2015 el Fonden recibió aportes por un monto total ligeramente superior a los 135.100 millones de dólares.

[81] La Ley Contra los Ilícitos Cambiarios fue publicada en *Gaceta Oficial* N° 38.272 el 14 de septiembre de 2005, entrando en vigor 30 días más tarde de su publicación.

del año, cuando se vendieron títulos de deuda de la República denominados en dólares, pero pagaderos en bolívares, por un monto de 3.000 millones de dólares, cerrando esa tasa en un nivel por debajo de 2.600 bolívares por dólar, siendo esta algo inferior a la de comienzos de ese año.

El sostenido aumento de los precios petroleros durante todo el 2006 contribuyó a que durante los primeros seis meses de ese año el tipo de cambio libre mostrara un comportamiento muy estable, manteniéndose en torno a los 2.600 bolívares por dólar. No fue ese el caso en los meses siguientes, ya que a partir de julio dicha tasa experimentó un sostenido aumento, cerrando el año en 3.400 bolívares por dólar. Varios factores explican ese comportamiento. El primero de ellos fue el notable crecimiento de las importaciones, parte de las cuales había que hacerlas con dólares libres, ya que no calificaban para recibir divisas preferenciales. El segundo fue el acentuado incremento de la oferta monetaria debido al mayor gasto público, lo cual redujo las tasas de interés, contribuyendo esto a que los agentes económicos arbitraran a favor del dólar, particularmente en un ambiente político incierto ante las proximidades de la elección presidencial de diciembre de ese año. Adicionalmente, se produjo una desaceleración en la aprobación de divisas preferenciales en respuesta a unas críticas emitidas por el presidente de la República, quien se quejó de la laxitud que, a su juicio, se estaba produciendo en el manejo de los controles cambiarios, dada la tendencia ascendente de las aprobaciones y liquidaciones de dólares preferenciales de los dos años previos.

Con el fin evitar un desquiciamiento del mercado paralelo, hacia fines de 2006 se hizo la primera emisión de los llamados Bonos del Sur, compuestos por bonos argentinos denominados en dólares adquiridos por Venezuela, y títulos venezolanos denominados en bolívares que podían ser adquiridos en moneda nacional,[82] y que buscaban satisfacer la creciente demanda insatisfecha de divisas en ese mercado. Sin embargo, el monto de divisas ofrecido en esta operación fue muy inferior a la demanda potencial, por lo que su impacto sobre el tipo de cambio paralelo, o de permuta, fue marginal.

A lo largo del 2007 se mantuvo inalterado el tipo de cambio oficial que existía desde marzo de 2005, contribuyendo ello a elevar en forma sostenida la sobrevaluación del bolívar destinado a la compra de dólares preferenciales, y a agravar el problema de pérdida de competitividad del aparato productivo local, al que le resultaba cada vez más difícil competir con las masivas y crecientes importaciones que se hacían con dólares subsidiados.

El tipo de cambio paralelo, por su parte, experimentó en enero de ese año un repunte de importancia debido al incremento de la demanda de divisas en el mercado libre, la cual se produjo por la sustracción de unos 3000 rubros de la lista de productos elegibles para recibir dólares preferenciales para su importación, y por el deterioro de las expectativas y el clima de incertidumbre que generó la radicalización del discurso presidencial después del triunfo electoral de diciembre de 2006, cuando Chávez fue reelegido para un nuevo

---

[82] La primera emisión de los Bonos del Sur fue hecha en noviembre de 2006 por un monto de USD 1.000 millones, de los cuales USD 500 millones estaban formados por bonos argentinos denominados en dólares (Boden 12 por USD 300 millones y Boden 15 por USD 200 millones) y USD 500 millones por bonos venezolanos, llamados Títulos de Interés y Capital Cubierto (TICC042017) denominados en bolívares, pero con protección de cambio tanto para los intereses como para el capital.

período presidencial. En efecto, después de anunciar que aquel resultado comicial era para él un claro mensaje de que la mayoría de los venezolanos deseaba la implantación de su modelo socialista en el país, anunció en los últimos días de diciembre de 2006 su decisión de revocar la concesión de transmisión de RCTV, el principal canal de televisión local, y en los primeros días de enero de 2007 la estatización de la Compañía Anónima Teléfonos de Venezuela (CANTV), manejada por Verizon, su principal accionista, y de la Electricidad de Caracas, propiedad de la corporación norteamericana AES.

Con el fin de reducir la presión en el mercado paralelo, a fines de febrero de 2007 se anunció la segunda emisión de Bonos del Sur por un monto de 1.500 millones de dólares, resultando esta insuficiente para satisfacer la demanda creciente de divisas, por lo que tres semanas después, el 23 de marzo, se anunció una importante emisión de bonos de PDVSA por 5.000 millones de dólares, que luego se amplió a 7.500 millones.[83] El tipo de cambio implícito de esa operación fue muy inferior al tipo de cambio en el mercado paralelo, haciendo que la cotización libre se redujera substancialmente, pasando de 4.245 bolívares por dólar a comienzos de marzo a 3.442,50 a mediados de abril. Sin embargo, rápidamente esa cotización reinició su tendencia de franco ascenso, hasta alcanzar los 6.675 bolívares por dólar a comienzos de noviembre, a pesar de algunos esfuerzos de las autoridades por alimentar el mercado con

---

[83] La oferta de Bonos del Sur II estaba formada por USD 750 millones de bonos argentinos Boden15 y por USD 750 millones de TICC032019. La oferta conjunta de bonos de PDVSA estaba conformada por 3 tipos de bonos: PDVSA 2017 (40% de la emisión), PDVSA 2027 (40% de la emisión) y PDVSA 2037 (20% de la emisión).

nuevas emisiones de bonos, y con la venta de notas estructuradas denominadas en dólares por parte del Fonden.[84]

Esas notas estructuradas eran instrumentos financieros basados en bonos denominados en dólares de varios países latinoamericanos, los cuales habían sido adquiridos por el Fonden. Sin embargo, algunos de estos títulos, particularmente los ecuatorianos, experimentaron una acentuada baja en los mercados internacionales, por lo que, a los fines de evitar la materialización de una pérdida de importancia para el Fonden, se decidió vender parte de esas notas estructuradas en bolívares a razón de 2.150,00 bolívares por dólar más una prima, generándose así una utilidad para ese ente. Ulteriormente, la institución adquiriente vendía las notas estructuradas a descuento en los mercados foráneos, obteniendo dólares a un tipo de cambio implícito bastante inferior al existente en el mercado paralelo, produciéndose así jugosas ganancias para los adquirientes de dichas notas. Esto, obviamente, despertó la suspicacia de muchos que se preguntaban cómo habían sido repartidos los abultados beneficios obtenidos por los privilegiados compradores de dichos títulos.

Entre abril y octubre de 2007 el tipo de cambio libre experimentó un franco y sostenido aumento, debiéndose esto a múltiples factores, entre los que se pueden mencionar:

---

[84] El 24 de septiembre de 2007 se anunció la emisión de Bonos del Sur III conformada por dos bonos: Boden15 (50%) y TICC2015 (50%). La emisión se amplió a USD 1.200 millones, y el tipo de cambio implícito fue atractivo, por ser mucho menor que el tipo de cambio paralelo del momento. Sin embargo, esa emisión tuvo poco impacto en el mercado libre pues el monto de la oferta fue muy limitado e inferior a la demanda existente.

- la muy alta y creciente liquidez creada por el desbocado gasto público

- la escasez de instrumentos financieros hacia donde se pudiera canalizar la liquidez

- tasas de interés muy bajas y poco atractivas

- la exclusión de múltiples importaciones consideradas no necesarias de las listas de CADIVI, que ahora tenían que hacerse a tasa libre

- el deterioro de las expectativas y la creciente incertidumbre ante una propuesta de reforma constitucional, que buscaba como objetivo central la reelección indefinida del presidente de la República y el establecimiento de un sistema socialista en el país

- los nuevos anuncios de redoblamiento de los controles cambiarios, exigiendo a los importadores nuevos requisitos difíciles de cumplir, y

- los retardos cada vez mayores en la aprobación y liquidación de divisas preferenciales.

A pesar de las múltiples advertencias que se le formularon a las autoridades acerca de las muy negativas consecuencias que una profunda disociación entre las tasas oficial y libre podía causar, la reacción oficial fue descalificar la relevancia del mercado paralelo, aduciendo que el mismo eran marginal y sin ninguna importancia, por lo que no debía prestársele mayor atención a la evolución de la tasa libre, la cual era producto exclusivo de la especulación.

En ese entonces se reformó la Ley Contra los Ilícitos Cambiarios,[85] endureciéndose las penalizaciones a quienes violaran las normativas del control cambiario, llegándose al absurdo de prohibir el suministro de información sobre las cotizaciones de divisas diferentes al valor oficial, so pena de multa de 1000 unidades tributarias a quien informara acerca del tipo de cambio libre, duplicándose la sanción en caso de reincidencia.[86]

Al igual que en los controles de cambio previos, las consecuencias del divorcio entre las dos tasas de cambio no se hicieron esperar. La demanda de divisas preferenciales creció desproporcionadamente, acudiéndose a prácticas de todo tipo, legales o no, para su obtención, tales como el pago de primas sobre el tipo de cambio oficial a través de gestores o intermediarios, la sobrefacturación de importaciones y la estructuración de sofisticadas operaciones de compraventa de títulos. Esto afectó sobremanera la operatividad del control de cambios, al punto de que múltiples importadores se quejaban de retrasos de varios meses en la obtención de las aprobaciones o liquidaciones de divisas preferenciales, a pesar de que los montos aprobados y liquidados por CADIVI y el BCV experimentaban sostenidos e intensos aumentos. Esto último era una clara indicación de que buena parte de esas autorizaciones y liquidaciones se filtraban hacia empresas ficticias, prácticas corruptas que le

---

[85] *Gaceta Oficial* N° 5.867, Extraordinario, publicada el 28 de diciembre de 2007. Las reformas entraron en vigor el 27 de enero de 2008. También, ver *Gaceta Oficial* N° 38.879 de fecha 27 de febrero de 2008.

[86] Como elemento de comparación, mil unidades tributarias equivalían es ese momento a más de 57 salarios mínimos mensuales.

generaban grandes beneficios a personas vinculadas al entorno gubernamental.

El rechazo a la propuesta de reforma constitucional presentada por Chávez, expresado en un referendo del 2 de diciembre de 2007, mejoró las expectativas y redujo la incertidumbre de los meses precedentes, contribuyendo esto a reducir la tasa de cambio libre durante las últimas semanas de ese año, cerrando ésta en 5.650 bolívares por dólar.

Cuadro 11.1

Control de Cambios: Autorizaciones y Liquidaciones
de Divisas Oficiales
(Millones de USD diarios)

	Autorizaciones de CADIVI		Liquidaciones del BCV	
	Monto	Var. %	Monto	Var. %
2003	20		18	
2004	70	250%	58	222%
2005	83	19%	79	36%
2006	110	33%	105	33%
2007	173	57%	169	61%

Fuente: CADIVI

Durante el último trimestre de 2007 se produjo una notable aceleración inflacionaria, no sólo como producto del alto crecimiento del consumo, estimulado por la expansión monetaria causada principalmente por el desbocado gasto público, sino también por los graves problemas de escasez de productos, principalmente de alimentos. Esto último fue causado fundamentalmente por las dificultades para obtener los dólares preferenciales de CADIVI, combinado con los desproporcionados controles de precios que se aplicaban, que en múltiples casos condenaban a los productores y distribuidores a trabajar a pérdida, obligando a muchas empresas a reducir su producción o incluso a cesar actividades. Esto contribuyó a que la inflación puntual de ese año se ubicara en 22,5% a nivel de consumidor, superando con creces la del 2006 (17%).

11.3. 2008, año de importantes cambios

A comienzos de 2008 se notaron ajustes de importancia en algunos aspectos de la política económica. El primero de ellos fue la reconversión monetaria implantada a partir del 1 de enero, la cual se venía estructurando desde hacía algunos meses, y que consistía en la sustitución de los bolívares tradicionales por el llamado "bolívar fuerte" (VEF), a razón de mil por uno.

Adicionalmente, los nuevos ministros del área económica implementaron una serie de medidas de política monetaria de carácter restrictivo, dado que el control de la inflación pasó a ser una de las principales prioridades del tren gubernamental. Entre estas se pueden mencionar las siguientes:

- aumento de las tasas de interés pasivas con el fin de estimular el ahorro
- aumento de las tasas de interés para las operaciones de absorción monetaria del BCV
- aumento de la tasa máxima anual de financiamiento a través de tarjetas de crédito
- encarecimiento de las operaciones de asistencia financiera del BCV a la banca.

Además, se mantuvo en 30% la tasa de encaje requerido sobre los nuevos depósitos, y en 28% la tasa activa máxima que podían cobrar los bancos por sus préstamos. También se anunció el establecimiento de una nueva obligación para la banca de destinar el 10% de su cartera de crédito al financiamiento de la industria manufacturera a una tasa máxima de 19%. Con esta última decisión se obligaba a estas instituciones financieras a otorgar el 47% de sus préstamos con tasas de interés subsidiadas y negativas en términos reales. De lo anterior se desprende que no sólo se buscaba la implementación de una política monetaria restrictiva antiinflacionaria de corte ortodoxo, sino también limitar las ganancias bancarias a través de la reducción del margen de intermediación financiera, pudiendo ello poner en situación comprometida a varios bancos pequeños y medianos.

Otra de las acciones tendentes a reducir las presiones inflacionarias consistió en la reducción de la brecha entre el tipo de cambio oficial y el paralelo, pues se estaba consciente de que el distanciamiento entre esas dos tasas estaba generando presiones inflacionarias crecientes, ya que los precios se establecían cada vez más en base a los costos esperados de reposición que, a su vez, estaban altamente influenciados por la tasa cambiaria libre. Sin embargo, en vez de lograr ese acercamiento a través de la acción combinada de una moderación de la cotización en el mercado paralelo para ubicarla en niveles más racionales, con una corrección del tipo de cambio preferencial, que buscara reducir la desproporcionada sobrevaluación del bolívar destinado a la compra de divisas oficiales —la cual se ubicaba a comienzos de 2008 en un 78%—, lo que se hizo fue mantener inalterada la tasa preferencial, que había sido fijada en 2.150,00 bolívares por dólar en marzo de 2005, y reducir intensamente la paralela.

Gráfico 11.2

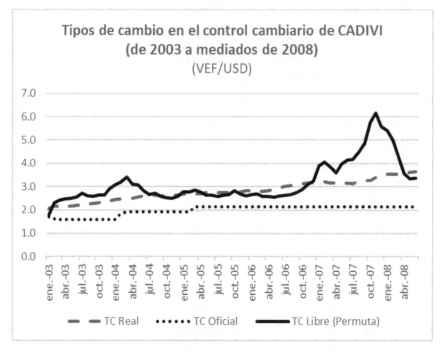

Tipos de cambio en el control cambiario de CADIVI
(de 2003 a mediados de 2008)
(VEF/USD)

Fuente: Banco Central de Venezuela, MetroEconómica y Ecoanalítica

Nota: La conversión monetaria de bolívares a "bolívares fuertes" (VEF) se produjo a comienzos de 2008, pero los tipos de cambio para todo el período de este gráfico están expresados en VEF/USD.

Esto último se logró a través de la restricción de la liquidez y de un incremento notable de la oferta de divisas en el mercado libre, que se produjo por la sostenida y elevada venta de notas estructuradas denominadas en dólares por parte del Fonden, así como por la colocación de importantes volúmenes de bonos argentinos adquiridos previamente por el gobierno venezolano, y bonos emitidos por la República o por empresas del Estado. Esta venta de títulos contribuyó a restringir aún más la liquidez, ya que esos valores se adquirían en bolívares. De hecho, en abril se hizo una colocación de

4000 millones de dólares de bonos soberanos que generó un tipo de cambio implícito que osciló entre 2,80 bolívares fuertes por dólar y 3,10.[87]

La mitad de esa colocación fue adquirida por empresas importadoras de los segmentos alimentos, salud y bienes de capital, que no habían podido obtener divisas al tipo de cambio oficial por los severos retrasos que se habían producido en las aprobaciones y liquidaciones por parte de CADIVI y del BCV. Eso implicó para esos importadores una devaluación de facto y el consecuente encarecimiento de sus compras externas, contribuyendo ello a agudizar el severo problema inflacionario.

Por su parte, la Electricidad de Caracas, ahora empresa pública, hizo una emisión de bonos por 650 millones de dólares en abril de 2008, cuya colocación generó reacciones muy adversas, de forma similar a las severas críticas que levantaron las cuantiosas ganancias obtenidas a través de las operaciones con las notas estructuradas denominadas en dólares, vendidas por el Fonden en 2007 (ver Sección 11.2.). Esos bonos fueron adquiridos en bolívares por un grupo de bancos preseleccionados a razón de 2,15 bolívares fuertes por dólar más una prima de 5%, pero con la condición obligante de su venta ulterior a un único comprador, quien los adquiría en dólares al

---

[87] A partir del 1 de enero de 2008, y como producto de la implantación de la reconversión monetaria, los tipos de cambio oficiales pasaron a ser 2,1446 bolívares fuertes por dólar para la compra y 2,15 bolívares fuertes para la venta. La tasa de cambio libre, por su parte, que se ubicaba a comienzos de año en 5,70 bolívares fuertes por dólar, bajó a fines de abril a 3,30 bolívares fuertes, implicando esto un abaratamiento de la divisa norteamericana superior al 40% en tan solo cuatro meses. En mayo y junio esa tasa tendió a estabilizarse, oscilando entre 3,35 y 3,50 bolívares fuertes por dólar.

62,5% de su valor nominal. Acto seguido, esos títulos eran vendidos en el exterior, donde se cotizaban a unos niveles cercanos al 80% de su valor nominal, obteniéndose una ganancia superior a los 100 millones de dólares. Tan desproporcionados beneficios generaron denuncias públicas que ni siquiera fueron acalladas por las declaraciones de un alto funcionario de la Electricidad de Caracas, quien informó que el 80% de esas ganancias irían a esa compañía.

Adicionalmente, el 19 de mayo de 2008 se anunció la decisión gubernamental de obligar a las instituciones financieras con domicilio en el territorio nacional, públicas o privadas, nacionales o extranjeras, a desincorporar las notas estructuradas denominadas en bolívares que ellas poseyeran, —notas que habían sido emitidas por bancos extranjeros—, ya que existía el convencimiento de que la obtención de esos títulos había sido hecha con el fin de violar la norma según la cual la tenencia de activos en moneda extranjera de los entes financieros venezolanos no podía exceder el 30% de su patrimonio.[88]

Esas notas estructuradas eran unos instrumentos financieros denominados en bolívares que tenían como respaldo, o activos subyacentes, dólares o títulos denominados en moneda extranjera, que habían sido adquiridos por varias instituciones financieras venezolanas, y luego depositados en bancos foráneos. A fin de evitar que esos activos, mantenidos en el exterior, tuvieran que ser registrados contablemente en moneda extranjera, excediendo los límites permitidos, los bancos extranjeros emitieron unas notas estructuradas en bolívares para ser entregadas a sus clientes venezolanos, pudiendo

---

[88]   Ver *Gaceta Oficial* N° 38.933 del 19 de mayo de 2008.

éstos registrar ese activo en moneda local y no en dólares. Al ser obligadas las instituciones financieras a vender esas notas en bolívares en un lapso perentorio, no mayor de 90 días, y en momentos en los que el tipo de cambio de mercado era inferior a la tasa que existía al momento en que fueron adquiridos los activos subyacentes en los que se basaban esos títulos, muchas de esas organizaciones incurrirían en pérdidas, pudiendo ser estas muy elevadas en algunos casos.

Entonces existía el convencimiento de que la venta compulsiva de esas notas estructuradas podría, por una parte, reducir aún más el tipo de cambio libre debido al importante aumento de la oferta de divisas que ello implicaría, pero, por la otra, poner en situación muy difícil a varias instituciones financieras debido a las cuantiosas pérdidas que la venta de esos títulos les podría generar.

El crecimiento desbocado de la demanda de dólares preferenciales que se produjo en los años precedentes a 2008 (ver Cuadro 11.1), continuó durante el primer semestre de ese año, aumentando las autorizaciones de asignación de divisas en 22% con respectos a igual período del año precedente, hasta llegar a los 190 millones de dólares diarios, mientras que las liquidaciones de dólares preferenciales por el BCV aumentaron 11%, hasta alcanzar los 177 millones de dólares diarios. Esto llevó a las autoridades a restringir el acceso a las divisas controladas a través de la implementación de una serie de medidas, entre las que pueden mencionarse las siguientes:

- disminución del cupo anual de consumo en internet con el uso de tarjetas de crédito, reduciéndose de 3.000 dólares por persona a 400

- restricción en la asignación de divisas para cierto tipo de importaciones consideradas como no prioritarias, particularmente las de automóviles

- exigencia de presentación de ciertos documentos oficiales para poder optar a la adquisición de divisas preferenciales, documentos cuya obtención implicaba la realización de engorrosos trámites, y dependía de la voluntad de algunos funcionarios, abonándose el terreno para la proliferación de la corrupción. Entre estos documentos destacaban la solvencia laboral y el certificado de no producción nacional.[89]

Todo lo anterior, sumado a las dilaciones cada vez mayores en los procesos de aprobación y asignación de divisas por parte de CADIVI que sufrían algunos productores, importadores y comerciantes, generó problemas de carestía de materias primas, insumos y productos finales de origen externo, que llegaron a desacelerar, o incluso a paralizar, las actividades de algunas empresas, agravando los problemas de desabastecimiento existentes. De hecho, múltiples firmas, además de padecer retrasos prolongados en la aprobación de las divisas preferenciales que solicitaban, una vez que esas aprobaciones se materializaban, su liquidación se retrasaba por largos períodos.

---

[89] La "solvencia laboral" era un certificado emitido por la Inspectoría del Trabajo en el que se dejaba constancia de que la empresa solicitante estaba al día con todas sus obligaciones laborales, y que, para la fecha, no existía reclamo pendiente alguno de ninguno de sus trabajadores. El "certificado de no producción nacional", por su parte, era un documento oficial en el que se hacía constar que el producto o servicio que se deseaba importar con las divisas preferenciales solicitadas no se producía en el país, haciéndose necesaria su adquisición en el exterior.

Por un lado, esto trababa los procesos de obtención de los insumos o bienes que necesitaban y, por el otro, hacía que las deudas con sus proveedores se acumularan hasta alcanzar niveles desproporcionados, lo cual, en muchos casos, llevaba a la suspensión de despachos. Obviamente, una parte importante de las divisas que se liquidaban se filtraban a actividades ilícitas, producto de la sobrefacturación de importaciones o su asignación a empresas ficticias, alimentando así la descomunal corrupción existente.

Con el fin de evitar situaciones de escasez crítica de productos básicos, como alimentos, en enero de 2008 se simplificaron temporalmente los requisitos exigidos a los importadores de esos bienes, y en junio se anunció una flexibilización de los controles cambiarios, simplificando en lo que restaba del año los trámites requeridos para obtener las aprobaciones de divisas preferenciales para la importación de bienes de capital e insumos que no excedieran de 50.000 dólares estadounidenses.

Estas medidas transitorias, aisladas e intrascendentes, lejos de ser interpretadas como un avance hacia la simplificación de los controles cambiarios y a su eventual eliminación, fueron percibidas como indicadores de que la voluntad gubernamental era preservarlos, e incluso profundizarlos. De hecho, a mediados de año se ratificó una vez más que el control de cambios continuaría por tiempo indefinido, y que a partir de comienzos de 2009 se establecerían limitaciones cambiarias adicionales, tales como el establecimiento de cupos de importaciones con dólares preferenciales.

A eso hay que sumar la reforma a la Ley Contra los Ilícitos Cambiarios, que entró en vigor el 27 de enero de 2008, y en la que se regulaban esos ilícitos y se endurecían las penalizaciones a quienes incurrieran en ellos.[90] Eso ratificaba la intención restrictiva y punitiva del control cambiario, y dejaba clara la disposición gubernamental de mantenerlo por un período prolongado.

Obviamente, esa realidad era contradictoria con la situación económica que se vivía desde 2004 y hasta mediados de 2008, caracterizada por un sostenido aumento de los precios petroleros, lo cual se traducía en abundantes ingresos de divisas y en elevados niveles de reservas internacionales, a pesar de las cuantiosas transferencias que desde el segundo semestre de 2005 tuvo que hacer el BCV al Fonden de las llamadas reservas excedentarias, y de los abultados traspasos de recursos que regularmente tenía que hacer PDVSA a dicho fondo.[91]

11.4. El control de cambios en un escenario petrolero menos favorable

Después de alcanzar máximos históricos en los primeros días de julio de 2008, los precios internacionales del petróleo se desplomaron en la segunda mitad de ese año, descalabro que se debió al estallido de una de las crisis globales de mayor dimensión, conocida como la "crisis de los préstamos hipotecarios *subprime*". (Ver recuadro 5).

En el caso específico de Venezuela, el precio promedio de exportación de su cesta petrolera rebasó los 127 dólares por barril el 11 de julio de 2008, para luego bajar sostenidamente hasta cerrar el

---

[90] El 27 de febrero de 2008 se publicó la Ley Contra los Ilícitos Cambiarios. Ver *Gaceta Oficial* N° 38.879.

[91] Ver Palma (2013).

año en un nivel inferior a los 33 dólares. Lógicamente, esto generó una reducción sostenida del valor de las exportaciones de hidrocarburos a lo largo de ese segundo semestre, aun cuando esa contracción de las ventas externas no se tradujo en una reducción paralela de las reservas internacionales durante el tercer trimestre de ese año. En efecto, como puede observarse en el Gráfico 11.3, en los meses de agosto, septiembre y octubre las reservas internaciones siguieron aumentando. Ello se debió a que buena parte del cobro de las ventas externas de petróleo se realizaba con tres meses de dilación debido a las condiciones de crédito que se aplicaban a esas transacciones. No fue sino hasta el mes de noviembre de 2008 cuando se comenzó a notar la natural contracción de las reservas internacionales debido a la caída de las exportaciones petroleras.

Sin embargo, al cierre del año estas experimentaron un fuerte aumento, ubicándose en un nivel de 43.127 millones de dólares. Eso se debió a que en los dos últimos días del año el BCV compró a otros entes públicos 5.000 millones de dólares, que pasaron a formar parte de sus activos internacionales. Esa operación significó la creación por parte del instituto emisor de 10.723 millones de bolívares fuertes con los que se pagaron las divisas adquiridas, lo que implicó un ingreso para los que se las vendieron; pero tres semanas después ese instituto transfirió al Fonden 12.299 millones de dólares de reservas internaciones "excedentarias" sin recibir compensación alguna.

En otras palabras, a fines de 2008 el BCV emitió una importante cantidad de bolívares a los fines de comprar dólares que le vendieron entes gubernamentales para, pocos días después, en las primeras semanas de 2009, transferírselos de vuelta al gobierno a cambio de nada. Eso explica por qué las reservas internacionales bajaron abruptamente el 21 de enero de 2009 a 29.460 millones de dólares, nivel equivalente al estimado de reservas "adecuadas" hecho por el instituto emisor para ese entonces.

Gráfico 11.3

Fuente: Banco Central de Venezuela y Ministerios de Energía y Petróleo

A pesar del desplome de los precios petroleros del segundo semestre de 2008, los montos de divisas preferenciales aprobados por CADIVI y liquidados por el BCV en ese lapso, se mantuvieron en niveles muy elevados y equivalentes a los del primer semestre, no siendo sino en las últimas semanas del año cuando se notó una reducción de importancia en esos montos.

Recuadro 5

2008: La crisis global de los préstamos hipotecarios *subprime*(*)

La intención del gobierno de Estados Unidos, por demás loable, de que cada familia norteamericana pudiera adquirir su vivienda, llevó a que empresas auspiciadas por el gobierno de ese país (*Government-Sponsored Entities*, o GSE), como Fannie Mae y Freddie Mac, asumieran un papel fundamental en ese proceso a través de la compra de los créditos para la adquisición de viviendas que otorgaban los bancos y otras instituciones financieras, proveyendo así de liquidez al mercado hipotecario en cantidades cada vez mayores. Con el fin de obtener fondos con qué realizar esas operaciones, las GSE titularizaban los activos que compraban para luego venderlos en los mercados secundarios. A su vez, los bancos de inversión, fondos de cobertura, bancos comerciales y otras organizaciones que adquirían esos valores relacionados a préstamos hipotecarios, los agrupaban con otros títulos que poseían con el fin de formar paquetes de activos que servían de base para la emisión de obligaciones, que eran vendidas a terceros en el mundo entero. Así, se inundaron los mercados de valores internacionales de títulos de toda índole, respaldados, en mayor o menor medida, por los activos relacionados con créditos hipotecarios estadounidenses.

El bajo costo de financiamiento en Estados Unidos debido a la política monetaria laxa que implantó la Reserva Federal, particularmente desde fines de 2001 hasta comienzos de 2005, combinado con el ablandamiento de condiciones en el otorgamiento de créditos hipotecarios, entre otras razones, por su bajo riesgo debido a la posibilidad que tenían los bancos de vender esos activos a las GSE, hizo que estas instituciones financieras otorgaran préstamos para la adquisición de vivienda en forma desproporcionada y dadivosa; no le daban la debida atención a la capacidad de pago de los prestatarios, financiando hasta el 100% de los inmuebles adquiridos, e incluso ampliando el financiamiento basado en la revalorización de los inmuebles hipotecados, cuyos precios subían en forma sostenida. En otras palabras, se produjo una típica situación de "riesgo moral". (**)

Cuando volvieron a subir los intereses, y las condiciones blandas iniciales de los préstamos se extinguieron, comenzaron a aparecer los problemas. Muchos deudores no pudieron seguir honrando sus deudas, aumentando en forma sostenida la morosidad de la cartera, particularmente la conformada por préstamos hipotecarios a familias de ingresos limitados, también conocida como *subprime*.

Dado que esos créditos habían sido utilizados como activos subyacentes, o de respaldo, de una gran diversidad de títulos, que habían sido adquiridos por inversionistas del mundo entero, en muchos casos apalancados con préstamos otorgados por la banca internacional, al bajar el valor de los créditos hipotecarios se deterioraron también los títulos que éstos respaldaban. Ello produjo grandes pérdidas a los inversionistas que habían adquirido esos valores, no solo como consecuencia del desplome de sus precios en el mercado secundario, sino también como producto de la demanda de reposición de garantías que les exigían los bancos que habían financiado su compra.

Entre las instituciones que más se afectaron se encontraban algunos bancos de inversión que, desde la segunda mitad de 2007, comenzaron a padecer severas pérdidas por tener una alta exposición en activos relacionados con los préstamos hipotecarios *subprime*, hasta llegar a situaciones de insolvencia, como fue el caso de Bear Stearns, que en marzo de 2008 tuvo que ser adquirido por JPMorgan después de producirse el desplome del valor de sus acciones. Meses más tarde quebró Lehman Brothers por la misma razón, y otro de los grandes bancos de inversión, Merrill Lynch, tuvo que ser absorbido por Bank of America.

Muchos otros inversionistas, como fondos de cobertura, bancos universales y comerciales de múltiples países, instituciones financieras relacionadas con grandes compañías, etc., sufrieron también cuantiosas pérdidas, hasta llegar a situaciones realmente críticas, difícilmente superables. En el caso de los bancos, muchos incurrieron en severas pérdidas, no sólo como consecuencia del deterioro de su cartera de préstamos —hipotecarios y de otra índole—, sino también por la desmejora de buena parte de sus inversiones en valores.

Como era de esperar, tales descalabros tuvieron repercusiones negativas de la más diversa índole. Las acciones de las compañías afectadas bajaron de precio en forma dramática. Inversionistas individuales e institucionales, como los fondos de pensiones, sufrieron igualmente grandes pérdidas, no solo por la caída de las acciones en diversas bolsas del mundo, sino también por los percances experimentados por las organizaciones a las que les confiaron sus recursos para ser invertidos, tales como fondos de cobertura, bancos de inversión y otras.

Múltiples corporaciones del mundo entero padecieron caídas abruptas de sus ventas, no sólo como consecuencia de las pérdidas patrimoniales de los consumidores, sino también por la imposibilidad de otorgar financiamiento para la adquisición de sus productos debido a la paralización de la actividad crediticia. Incluso, grandes corporaciones que tenían subsidiarias financieras, como las automotrices, se vieron afectadas, no sólo por el pobre desempeño de las inversiones realizadas por esas filiales financieras, sino también por la imposibilidad de estas de seguir financiando las ventas de sus compañías matrices.

La masiva liquidación de activos que tuvieron que hacer inversionistas, como los fondos de cobertura o los bancos de inversión, para hacer frente a los retiros que les hacían sus clientes, o para reponer las garantías exigidas por los bancos que les habían financiado la adquisición de los menguados valores, contribuyó al desplome de los precios de las acciones, bonos y otros títulos y, en consecuencia, al hundimiento de las bolsas del mundo entero.

Adicionalmente, la caída de las ventas, la práctica paralización del crédito, y las necesidades crecientes de efectivo, se tradujeron en ventas compulsivas de activos e inventarios de un sinfín de corporaciones, contribuyendo ello a deprimir los precios de múltiples productos y a generar pérdidas cada vez mayores que, eventualmente, llevaron a la quiebra a muchas de ellas. Esto no solo afectó a compañías medianas y pequeñas, sino también a grandes corporaciones del mundo industrializado, tradicionalmente consideradas emblemáticas y de gran solidez, pero que se aproximaron al borde del colapso.

La desaceleración económica o la recesión que padecieron las principales economías del mundo, incluyendo a las de grandes países emergentes conocidos como los BRIC (Brasil, Rusia, India y China), redujo notablemente la demanda mundial de los *commodities*, haciendo que sus precios cayeran de forma estrepitosa.

Ese fenómeno, combinado con la notoria reducción de las remesas familiares enviadas a países en vías de desarrollo por nacionales emigrados, con la disminución de los flujos de inversión extranjera, con el endurecimiento de las fuentes de financiamiento y con las crecientes salidas de capitales que sufrieron, —en parte producidas por inversionistas que en el pasado aportaron cuantiosos montos, pero que ahora los extraían ante sus crecientes necesidades de fondos—, hicieron que muchas economías emergentes padecieran agudas depreciaciones de sus monedas y severas desaceleraciones de su actividad productiva, o incluso recesiones de importancia. Si bien el abaratamiento de múltiples productos básicos que éstos importaban mitigó sus presiones inflacionarias, por ejemplo, a través del menor costo de la energía en el caso de los países importadores de petróleo, el balance fue muy negativo.

(*) Tomado de Palma, Pedro A., *La crisis global y su impacto en la economía venezolana*. **Nueva Economía**, Año XVII, No. 29, mayo de 2009. Pp. 5-33.

(**) El riesgo moral, o *moral hazard*, se produce cuando algunas instituciones financieras, en este caso los bancos que dieron los préstamos hipotecarios *subprime*, otorgan esos financiamientos sin la debida prudencia y evaluación de riesgo, ya que existen mecanismos que los protege de incurrir en pérdidas en caso de que esos préstamos entren en mora por la insolvencia de los prestatarios. Ese mecanismo era la posibilidad de vender los créditos riesgosos a empresas como Fannie Mae y Freddie Mac.

Cuadro 11.2

Autorizaciones y Liquidaciones de Divisas Oficiales en 2008 (Millones de USD diarios)

	Autorizaciones de CADIVI	Liquidaciones del BCV
I Trimestre	184	176
II Trimestre	195	179
III Trimestre	197	201
Octubre	183	196
Noviembre	197	160
Diciembre	159	165

Fuente: CADIVI

Ese comportamiento estuvo estrechamente relacionado con las altas cantidades de dólares que entraron al país durante el tercer trimestre de 2008, a pesar de la caída de los precios petroleros que se estaba produciendo en esos meses, debido, como ya fue explicado, al rezago en el cobro de las ventas externas de petróleo por las condiciones de crédito que se aplicaban a las mismas.

Sin embargo, era lógico esperar que la reducción sostenida de los precios internacionales de los hidrocarburos de la segunda mitad de 2008 generara, por una parte, una presión alcista en el tipo de cambio libre y, por la otra, una eventual merma en las aprobaciones y liquidaciones de divisas preferenciales.

11.4.1 Presión alcista del tipo de cambio libre

Al igual que tantas veces en el pasado, la materialización de la tendencia a la baja del petróleo creó fuertes expectativas de devaluación del bolívar, máxime cuando a mediados de 2008 el precio del dólar en el mercado libre estaba en un nivel artificialmente bajo, producto de los esfuerzos que se venían haciendo desde noviembre de 2007 para reducir esa tasa y acercarla a los niveles del tipo de cambio preferencial.[92] Eso estimuló la demanda de dólares ante el convencimiento de que la tasa de cambio libre era insostenible, expectativas que cada vez se reforzaban más debido a la caída sostenida y pronunciada de los precios petroleros que se produjo a partir de mediados del mes de julio de 2008. Como se observa en el Gráfico 11.4, la mayor demanda de divisas presionó al alza el precio del dólar, pasando de 3,30 bolívares fuertes por dólar a mediados de agosto de 2008 a 7 bolívares fuertes hacia fines de abril de 2009.

---

[92] Ver sección 11.3.

Gráfico 11.4

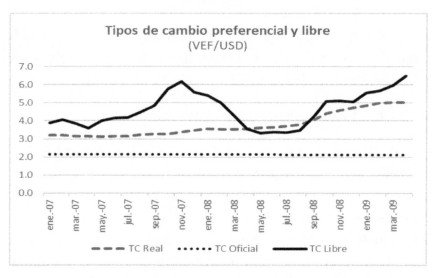

Fuente: Banco Central de Venezuela, Venezuela FX y Ecoanalítica

Gráfico 11.5

Fuente: Banco Central de Venezuela, PODE y MetroEconómica

11.4.2. Mayores restricciones cambiarias

Después de haber bajado el precio promedio de la cesta petrolera venezolana a 32,97 dólares por barril a fines de 2008, a partir de enero de 2009, y a lo largo de los tres primeros trimestres de ese año, este experimentó una sostenida recuperación, para luego estabilizarse alrededor de 70 dólares, nivel en el que se mantuvo durante el último trimestre de 2009 y primeros nueve meses de 2010. (Ver Gráfico 11.5). Sin embargo, a pesar de esa franca recuperación, el precio promedio de todo el año 2009 fue 57,08 dólares por barril, nivel muy inferior al del año precedente (86,49 dólares), implicando ello una caída de 34%.

De hecho, cuando se hizo evidente la merma en las entradas de divisas a fines de 2008 y primeros meses de 2009, se implementaron mecanismos para restringir el acceso a los ahora escasos dólares preferenciales. Así, en el mes de marzo de 2009 las autoridades anunciaron la aplicación de restricciones adicionales al otorgamiento de estas divisas, limitando las mismas a las importaciones prioritarias, por lo que el grueso de las compras externas tendría que ser realizado con dólares adquiridos en el mercado paralelo, operaciones cambiarias que eran lícitas en ese momento. Aquellas restricciones adicionales se tradujeron en una fuerte disminución de la cantidad de divisas preferenciales autorizadas por CADIVI y liquidadas por el BCV durante el primer semestre de 2009, en comparación a lo ocurrido en 2008. (Ver Cuadro 11.3)

Adicionalmente, se anunció que se mantendría inalterado el tipo de cambio oficial de 2,15 bolívares fuertes por dólar. Eso sorprendió, pues existía el convencimiento de que era inminente un importante ajuste al precio de la divisa preferencial, no solo como producto de su escasez debido al desplome del petróleo, sino también por la elevada sobrevaluación real implícita en ese tipo de cambio.

Cuadro 11.3

Autorizaciones y Liquidaciones de Divisas Oficiales
(Millones de USD diarios)

	Autorizaciones de CADIVI	Liquidaciones del BCV
Octubre 2008	183	196
Noviembre	197	160
Diciembre	159	165
I Semestre 2009	108	111

Fuente: CADIVI

Gráfico 11.6

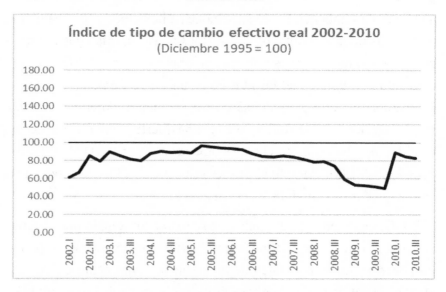

Índice de tipo de cambio efectivo real 2002-2010
(Diciembre 1995 = 100)

Fuente: José Barcia

Como se sabe, esa tasa de cambio había sido fijada a comienzos de 2005 y no había sido modificada durante cuatro años, a pesar de que la inflación local a lo largo de ese período había sido substancialmente mayor que la externa.

Estas realidades tuvieron importantes repercusiones. Por una parte, se generó un incremento de demanda de divisas en el mercado libre que, al no venir acompañado por un aumento equivalente de la oferta, produjo una presión alcista del tipo de cambio de permuta. Esto ocasionó el ensanchamiento de la brecha entre las dos tasas de cambio y azuzó las presiones inflacionarias. Adicionalmente, se incrementó la avidez por los dólares preferenciales, dificultando aún más la operatividad del control de cambios, el cual se vio minado por la multiplicación de prácticas tendentes a burlar las restricciones existentes. Esto se hacía a través de sobrefacturación de importaciones, gratificaciones y dádivas para el soborno de funcionarios, o la proliferación de otras prácticas de cohecho, tales como el cobro de comisiones a quienes solicitaban la aprobación de divisas preferenciales, o la asignación de éstas a personas o grupos relacionados con el oficialismo, creándose verdaderas mafias que acaparaban buena parte de los dólares oficiales disponibles.

Por otra parte, se agravaron los problemas de desabastecimiento, se dificultaron aún más los pagos a proveedores foráneos, y se trabaron las posibilidades de repatriación de capitales o remisión de dividendos y de utilidades a las casas matrices de múltiples empresas multinacionales.

Finalmente, como ya fue explicado previamente, el prolongado anclaje cambiario en un ambiente de mayor inflación interna que externa hizo que los costos de producción en divisas de los bienes producidos localmente aumentaran con mayor intensidad que sus pares foráneos, minando así la competitividad del aparato productivo local.

11.4.3. Repitiendo irracionalidades

En la primera mitad de agosto de 2009 las autoridades cambiarias manifestaron su alarma por el comportamiento del tipo de cambio libre, o de permuta, que para ese momento había alcanzado la cifra de 6,90 bolívares fuertes por dólar, más que triplicando al tipo de cambio oficial de 2,15 bolívares fuertes. Para ellos eso era inaceptable, haciéndose necesario cerrar esa brecha para así frenar o revertir la escalada inflacionaria que se estaba produciendo. Sin embargo, era obvio que ese no sería un objetivo fácil de lograr en un ambiente donde escaseaban los dólares, siendo necesario ampliar el ya abultado endeudamiento externo para satisfacer la creciente demanda de divisas que se estaba operando en el mercado libre.

A pesar del fracaso y alto costo de la experiencia de la primera mitad de 2008, se decidió repetir el mismo mecanismo, es decir, bajar la tasa libre para acercarla lo más posible a la preferencial. Si bien la tasa de permuta lucía elevada, era una realidad que la tasa oficial de ese momento carecía de sentido, por estar altamente sobrevaluada. De allí que el objetivo de cerrar la enorme brecha existente entre ambas no podía buscarse a través de actuar exclusivamente sobre la del mercado libre. En ese momento manifestamos que si «se insiste en mantener el tipo de cambio preferencial actual, y en bajar a la fuerza la tasa del mercado paralelo a través de ventas masivas de dólares, todo fracasará después de un tiempo y de haberse incurrido en un alto costo, pues una vez que la gente se convenza de que se le acabó el oxígeno al gobierno, resurgirán las expectativas de rebote de la tasa libre, disparando la compra de dólares para protegerse de su inminente encarecimiento.››[93] Y eso fue lo que sucedió

Gráfico 11.7

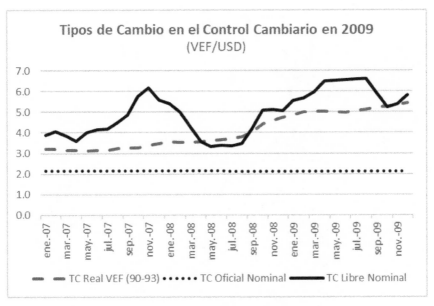

Fuente: CADIVI, VenezuelaFX

---

[93] Tomado del artículo *Racionalidad cambiaria*, de Pedro A. Palma, publicado en el diario **El Nacional** de Caracas el 17 de agosto de 2009. www.pedroapalma.com.

Capítulo 12

El Sitme, un nuevo esquema cambiario

El 8 de enero de 2010 se anunció una importante modificación del precio de las divisas preferenciales, el cual se había mantenido inalterado por cerca de 5 años en 2,15 bolívares fuertes por dólar.[94] Así, se establecieron dos tipos de cambios oficiales, uno a 2,60 bolívares fuertes por dólar y otro a 4,30 bolívares fuertes por dólar. El primero era aplicable a las compras externas del sector público, a las importaciones de primera necesidad, tales como alimentos, medicinas y otras relacionadas a la salud, maquinarias y equipos, libros y útiles escolares, ciencia y tecnología, siendo también aplicable a las trasferencias a familiares y a estudiantes, a las pensiones de jubilación, a los casos especiales y, finalmente, a las necesidades de los consulados y embajadas acreditadas en el país. La tasa de 4,30 bolívares fuertes por dólar, por su parte, se aplicaría al resto de las operaciones que se hicieran con divisas oficiales, tales como otras importaciones, remisión de dividendos, pagos de deuda externa reco-

---

[94] Desde marzo de 2005 y hasta fines de 2007 el tipo de cambio oficial era de 2.150 bolívares por dólar, equivalente a 2,15 bolívares fuertes por dólar.

nocida, cupos de viajeros y compras por internet. La asignación de las divisas preferenciales se haría de acuerdo con la política comercial establecida por el gobierno, adjudicándose estas por denominaciones arancelarias de productos.[95]

Si bien esa devaluación generó una importante corrección a la alta sobrevaluación de la tasa de cambio oficial, (ver Gráfico 11-6), también implicó la necesidad de registrar fuertes pérdidas cambiarias para múltiples empresas que, a pesar de contar con las aprobaciones de asignación de divisas para el pago de sus importaciones o para la remisión de sus utilidades y dividendos a sus casas matrices, hasta ese momento no se les había liquidado éstas al tipo de cambio de 2,15 bolívares fuertes por dólares para esos fines.

Durante los primeros meses de 2010 la tasa de cambio de permuta experimentó una fuerte y sostenida tendencia al alza, a pesar de los reiterados esfuerzos del BCV por reducirla y acercarla al tipo de cambio oficial. A tales fines, desde el 13 de enero el instituto emisor comenzó a hacer colocaciones esporádicas de unos bonos cero-cupón denominados en dólares con vencimiento a 90 días (los Bonos Cambiarios), que podían ser adquiridos en bolívares a la nueva tasa oficial de 4,30 bolívares fuertes por dólar, y a un precio equivalente a su valor nominal más una prima, asegurándole al tenedor una tasa cambiaria próxima al tipo de cambio oficial al vencimiento del bono. Sin embargo, estos esfuerzos no dieron los frutos deseados debido a que los montos ofertados seguían siendo relativamente escasos, habiéndose colocado 560 millones de dólares en

---

[95]   Ver **Reporte General** de MetroEconómica, diciembre de 2010.

14 convocatorias hechas por el BCV a lo largo de los 4 primeros meses de 2010.

La persistente subida del tipo de cambio de permuta alarmó a las autoridades cambiarias, quienes manifestaron que ello se debía a las actividades especulativas de varios operadores cambiarios, acusados de comerciar divisas sin que mediaran títulos valores, lo cual era ilícito. Si bien no se podía descartar la realización de algunas de estas operaciones consideradas ilegales, las razones principales del aumento de la tasa de permuta eran, por una parte, el aumento de la demanda de divisas en el mercado libre, que se había generado por las limitaciones al acceso a los dólares preferenciales impuestas en 2009 debido a los menores ingresos petroleros y, por la otra, las limitaciones cada vez más evidentes que tenía el BCV para actuar como oferente en ese mercado debido a la sostenida reducción de sus reservas internacionales, en buena medida producida por la masiva transferencia de 6.000 millones de dólares que tuvo que hacer al Fonden durante los primeros cinco meses de 2010.

El convencimiento de las autoridades gubernamentales de que muchos de los operadores cambiarios estaban realizando operaciones indebidas contribuyó a que se decidiera intervenir a varias casas de bolsa y sociedades de corretaje, desencadenándose una verdadera persecución contra estas organizaciones, con arbitrarios allanamientos policiales sin las debidas órdenes judiciales, y acusándoseles de realizar operaciones ilícitas, acusaciones que, en muchos casos, resultaron infundadas. Como parte de esas acciones, se procedió a detener a varios directivos de esas organizaciones sin existir las debidas órdenes de arresto, permaneciendo estos injustamente privados de libertad por varios meses o años.[96] Como producto de esa abusiva extralimitación gubernamental, un buen número de casas de bolsa cesaron operaciones y fueron liquidadas, implicando ello altos costos para sus accionistas e inversionistas.

A comienzos del mes de mayo, cuando el tipo de cambio de permuta superó los 8 bolívares fuertes por dólar, las autoridades decidieron declarar el cierre del mercado libre de divisas, y conferirle al BCV la competencia exclusiva para la venta y compra divisas por cualquier monto, incluyendo las transacciones de títulos denominados en moneda extranjera, que hasta ese momento se podían transar lícitamente en aquel mercado. A tales fines se reformó la Ley Contra los Ilícitos Cambiarios, incluyendo ahora en la definición de divisas a los títulos valores denominados en moneda extranjera, o que pudieran ser liquidados en moneda extranjera.[97]

El 18 de mayo de 2010 el ministro de Planificación y Finanzas y el presidente del BCV anunciaron que se estaba trabajando en la conformación de nuevo esquema cambiario que se aplicaría en los días siguientes, informando que las casas de bolsa y las sociedades de corretaje quedarían fuera del manejo de operaciones cambiarias. Otros voceros oficiales informaron que no se seguirían emitiendo nuevos Bonos Cambiarios por parte del BCV, y que la oferta de títulos se limitaría a los bonos ya emitidos por PDVSA y por la República, que para ese momento sumaban un monto acumulado cercano a los 43.000 millones de dólares, títulos que, se suponía, esta-

---

[96] Para una descripción de las acciones de las que fueron víctimas algunas de estas instituciones y sus directivos, ver **Síntesis del caso Econoinvest.** http://econoinverdad.blogspot.com/p/caso-grupo-econoinvest-resumen.html.

[97] *Gaceta Oficial* N° 5.975 Extraordinario, publicada el 17 de mayo de 2010.

ban en manos de múltiples organizaciones, esperándose que muchas de ellas los ofertaran a través del BCV.

12.1. Sistema de Transacciones con Títulos en Moneda Extranjera (Sitme)

En los primeros días de junio de 2010 entró en vigor un nuevo esquema cambiario conocido como el Sistema de Transacciones con Títulos en Moneda Extranjera (Sitme).[98] Bajo el nuevo esquema las instituciones autorizadas para servir como intermediarios cambiarios entre el público y el BCV eran los bancos universales y comerciales, así como las entidades de ahorro y préstamo, quedando excluidas, como ya había sido anunciado, las casas de bolsa y las sociedades de corretaje. Inicialmente, se estableció que el tipo de cambio oficial de las operaciones hechas a través de este sistema fluctuarían dentro de una banda, con un límite superior de 7 bolívares fuertes por dólar y uno inferior de 5, tasa que se determinaría diariamente por la relación entre la oferta y la demanda de divisas, de tal forma que si la oferta superaba a la demanda ésta se movería hacia el límite inferior y, en caso contrario, se desplazaría hacia el límite superior. Sin embargo, desde un principio, y durante toda la vigencia del Sitme, la tasa permaneció fija en un nivel de 5,30 bolívares fuertes por dólar.

Al nuevo sistema cambiario acudirían como oferentes los interesados en vender bonos públicos denominados en dólares, tales

---

[98] El 1 de junio de 2010 se estableció el Convenio Cambiario N° 18 entre el Ministerio de Planificación y Finanzas y el BCV, en el que se detallaban los detalles operativos del nuevo sistema cambiario. Este entró en vigor el 4 de junio, cuando fue publicado en la *Gaceta Oficial* N° 39.439.

como el Gobierno, PDVSA y BCV, o cualquier otro tenedor de esos títulos y, como demandantes, los interesados en adquirirlos a cambio de bolívares, debiendo ser estos últimos clientes de una institución autorizada con una antigüedad no menor de 45 días.

Se estableció que las personas jurídicas podían adquirir títulos hasta por un monto de 50.000 dólares diarios, con un límite máximo de 350.000 dólares mensuales, para la realización de importaciones de bienes e insumos de capital, bienes y servicios no incluidos en las listas 1 y 2 y, en caso de estar incluidos, cuando no hubiesen adquirido divisas autorizadas por CADIVI durante los 90 días previos al inicio de vigencia del Sitme.[99] Por otra parte, se dispuso que las personas naturales podían adquirir hasta 1.000 dólares mensuales para remesas a familiares hasta un máximo anual de 6.000 dólares, 5.000 dólares anuales para cubrir gastos de estudiantes en el exterior o para los gastos de viajes a otros países, y 10.000 dólares anuales para los casos especiales o para la adquisición de bienes requeridos para la prestación de servicios profesionales. Es importante mencionar que todas las operaciones vinculadas a las salidas de capital, así como a la remisión de utilidades y de dividendos quedaron excluidas del Sitme.

---

[99] En el mes de abril de 2010 el Ministerio de Planificación y Finanzas convino con varios otros ministerios del Poder Ejecutivo la elaboración de dos listas, en las que se enumeraban los bienes que podían obtener las autorizaciones para la adquisición de divisas (AAD) por parte de CADIVI. En la lista 1 se incluían los bienes que no requerían la obtención previa del Certificado de Insuficiencia ni del Certificado de No Producción Nacional para obtener las AAD, y en la lista 2, los bienes que sí requerían la obtención de esos certificados. Esas listas se publicaron en la *Gaceta Oficial* N° 39.396 del 5 de abril de 2010.

Con la implementación de este nuevo esquema cambiario se evidenció la intención cada vez más restrictiva y de control del gobierno en cuanto a la disponibilidad y acceso a las divisas por parte del sector privado. Por una parte, se ilegalizó el mercado libre, a donde habían migrado múltiples empresas, después de las restricciones adicionales impuestas por CADIVI en marzo de 2009, con el fin de adquirir lícitamente las divisas que requerían, llegándose a transar en ese mercado entre 80 y 100 millones de dólares diarios al momento de su ilegalización[100] y, por la otra, se impusieron restricciones y controles adicionales para la obtención de divisas a través de operaciones de permuta de títulos valores, ahora manejadas exclusivamente por el BCV.

12.2. La operatividad del Sitme

Desde muy temprano se hizo evidente la materialización de importantes limitaciones en el funcionamiento del Sitme. No solo se impuso el cumplimiento de una serie de engorrosos requisitos para acceder al sistema, tanto por el BCV como por los bancos que actuaban como operadores cambiarios,[101] sino que desde sus inicios aparecieron severos desbalances entre la oferta y la demanda de títulos valores. Por una parte, la demanda que se realizaba en el mercado libre antes de su ilegalización intentó migrar al nuevo sis-

---

[100] Se calcula que en 2009 el 40% de las importaciones se hicieron con dólares adquiridos en el mercado libre.

[101] Al inicio de operaciones del Sitme la banca exigía a las empresas que deseaban acceder al sistema algunos requisitos adicionales a los establecidos en el reglamento oficial emitido por el BCV. Entre estos estaba la inscripción en el Registro de Usuario para Importación de CADIVI (Rusad), y demostrar que la empresa solicitante había realizado importaciones desde hacía 6 meses o más.

tema donde, adicionalmente, los dólares se podían obtener a un precio substancialmente menor y, por la otra, la oferta se vio limitada desde un comienzo, no solo porque las condiciones de compraventa eran muy poco atractivas para los tenedores y potenciales oferentes de bonos, sino también porque la tenencia de títulos denominados en dólares en poder de la banca resultó ser mucho menor que lo inicialmente esperado. Si bien esas instituciones financieras se contaban entre los principales compradores primarios de los bonos de deuda pública denominados en moneda extranjera previamente emitidos, estas los habían negociado ulteriormente en los mercados secundarios, quedándoles una limitada cantidad de ellos para ofertarlos a través del Sitme.

Todo lo anterior obligó a que, tanto la República como PDVSA tuvieran que emitir importantes cantidades de nuevos bonos a los fines de cubrir, aun cuando de forma parcial, aquella deficiencia de oferta. Ello contribuyó a engrosar de manera importante la ya abultada deuda pública externa.[102]

---

[102] Según Vera (2018), en tan solo seis años, entre 2006 y 2012, se cuadruplicó la deuda pública externa de Venezuela, y desde 2011 el servicio anual de la deuda de la República y de PDVSA, sumado al de la deuda contraída con China, superaba los 15.500 millones de dólares, monto equivalente a casi el 20% de las exportaciones. Se calcula que desde 2005 a 2018 China ha prestado a Venezuela una cantidad de 67,2 millardos de dólares estadounidenses, siendo el país latinoamericano que mayores recursos ha recibido de la nación asiática. Esa deuda se ha servido con envíos de petróleo a China, a pesar de que PDVSA no ha sido el beneficiario de ese financiamiento. Ver *China-Latin America Finance Database*. Washington: Inter-American Dialogue.

Cuadro 12.1

Deuda Pública Externa en forma de bonos y pagarés
(Millones de USD)

Año	Monto	Var%
2009	33.193	
2010	39.255	18,3
2011	43.662	11,2
2012	48.869	11,9
Aumento porcentual entre 2009 y 2012: 47,2%		

Fuente: Banco Central de Venezuela

Paradójicamente, los nuevos bonos negociados a través del Sitme no solo le generaban unos pocos bolívares a quienes los emitían, ya que eran vendidos en moneda local al tipo de cambio oficial, sino que también eran muy onerosos, pues había que servirlos en dólares y pagaban rendimientos muy altos, con cupones que, en algunos casos, superaban el 12% anual. Adicionalmente, a través de este mecanismo se producían fugas de capitales en magnitudes de importancia estimuladas por el gobierno, pues para aquellos que tenían la posibilidad de adquirir estos bonos, —en muchos casos, personas afectas al oficialismo—, les resultaba muy beneficioso adquirir divisas por esta vía a un tipo de cambio que resultaba particularmente favorable.[103]

---

[103] Ver Reinhart - Santos (2015).

En las primeras semanas de operación del Sitme, el promedio diario de operaciones con bonos se ubicó en algo más de 26 millones de dólares, monto muy inferior al que se transaba en el mercado libre antes de su clausura que, como ya se dijo, estaba entre los 80 y 100 millones de dólares. A mediados de agosto de 2010 el Ministerio de Finanzas puso en venta bonos por un monto de 3.000 millones de dólares (Soberano 2022 con un cupón de 12,75%), pero la demanda más que triplicó ese monto, quedando demostrado las limitaciones del nuevo sistema para satisfacer las necesidades de divisas. Otro problema que se hizo evidente fue la discrecionalidad en la distribución de las colocaciones, favoreciéndose a las empresas de los llamados sectores estratégicos, como los de alimentos, medicinas y bienes de capital, a pesar de que estas tenían acceso a los dólares preferenciales administrados por CADIVI, siendo perjudicadas múltiples empresas de otros sectores que sólo pudieron adquirir montos menores que no cubrían sus necesidades, o que simplemente quedaron fuera de las asignaciones.

A fines de octubre de 2010 se repitió una situación similar, cuando PDVSA emitió nuevos bonos por un monto de 3.000 millones de dólares (PDVSA 2017 con un cupón de 8,50%), quedando esa oferta nuevamente muy por debajo de la demanda, que se acercó a los siete millardos de dólares. Se hacía evidente que las restricciones al acceso de divisas preferenciales administradas por CADIVI u ofrecidas a través del Sitme, creaban las condiciones para la materialización de un mercado paralelo, en este caso ilícito o negro, donde las divisas se transarían a un tipo de cambio muy superior a los tres tipos de cambio oficiales, es decir el de 2,60 bolívares fuertes por dólar, el de 4,30, también conocido como "petrolero", y el de 5,30 del Sitme.

A partir del 1 de enero de 2011 se eliminó el tipo de cambio preferencial de 2,60 bolívares fuertes por dólar, manteniéndose solo la tasa de 4,30 bolívares fuertes por dólar para para todas las operaciones que se realizaran a través de CADIVI. Eso implicó una devaluación de 39,5% del bolívar utilizado para la adquisición de divisas preferenciales para las importaciones de alimentos, medicinas, maquinarias y equipos, libros y útiles escolares, y las del sector público, así como el encarecimiento de 65,4% de los dólares preferenciales destinados a las transferencias a familiares y estudiantes en el exterior y a las pensiones de jubilación. Si bien esto simplificaba en algo el engorroso manejo del control de cambios, y corregía parcialmente la sobrevaluación cambiaria existente, también generaba presiones alcistas en los precios de múltiples productos, agravando el ya importante problema inflacionario.

Gráfico 12.1

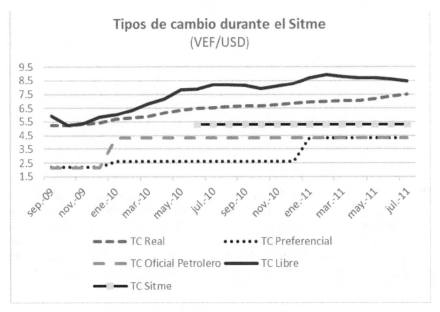

Fuente: Banco Central de Venezuela, Ecoanalítica

Otro aspecto que caracterizó al 2011 fue el alto nivel que alcanzaron los precios petroleros, los cuales ya venían experimentando fuertes aumentos desde el último trimestre del año precedente como consecuencia del estallido de la crisis política en el Medio Oriente conocida como la Primavera Árabe.[104] De hecho, el precio promedio de la cesta petrolera venezolana del 2011 fue de 101,06 dólares por barril, manteniéndose en ese entorno hasta mediados del año 2014.

Gráfico 12.2

Fuente: Ministerio de Energía y Petróleo

---

[104] En los últimos meses de 2010 comenzaron a darse una serie de manifestaciones y protestas en distintas naciones del mundo árabe que dieron como resultado cambios profundos en las realidades políticas de esos países. A esos acontecimientos se les conoce como la "Primavera Árabe". Ver: "Qué fue del Primavera Árabe: de la euforia a la indiferencia mediática", Tamara López Fernández, Universidad de Santiago de Compostela, Trabajo de fin de Máster. 2017.

A pesar de ello, las restricciones para el acceso a las divisas preferenciales de CADIVI y del Sitme continuaron. Así, las asignaciones de CADIVI solo mostraron un aumento de 5,2% con respecto al año precedente, siendo algunos sectores menos favorecidos que otros y, en algunos casos, ampliamente afectados, como fue el caso de las industrias de maquinarias y equipos, telecomunicaciones e informática quienes, durante el primer semestre del año, vieron reducidas esas asignaciones en un 40% con respecto a igual período del 2010. En el caso del Sitme tampoco se observaron mayores cambios, manteniéndose unos niveles de actividad modestos a lo largo de todo el año, siendo el promedio negociado en 2011 de 36 millones de dólares diarios.

Lo sucedido en la colocación del bono soberano 2031, emitido el 5 de agosto de 2011 por un monto de 4.200 millones de dólares y con un cupón de 11,95%, es indicativo de la realidad que se vivió en el acceso a las divisas preferenciales durante ese año. Al igual que en las ofertas anteriores, la demanda superó holgadamente a la oferta, siendo la banca pública la más favorecida en la adjudicación de los bonos subastados, quedándose con cerca del 50% del monto total ofertado. El resto se distribuyó entre personas naturales y jurídicas, pero de manera muy desigual. Así, las personas naturales y las empresas productoras de bienes no prioritarios recibieron hasta un máximo de 6.000 dólares, o quedaron excluidas por haber solicitado montos mayores, mientras que a las empresas que pertenecían a los sectores de alimentos, salud y bienes de capital que hubiesen presentado órdenes de compra entre 3.000 dólares y los 4,95 millones de dólares, se les adjudicó el 100% de lo solicitado.

Paradójicamente, las empresas consideradas no prioritarias eran las que más habían sufrido la escasez de divisas desde la ilegalización del mercado de permuta, pues muchas de ellas no tenían acceso a las divisas preferenciales de CADIVI, y eran abiertamente discriminadas o excluidas en los procesos de adjudicación de los bonos del Sitme. Esto les creaba severos problemas para obtener las divisas que requerían, viéndose obligadas a acudir al mercado negro. En muchos casos, estas organizaciones no podían trasladar a sus precios el alto costo de las divisas que adquirían en ese mercado debido a los rígidos controles que les imponía el gobierno, entre los cuales estaba la decisión arbitraria de reconocer como costo de un dólar no oficial el tipo de cambio Sitme, es decir 5,30 bolívares fuertes por dólar, aun cuando esas empresas no hubiesen tenido la oportunidad de adquirir dólares a ese precio. Eso les generaba pesadas cargas a esas organizaciones, además de altos riesgos de ser severamente sancionadas por realizar operaciones de cambio no permitidas.[105]

Esto último influyó para que las grandes corporaciones se abstuviesen de realizar compras de divisas en el mercado negro, o las redujesen de forma importante, contribuyendo ello a evitar que el precio del dólar subiera con fuerza, a pesar de las restricciones de oferta que allí se materializaron, entre otras razones, por el impedimento que ahora tenían PDVSA y otras empresas públicas y privadas de poder actuar en ese mercado. De hecho, después de la ilegalización del mercado de permuta en mayo de 2010, el tipo de cambio en el mercado negro tuvo un comportamiento muy estable, que se prolongó a lo largo de todo el año 2011 y primeros ocho meses de 2012. Sin embargo, como era lógico prever, esta estabilidad no

---

[105] Ver la Nota Especial de Coyuntura de Ecoanalítica: "Adjudicación de Bono 2031: se exacerba la restricción de divisas", escrita por Asdrúbal Oliveros, y publicada el 1 de agosto de 2011.

podía mantenerse indefinidamente, produciéndose a partir de septiembre de ese último año un fuerte y sostenido aumento de esa tasa. (Ver Gráfico 12.3).

Esto se debió, por una parte, a una restricción adicional de oferta de divisas debido a la suspensión de actividades de la mesa de dinero que abastecía semanalmente al mercado libre y, por la otra, al incremento desmedido de la demanda, estimulada por la incertidumbre política reinante en ese año electoral, y por la abundancia de liquidez producida por un crecimiento muy intenso del gasto público.

Como se sabe, en octubre de 2012 se celebraron unas elecciones presidenciales en las que Hugo Chávez buscaba su reelección, ratificación que era de fundamental importancia para la preservación de su proyecto político, dado su precario y terminal estado de salud, que culminó con su fallecimiento pocos meses después de celebrarse los comicios en los que resultó reelegido. Eso llevó a la materialización de un desenfreno fiscal en 2012 que, exacerbó el desequilibrio de las finanzas gubernamentales, produjo un crecimiento desmedido de las importaciones del sector público, aumentó intensamente la deuda pública, y contribuyó al desbordamiento de la corrupción.

Con respecto a este último punto, fue tan desmedido el estragamiento que se produjo que, de acuerdo a información divulgada por altos personeros del gobierno, las asignaciones de divisas preferenciales por parte de las autoridades cambiarias a empresas ficticias alcanzaron ese año un monto de veinte millardos de dólares.[106]

---

[106] Ver el artículo *Corrupto corrompe*, **Revista Dinero**. 20 de octubre de 2014.

De acuerdo a cifras del BCV, las importaciones de 2012 se acercaron a 66 millardos de dólares, monto desproporcionadamente alto para el tamaño de la economía, por lo que es lógico inferir que buena parte de esa suma fueron falsas importaciones, producto de la desmesurada corrupción existente.

A pesar de todo lo anterior, y de haber alcanzado el precio anual promedio de exportación de la cesta petrolera venezolana un nivel superior a los 103 dólares por barril ese año, —el mayor de la historia—, el acceso a las divisas por parte del sector privado fue muy restringido, ya que, por una parte, las liquidaciones de divisas de CADIVI se mantuvieron en los limitados niveles del año precedente y, por la otra, las asignaciones a través del Sitme se mantuvieron en niveles bajos pues, aun cuando a comienzos del año estas se acercaron a los 42 millones de dólares diarios (un aumento de algo más de 17% con respecto al promedio del año precedente), en los últimos meses de 2012 estas se habían reducido a menos de 28 millones de dólares por día, ya que cada vez escaseaban más los bonos que se ofertaban, llegando en el mes de enero de 2013 a tan solo 15,7 millones.

12.3. El fin del Sitme

A comienzos de 2013 estaban presentes en la economía múltiples desequilibrios, destacando entre ellos los existentes en los ámbitos cambiario y fiscal. El primero estaba caracterizado por las crecientes limitaciones al sector privado para acceder a las divisas, por la sobrevaluación de los tipos de cambio oficiales, y por el comportamiento dislocado del precio del dólar en el mercado paralelo. El desequilibrio fiscal, por su parte, se caracterizaba por la existencia de déficits muy elevados que habían contribuido a inflar notablemente la deuda pública, tanto externa como interna, y por el financiamiento de altos y crecientes montos de gasto deficitario por el BCV, institución que había perdido su autónoma y estaba supeditada a las órdenes del Poder Ejecutivo.[107] Paradójicamente, esos desequilibrios se estaban materializando en momentos en los que se estaban percibiendo los más altos ingresos por la exportación petrolera debido a los elevados precios que entonces existían. Esa situación llevaba a la conclusión de que se hacía imperativa la aplicación de ciertos correctivos, a los fines de afrontar los problemas y desbalances existentes.

El viernes 8 de febrero de 2013 el gobierno anunció, por una parte, el aumento del tipo de cambio preferencial de CADIVI, pasándolo de 4,30 bolívares fuertes por dólar a 6,30,[108] lo cual sig-

---

[107] Las enmiendas hechas a la Ley del Banco Central de Venezuela en los años 2005 y 2009 eliminaban de hecho la autonomía de esa institución, poniéndola a la merced de los intereses del Poder Ejecutivo para financiar gasto público, lo cual, además de ir en contra de un principio económico básico, violaba un mandato constitucional que, taxativamente, prohíbe al BCV financiar déficits públicos. Así, después de la modificación de la ley de 2009 se conminaba al BCV a financiar programas determinados por el Ejecutivo como prioritarios.

[108] Ver el reportaje *El Gobierno devalúa el bolívar y endurece el control de cambio*. **El Universal**, sábado 9 de febrero de 2013. En esa fecha se informó que aquellas empresas que hubiesen solicitado divisas a CADIVI para la realización de importaciones después del 15 de julio de 2012 o después del 15 de octubre de 2012, y que contaran con la autorización de adquisición de divisas (AAD) al 8 de febrero de 2013, podrían adquirir estas al tipo de cambio de 4,30 bolívares por dólar. Igualmente, se aplicaría ese tipo de cambio para la adquisición de moneda extranjera en respuesta a solicitudes presentadas a CADIVI antes del 8 de febrero de 2013 destinadas al pago de gastos en el exterior de estudiantes, de salud, deportes, cultura, investigaciones científicas y otros casos de especial urgencia, así como pagos a jubilados, remesas familiares, y otros. Para un listado detallado de estas autorizaciones ver el Convenio Cambiario número 14, *Gaceta Oficial* N° 40.108, 8 de febrero de 2013.

nificó una devaluación de 31,7% del bolívar destinado a la compra de esos dólares preferenciales y un encarecimiento de 46,5% de esa divisa y, por la otra, el fin del Sitme, aduciendo el presidente del BCV que no tenía sentido mantener un sistema cambiario que provocaba el endeudamiento público para nutrirlo.

Gráfico 12.3

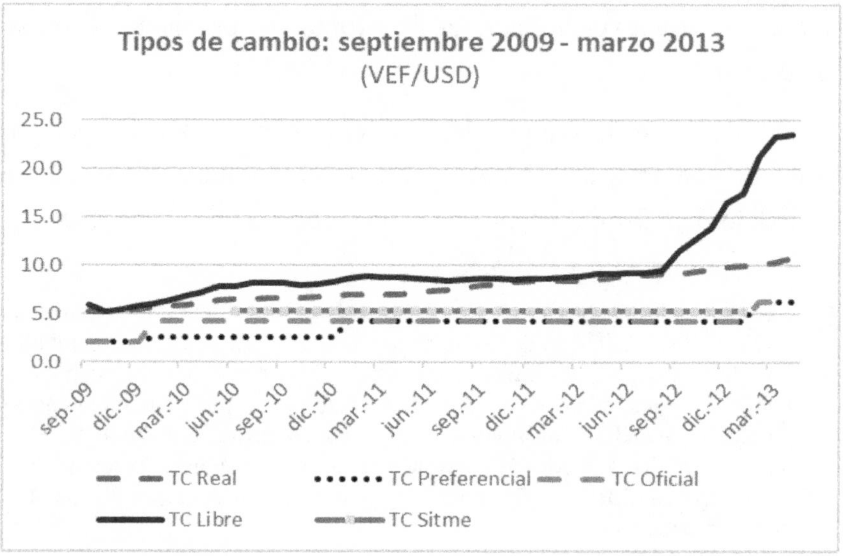

Fuente: Banco Central de Venezuela, Ecoanalítica y MetroEconómica

Adicionalmente, se comunicó la creación de un órgano superior para la optimización del sistema cambiario, anunciándose al día siguiente la instalación del Órgano Superior de Optimización del Sistema Cambiario, el cual estaría encargado de ejercer un control más estricto del uso de las divisas manejadas por CADIVI, de establecer las prioridades para la asignación de las divisas, y de la coordinación para el eficiente manejo del flujo de divisas provenientes del sector público y del privado.[109] Si bien se buscaba con este nuevo ente afrontar la desbocada corrupción existente, ello se pretendía lograr a través de la creación de un organismo que controlara a la entidad contralora del control de cambios, en línea con los absurdos principios gubernamentales de alcanzar la optimización de la asignación de los recursos a través de la profundización de las imposiciones, las restricciones y las amenazas de severos castigos a los que incumplieran las normas establecidas, aun cuando estas fueran arbitrarias, injustificadas y violatorias del estamento legal.

El ajuste del tipo de cambio preferencial de CADIVI era por demás necesario, ya que había que corregir el alto nivel de sobrevaluación implícito en ese tipo de cambio, tasa que se había mantenido inalterada por más de dos años, a pesar de existir una inflación interna muy superior a la de los países de donde procedían los productos que se importaban.[110] Eso había contribuido a afectar la capacidad competitiva del aparato productivo interno, no solo como consecuencia del elevado aumento de sus costos de producción, tanto en bolívares como en dólares, sino también por las restricciones que sufrían las empresas para acceder a las divisas que requerían, y por los severos controles de precios y de otra índole que les imponía el gobierno.

Otro factor que contribuía a la necesidad de devaluar era la amplia brecha existente entre los tipos de cambio de CADIVI y libre,

---

[109] Convenio Cambiario número 14, artículo N° 12.

[110] De acuerdo con el BCV, la inflación a nivel de consumidor de 2011 y 2012 fue 27,2% y 20,1% respectivamente.

lo cual estimulaba la demanda de dólares preferenciales artificialmente baratos, contribuyendo ello al florecimiento de la corrupción y a generar una escasez cada vez mayor de esas divisas. Adicionalmente, el ajuste de la tasa preferencial contribuía a mitigar el desequilibrio fiscal, pues le generaba mayores ingresos al fisco y diluía la deuda pública interna.[111]

No obstante, y al igual de lo que sucedió a comienzos de 2010, la devaluación generó cuantiosas pérdidas a múltiples empresas multinacionales, quienes vieron mermadas sus ganancias de 2012 y reducidos sus dividendos de años anteriores por no contar con la aprobación de CADIVI. Eso les impidió adquirir las divisas requeridas para enviar dichos dividendos a sus respectivas casas matrices al tipo de cambio de 4,30 bolívares fuertes por dólar.[112]

El 13 de febrero de 2013 se publicó una resolución en la que se ampliaba y actualizaba el permiso a las personas naturales y jurídicas residenciadas en Venezuela de mantener cuentas en los bancos universales locales, a la vista o a término, denominadas en divisas, complementando o ajustando lo ya establecido en el Convenio Cambiario Nº 20 y en la Resolución del BCV Nº 12-09-01 de fecha 4 de septiembre de 2012.[113] En principio, esa decisión favorecería a

---

[111] Ver el artículo *Por qué hay que devaluar*, de Pedro A. Palma, publicado en el diario **El Nacional** el 17 de diciembre de 2012. www.pedroapalma.com.

[112] Varias empresas multinacionales reportaron pérdidas de varios cientos de millones de dólares, llegándose al extremo de Telefónica, compañía española que informó que la disminución de sus activos netos en Venezuela, producto de la devaluación de febrero de 2013, tendría un impacto sobre el patrimonio del grupo de aproximadamente 1.000 millones de euros.

[113] Ver *Gaceta Oficial* Nº 40.109 del 13 de febrero de 2013, y número 40.002 del 6 de septiembre de 2012.

las personas naturales y jurídicas privadas, pues les permitiría obtener dólares preferenciales aun cuando no tuvieran cuentas bancarias en moneda extranjera en el exterior —lo cual era un requisito inicial para realizar operaciones en el Sitme— y, a la vez, les facilitaría el acceso y las transferencias de las divisas adquiridas desde y hacia Venezuela. Sin embargo, en la realidad, las operaciones con estas cuentas bancarias resultaron muy ineficientes, particularmente en períodos de escasa disponibilidad de moneda extranjera, en cuyo caso se hacía prácticamente imposible tener acceso a las divisas allí depositadas.

Después de eliminarse el Sitme, se anunció que las empresas que adquirían divisas a través de ese sistema serían atendidas por CADIVI, lo cual causó preocupación en el empresariado, dados los elevados retrasos en la aprobación y liquidación de las divisas manejadas por ese organismo y la exclusión de sectores considerados como no prioritarios, por lo que se temía que la escasez de moneda extranjera y el desabastecimiento de productos podría agravarse de forma notoria.

Otro problema que entonces existía era que las líneas de crédito foráneas estaban cerradas, ya que no existía un mercado de divisas alternativo legal, y en CADIVI se habían acumulado solicitudes no aprobadas por un monto de 8.800 millones de dólares, aproximadamente. De allí que urgía que el Sitme fuera sustituido por un sistema alternativo que solventara las trabas existentes.

Capítulo 13

El Sistema Complementario de Adquisición de Divisas (Sicad) sustituye al Sitme

El 18 de marzo de 2013, en rueda de prensa, el ministro para la Planificación y Finanzas, Jorge Giordani, el presidente del BCV, Nelson Merentes, y el ministro de Petróleo y Minería, Rafael Ramírez, informaron acerca de la creación del Sistema Complementario de Adquisición de Divisas (Sicad), el cual sustituiría al Sitme. Este consistiría en un esquema de subastas periódicas de moneda extranjera destinadas a proveer de divisas a las empresas que las requieran para realizar importaciones para el sector real de la economía, subastas que se realizarían de acuerdo el método Vickrey[114], pero con modificaciones. El nuevo sistema cambiario estaría regulado por los términos y condiciones establecidos por el Órgano Superior

---

[114] En las subastas tipo Vickrey, o subastas con sobre cerrado al segundo precio, los participantes proponen un precio en sobre cerrado, sin conocer las otras ofertas, resultando ganador quien haya ofrecido el precio más alto; sin embargo, éste no paga el precio que ofertó, sino el segundo precio más alto que se haya propuesto. De esta forma, cuando el participante prepara su oferta sabe que, de resultar ganador, no va a influir en el precio. Ver: Durá Juez (2003) y Fernández (2013).

para la Optimización del Sistema Cambiario, y sería administrado por el BCV, participando también los agentes financieros autorizados y las empresas participantes, las cuales tendrían que estar incluidas en el Registro de Usuarios del Sistema de Administración de Divisa (Rusad), y activas ante el Sistema Nacional Integral de Administración Aduanera y Tributaria (Seniat), es decir, que fueran contribuyentes fiscales.

13.1. Nacimiento del Sistema Complementario de Adquisición de Divisas (Sicad) y el Órgano Superior para la Optimización del Sistema Cambiario

En el Convenio Cambiario número 21 del 22 de marzo de 2013 quedó plasmado el papel protagónico que tendría el Órgano Superior para la Optimización del Sistema Cambiario en el manejo del Sicad, institución que tendría la facultad de regular los términos y condiciones de las subastas de divisas provenientes de los ingresos petroleros, los requisitos que debían cumplir las empresas importadoras para participar y obtener divisas a través de este sistema, la adjudicación de las divisas, las normas según las cuales serían liberadas y liquidadas las mismas, así como la verificación, seguimiento y control de las importaciones que se realizaran con dólares obtenidos a través del Sicad.[115] De esta forma se intentaba, por una parte, racionalizar el nivel de las importaciones, las cuales habían experimentado aumentos muy intensos en los últimos años, llevando al convencimiento de miembros del alto Gobierno de que las mismas eran desproporcionadamente elevadas para las dimensiones

---

[115] Ver Convenio Cambiario N° 21, publicado en la *Gaceta Oficial* N° 40.134 del día 22 de marzo de 2013.

de la economía y, por la otra, eliminar las prácticas ilícitas del pasado, a través de las cuales se desviaron miles de millones de dólares preferenciales hacia empresas ficticias para el financiamiento de supuestas importaciones que nunca se realizaron o que se hacían en forma simulada, proliferando la corrupción y el desvío de fondos en beneficio de personas conectadas al régimen político.

En la semana comprendida entre el 25 y 29 de marzo de 2013 se celebró la primera subasta del Sicad, ofreciéndose 200 millones de dólares. En esa oportunidad solo podían participar empresas importadoras que requirieran dólares para realizar sus compras externas, pudiendo solicitar un monto mínimo de 30.000 dólares y un máximo de 2 millones, ofreciendo precios que no podían ser inferiores a la tasa de cambio oficial, es decir, 6,30 bolívares fuertes por dólar. En esa subasta resultaron favorecidas 383 empresas, alcanzándose un tipo de cambio promedio en torno a los 13 bolívares fuertes por dólar, lo cual, si bien implicaba un importante ajuste cambiario, ya que se pasaba de un tipo de cambio del Sitme de 5,30 bolívares fuertes por dólar a otro de 13 bolívares fuertes del nuevo Sicad, ese tipo de cambio estaba muy distante de la tasa libre, la cual se ubicaba en ese momento en 22,90 bolívares fuertes por dólar.

Es importante destacar que múltiples empresas, particularmente las pequeñas y medianas, se vieron impedidas de participar en esta primera subasta debido a que no pudieron cumplir con todos los requisitos exigidos, en especial con la presentación de un aval por el 100% de las divisas solicitadas, debiéndose esto a los estrictos requerimientos demandados por los bancos para la apertura de cartas de crédito. También quedaron fuera las personas naturales, quienes sí tenían posibilidad de participar en el Sitme; esto exacerbó las incertidumbres, ya que, las limitaciones cada vez mayores de   CADIVI y el mantenimiento de la ilegalidad del mercado paralelo, prácticamente le eliminaban al grueso de la población las posibilidades de acceder lícitamente a las divisas.

Adicionalmente, el nuevo sistema nacía en un ambiente económico y financiero muy adverso, caracterizado por una tasa de inflación en expansión, por una mayor escasez de bienes y servicios, por un retraso promedio de 150 días en la liquidación de divisas aprobadas por CADIVI, y un compromiso no cumplido de suministro de divisas preferenciales con el sector privado que se estimaba en 9.500 millones de dólares.[116]

Gráfico 13.1

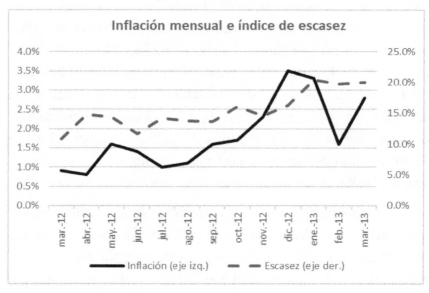

Fuente: Banco Central de Venezuela

---

[116]   Ver Ecoanalítica, Informe: Entorno y Política Cambiaria, mayo 2013.

En los días que siguieron a la elección presidencial del 14 de abril de 2013, en la que, según el CNE, resultó ganador Nicolás Maduro por un estrecho margen sobre Henrique Capriles, el ahora presidente electo anunció su equipo de gobierno, manteniendo muchos de los ministros en funciones, entre ellos a Jorge Giordani, pero solo como ministro de Planificación y como vicepresidente de Planificación Estratégica. Entonces se designó a Nelson Merentes como nuevo ministro de Finanzas y vicepresidente de Economía, y a Edme Betancourt como nueva presidenta del BCV. Estas decisiones apartaban a Giordani del manejo de la cuestión cambiaria, manejo en el que se había vuelto protagónico con la creación del Órgano Superior de Optimización del Sistema Cambiario, institución concebida y dirigida por él, a la cual, como ya se dijo, se le habían asignado tareas clave para el manejo del Sicad.

En las semanas que siguieron, la agenda política acaparó la atención del gobierno debido al rechazo de la oposición al resultado de la elección, y a la presión internacional para que se realizara una auditoría exhaustiva de esos comicios. Esa situación, combinada con divergencias dentro del gabinete económico, contribuyó a que se paralizara la implementación del nuevo sistema cambiario, y que tan solo se lograra ver alguna reactivación en las actividades de CADIVI, aunque marginal. Ello agravó la situación de escasez de divisas, el desabastecimiento de bienes y de servicios, y azuzó la tendencia alcista del tipo de cambio en el mercado paralelo, todo lo cual contribuyó al recrudecimiento de la inflación. Era urgente que se pusiera en marcha un sustituto al Sitme, el cual había cubierto durante su vigencia un porcentaje relativamente importante de las importaciones privadas.

No fue sino hasta comienzos del segundo semestre de 2013 cuando se dieron los primeros pasos para reactivar el Sicad, dando así inicio a lo que se podría identificar como la segunda etapa de este. En efecto, el 2 de julio entró en vigor el Convenio Cambiario número 22,[117] en el que se establecían los lineamientos bajo los cuales se realizarían las subastas de divisas a través de ese sistema cambiario, siendo publicados al día siguiente las normas establecidas por el BCV bajo las cuales funcionaría este.[118]

En el Convenio Cambiario número 22 se establecía que en las subastas podían participar como oferentes de divisas o de títulos valores denominados en moneda extranjera autorizados por el BCV, personas naturales y jurídicas del sector privado, así como la República, el BCV o cualquier otro ente público debidamente autorizado por el Directorio del BCV. La venta de las divisas o de los títulos valores tenía que hacerse a través de las instituciones autorizadas por el instituto emisor, y la oferta de divisas provenientes de la República debía venir de posiciones mantenidas por el Fonden u otros órganos y entes del sector público. Del lado de la demanda, solo podían presentar posturas las personas naturales y jurídicas que se determinaran en cada convocatoria, y las cotizaciones no podían ser inferiores al tipo de cambio oficial de 6,30 bolívares fuertes por dólar.

Correspondía al BCV determinar la metodología para la adjudicación de las divisas, y los montos mínimos y máximos por pos-

---

[117] Ver *Gaceta Oficial* N° 40.199 del 2 de julio de 2013.
[118] Ver Resolución del BCV N° 13-07-03, publicada en la *Gaceta Oficial* N° 40.200 del 3 de julio de 2013.

tura de compra, los cuales serían anunciados en las convocatorias de cada subasta. Igualmente, se estableció que en el caso de subastas especiales de divisas provenientes de ingresos de la República, el monto que resultase de multiplicar las divisas adjudicadas por el diferencial en bolívares entre la tasa de la postura adjudicada y el tipo de cambio oficial, sería dirigido a un fondo del Ejecutivo Nacional destinado al financiamiento de gasto público.[119] La liquidación de las divisas adjudicadas sería hecha a través de las instituciones autorizadas que hubiesen presentado las posturas respectivas.

Entre las normas bajo las cuales funcionaría el Sicad se incluía la obligación, para todos los interesados en realizar posturas de adquisición o venta de divisas o de títulos valor a través de ese sistema, de estar inscrito en el Registro de Usuarios del Sicad (Rusicad), el cual sería administrado por el BCV. De esta forma se eliminaba el requisito de estar inscrito en el Registro de Usuarios del Sistema de Administración de Divisas (Rusad), anunciado en febrero de 2013.

Además, desaparecía el Órgano Superior para la Optimización del Sistema Cambiario como ente central para la regulación y control del Sicad. También se eliminó el requisito de las cartas de crédito, y se estableció que las personas naturales podrían adquirir un monto máximo efectivo anual de 3.000 dólares para gastos de viajes al exterior, y hasta un máximo de 5.000 dólares para cubrir gastos de estudiantes, salud, deporte, cultura e investigación. Solo las personas naturales o jurídicas residenciadas o domiciliadas en el

---

[119] Interpretación del ambiguo texto del Artículo 5 del Convenio Cambiario N° 22.

territorio nacional podían hacer posturas para la adquisición de divisas o títulos valores denominados en moneda extranjera a través de este sistema, pero los oferentes del sector privado podían estar residenciados dentro o fuera del territorio nacional.

Una vez conocidos los resultados de las subastas, las instituciones autorizadas informarían a sus clientes los resultados de sus solicitudes de compra o venta. Los montos en bolívares correspondientes al pago de las posturas adjudicadas se liquidarían a través del BCV, institución que procedería luego a acreditar a las instituciones autorizadas de los clientes las divisas adjudicadas, para su transferencia a las cuentas en moneda extranjera indicadas por los solicitantes, cuentas que podían estar ubicadas en el sistema bancario nacional o en el exterior.

Finalmente, las personas jurídicas interesadas en obtener divisas a través del Sicad tenían que haber tenido actividad fiscal en el ejercicio fiscal inmediatamente anterior al que correspondiera la convocatoria, de acuerdo con información suministrada por el Servicio Nacional Integrado de Administración Aduanera y Tributaria (Seniat).

13.2. El Sicad en su segunda etapa[120]

A los pocos días de haber entrado en vigor el Convenio Cambiario número 22, el BCV anunció que se realizarían dos subastas por mes, siendo convocada la primera de ellas el 11 de julio. En

---

[120] Parte de esta sección se basa en un trabajo de la economista Anabella Abadí, publicado en el Portal Prodavinci, donde se hace un sucinto pero informativo análisis acerca de la evolución del Sicad en la segunda mitad del año 2013. Ver Abadí (2014).

cada una de las dos que se celebraron en el mes de julio se subastaron algo más de 200 millones de dólares, aumentando esta cifra de manera significativa en la tercera, celebrada en agosto, cuando se ofertaron bonos de PDVSA 2035. Sin embargo, después de esta tercera subasta pasaron dos meses en los que no se convocó ninguna adicional.

El 10 de octubre el ministro Rafael Ramírez informó que a partir de la segunda quincena de ese mes se celebrarían subastas semanales en las que se ofertarían 100 millones de dólares en cada una de ellas. De hecho, durante la segunda quincena de octubre se realizaron 3 subastas, 4 en noviembre y 4 en diciembre. Si bien en las primeras 8 la oferta de divisas subastada estuvo en el orden de los 100 millones de dólares, en línea con la promesa gubernamental, en las tres últimas de diciembre los montos ofrecidos fueron mucho menores y en cantidades decrecientes.

Gráfico 13.2

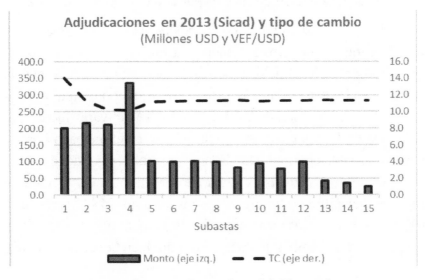

Fuente: Cencoex y Banco Central de Venezuela

Si a las 14 subastas del segundo semestre de 2013 le agregamos la que se celebró a fines de marzo, se concluye que durante todo ese año se asignaron a través de este sistema 1.757,6 millones de dólares, de los cuales solo el 2% provino del sector privado. A su vez, el 90% de las divisas asignadas fueron adquiridas por personas jurídicas y el 10% por personas naturales. El monto total asignado a través del Sicad en 2013 equivalió a 18,7% de lo que se adjudicó a través del Sitme en 2012, año en el que, como ya se dijo, las asignaciones de divisas se habían reducido de forma importante con respecto a los dos años precedentes.

En otras palabras, con el Sicad no solo continuó la restricción de la venta de divisas al sector privado, sino que se agravó de forma notable, a pesar de que el precio promedio de exportación de la cesta petrolera venezolana de ese año estaba en niveles muy altos, (99,49 dólares por barril). De hecho, los 1.585 millones de dólares asignados a personas jurídicas equivalieron a solo 5,25% de las importaciones de bienes ejecutadas por el sector privado ese año.

A lo largo de 2013 continuó operándose el intenso aumento del tipo de cambio libre, ensanchándose la brecha de esa tasa con el tipo de cambio oficial de 6,30 bolívares fuertes por dólar, —el cual se mantuvo inalterado durante todo el año—, y con el tipo de cambio del Sicad, que osciló entre los 11 y los 12 bolívares fuertes por dólar. De hecho, en enero el tipo de cambio en el mercado libre se mantuvo estable en torno a los 17 bolívares fuertes por dólar, pero a partir de febrero comenzó a subir de forma continua, cerrando a fines de diciembre en un nivel algo mayor a los 64 bolívares fuertes, es decir, 10 veces más que el tipo de cambio oficial y más de 5 veces el tipo de cambio del Sicad. Por ello, bien puede decirse que, al igual que en el caso del Sitme, el Sicad fracasó en el anunciado objetivo de reducir y dominar el tipo de cambio libre.

Adicionalmente, al cierre de 2013 se habían agravado los desequilibrios que padecía la economía al inicio del año en materia fiscal, cambiaria, monetaria y financiera, petrolera y real, pues no se implementaron las necesarias medidas de ajuste con el fin de afrontarlos y corregirlos, teniendo esto importantes consecuencias. Así, se agravaron los problemas de desabastecimiento y de restricción de la actividad productiva en respuesta a la profundización de problemas y obstáculos, tales como: las crecientes restricciones para acceder a las divisas, a pesar de los altos precios petroleros; los severos controles de precios, producción y distribución que se imponían a las empresas; y, la actitud cada vez más hostil a la iniciativa económica privada. Esto, combinado con la dislocada expansión monetaria debido al desequilibrio fiscal y al masivo financiamiento de gasto público deficitario por el BCV, generó un notable recrudecimiento inflacionario a lo largo del año.

Por otra parte, el desequilibrio cambiario se agravó debido a la oferta cada vez más limitada de moneda extranjera, tanto a través de CADIVI como del Sicad, así como a la elevada demanda de dólares preferenciales, la cual se vio estimulada por:

- la desproporcionada sobrevaluación de los tipos de cambio oficiales
- la pronunciada y creciente divergencia entre las tasas oficiales y la del mercado paralelo
- la abundancia de liquidez interna
- las tasas de interés reales negativas, y
- las expectativas de devaluación existentes.

Todo ello llevaba a la conclusión de que, de persistir el control cambiario, era de inminente necesidad ajustar los tipos de cambio preferencial y de Sicad, y dinamizar las operaciones de ese sistema.

El 29 de noviembre de 2013 se creó el Centro Nacional de Comercio Exterior (Cencoex)[121], institución adscrita a la Vicepresidencia del Área Económica, cuyo objeto era desarrollar e instrumentar las políticas de administración de divisas, de exportaciones e importaciones, de inversiones extranjeras y de inversiones en el exterior. Tanto CADIVI, como el Sicad pasaron a estar bajo el control directo del Cencoex.

Cuadro 13.1

Autorizaciones de Liquidación de Divisas por CADIVI (Millones de USD)

	Total		Variación
	2013	2012	2012-2013
Importaciones	21.128	26.018	- 18,8%
Operaciones financieras	1.288	1.464	- 12,0%
Otras operaciones	2.218	2.342	- 5,3%
Tarjetas de crédito y efectivo	5.113	3.331	53,5%
Total Autorizado	29.747	33.155	-10,3%

Fuente: Memoria y Cuenta Ministerio de Finanzas y Ecoanalítica

[121] Ver Decreto N° 601, publicado en la *Gaceta Oficial* N° 6.116 Extraordinario del 29 de noviembre de 2013.

Gráfico 13.3

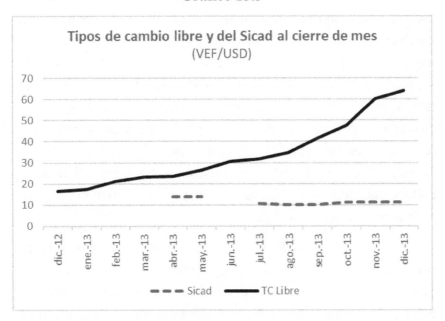

Fuente: Banco Central de Venezuela

En los últimos días de diciembre de 2013 fueron publicadas en Gaceta Oficial[122] varias resoluciones, según las cuales la tasa de cambio de Sicad sería aplicable a la venta de divisas provenientes de actividades distintas a la exportación y comercialización de hidrocarburos por parte de PDVSA, de sus empresas filiales y de las empresas mixtas del área petrolera. También se aplicaría esa tasa a la venta de divisas generadas por empresas dedicadas a la exportación minera, así como a las operaciones de compra de oro por parte del BCV. Adicionalmente, el tipo de cambio del Sicad se aplicaría a los dólares traídos por turistas procedentes del exterior.

---

[122] Ver *Gacetas Oficiales* N° 40.317 y 40.324, esta última contentiva del Convenio Cambiario número 24.

El 8 de enero de 2014 el BCV convocó a la primera subasta Sicad del nuevo año por un monto de 90 millones de dólares, limitando la participación de las personas jurídicas a las empresas que requirieran importar equipos y repuestos automotrices, así como insumos y materias primas para la producción de productos de molinería, papel, cartón, madera, farmacéuticos y oftalmológicos. En cuanto a las personas naturales, solo podían participar aquellas que requirieran divisas para cubrir gastos en el exterior por razones educativas, de salud, para investigaciones científicas, deportes y cultura, quedando excluidas las personas que requerían divisas para realizar viajes turísticos al exterior.

El 17 de enero de 2014 fue designado Rodolfo Marco Torres como nuevo ministro de Finanzas, decidiéndose cambiar el nombre de ese despacho a Ministerio del Poder Popular para la Economía, Finanzas y Banca Pública. Nelson Merentes retornó a la presidencia del BCV.

El 17 de febrero el Cencoex convocó a la segunda subasta de 2014 por un monto de 220 millones de dólares, invitando solamente a personas jurídicas activas en las áreas de textiles, confección, calzado, electrodomésticos, electrónica y computación.

13.3. Ley de Régimen Cambiario y sus Ilícitos y el nuevo Sicad II

El 19 de febrero de 2014 entró en vigor la Ley de Régimen Cambiario y sus Ilícitos,[123] que sustituía a la Ley Contra los Ilícitos

---

[123] Ver *Gaceta Oficial* N° 6.126 Extraordinario del 19 de febrero de 2014.

Cambiarios, vigente desde el 17 de mayo de 2010 y parcialmente reformada a comienzos de diciembre de 2013.[124]

En la nueva ley se ordenaba la suspensión de la Comisión de Administración de Divisas (CADIVI), creada a comienzos de la imposición del control cambiario en febrero de 2003, pasando la administración de dicho control al Centro Nacional de Comercio Exterior (Cencoex), institución que quedaba encargada de asignar y fiscalizar las divisas destinadas a la adquisición de bienes y servicios declarados como de primera necesidad, constituidos por los alimentos, las medicinas, la vivienda y la educación.

Entre los cambios relevantes introducidos en la nueva ley estaba lo establecido en su Artículo N° 9, según el cual, las personas naturales o jurídicas demandantes de divisas, tendrían ahora la posibilidad de adquirirlas a través de transacciones en moneda extranjera ofertadas por personas naturales y jurídicas del sector privado, por PDVSA, por el BCV o por cualquier otro ente público debidamente autorizado por el ministerio con competencia en materia de finanzas. Esto, por un lado, despenalizaba las operaciones en

---

[124] El 4 de diciembre de 2013 se publicó en la *Gaceta Oficial* N° 6.117 Extraordinario un decreto en el que se reformaba parcialmente la Ley Contra los Ilícitos Cambiarios (LCIC), vigente desde 17 de mayo de 2010 (*Gaceta Oficial* N° 5.975 Extraordinario). Esa reforma consistía en la incorporación de una disposición transitoria que liberaba a las personas naturales residenciadas en Venezuela que abrieran o poseyeran cuentas en moneda extranjera en la Banca Pública, de la obligación de declarar al BCV la importación, exportación, ingreso o egreso de divisas por un monto superior a los 10.000 dólares (Artículo 5 de la LCIC), o de la prohibición de comprar, vender, ofrecer, enajenar, transferir o recibir divisas por más de 10.000 dólares durante un año calendario sin la intervención del BCV (Artículo 9 de la LCIC).

divisas entre privados, las cuales habían sido declaradas ilícitas desde mayo de 2010 con la eliminación del mercado libre de divisas o mercado de permuta y, por el otro, le permitía a PDVSA vender parte de las divisas obtenidas a través de las exportaciones petroleras a una tasa más alta que el tipo de cambio preferencial de 6,30 bolívares fuertes por dólar, mejorando así su flujo de caja.

A través de la supresión de dos artículos que estaban incluidos en la Ley Contra los Ilícitos Cambiarios se eliminó, por una parte, la absurda prohibición de informar públicamente cotizaciones de divisas diferentes al valor oficial y, por la otra, el impedimento a las personas naturales o jurídicas de ofrecer en el país, pública o privadamente, la compra, venta o arrendamiento de bienes y servicios en divisas.

Entre los ilícitos cambiarios mantenidos en la nueva ley estaban la adquisición de divisas mediante engaño, los alegatos de causas falsas o algún otro medio fraudulento, así como la utilización de las divisas con fines diferentes a los que fueron solicitados ante el Cencoex. Estos ilícitos seguían siendo penalizados con multas y obligación de reintegro de las divisas obtenidas violando las normas cambiarias existentes, y en algunos casos con prisión.

Basado en la nueva ley, y más específicamente en el contenido de su artículo noveno, en marzo de 2014 se creó el nuevo Sistema Cambiario Alternativo de Divisas (Sicad II), cuyas normativas de funcionamiento y operación se establecieron en los Convenios

Cambiarios 27 y 28,[125] así como en una circular del BCV del 20 de marzo.

Estos importantes cambios contribuyeron a crear unas expectativas favorables en cuanto a la posible flexibilización de las operaciones cambiarias, y a una eventual mayor fluidez de divisas que mitigara la crítica escasez de moneda extranjera existente. Se percibía que con el Sicad II se podría solucionar el trabamiento cambiario existente, al ser este sistema promovido por los voceros gubernamentales como la vía para eliminar el mercado negro de divisas y crear un mercado libre, adonde pudieran acudir lícitamente todos los agentes económicos privados para adquirir o vender divisas, sin limitaciones y a un precio mucho más racional. Eso explica la abrupta reducción del tipo de cambio paralelo ocurrida durante las primeras semanas del mes de marzo, al pasar de algo más de 88 bolívares fuertes por dólar a fines de febrero a un nivel en torno a los 57 bolívares fuertes tres semanas más tarde.[126]

13.4. Características del Sistema Cambiario Alternativo de Divisas II (Sicad II)

Las transacciones en divisas a través del Sicad II consistían en operaciones de compra y venta en bolívares de divisas en efectivo o de títulos valores denominados en moneda extranjera, emitidos por cualquier ente público o privado, nacional o extranjero, que estuvieran inscritos y tuvieran cotización en los mercados internacionales. El mercado operaría todos los días hábiles bancarios.

---

[125] *Gacetas Oficiales* N° 40.368 y 40.387 del 10 de marzo y 4 de abril de 2014.

[126] Ver el artículo *El mercado paralelo y el Sicad II*, de Pedro A. Palma, publicado en el diario **El Nacional** el día 7 de abril de 2014. www.pedroapalma.com.

En línea con lo establecido en el artículo noveno de la Ley del Régimen Cambiario y sus Ilícitos, las transacciones hechas a través del Sicad II se podían realizar con posiciones mantenidas por personas naturales y jurídicas del sector privado, nacionales o no, por PDVSA, por el BCV y por cualquier otro ente público debidamente autorizado por el Ministerio de Economía, Finanzas y Banca Pública. Del lado de la demanda, solo podían participar personas naturales y jurídicas del sector privado residenciados en el territorio nacional.

En el artículo 14 del Convenio Cambiario número 27 se establecía que el BCV publicaría el tipo de cambio de referencia, correspondiente al tipo de cambio promedio ponderado de las operaciones transadas durante cada día. También se establecía en el artículo tercero que los exportadores privados podían retener hasta el 60% de sus ingresos por exportación para cubrir los gastos de su actividad exportadora, distintos a la deuda financiera, o para efectuar operaciones de venta a través del Sicad II. El 40% restante de las divisas era de venta obligatoria al BCV, quien las adquiría al tipo de cambio de referencia del Sicad II.

Las instituciones operadoras a través de las cuales se podían realizar las transacciones del Sicad II eran los bancos universales y comerciales, los bancos microfinancieros debidamente autorizados, la Bolsa Pública de Valores Bicentenaria, los operadores de valores autorizados y regidos por la Ley de Mercado de Valores, y cualquier otro ente o sujeto que realizara actividades afines a las transacciones respectivas que contara con la autorización del Directorio del BCV o del Ministerio de Economía, Finanzas y Banca Pública. Por su parte, el BCV podía fungir como institución operadora para tramitar operaciones por cuenta propia, así como de PDVSA o de cualquier otro ente público debidamente autorizado.

Las personas naturales o jurídicas interesadas en adquirir o vender divisas debían presentar ante las instituciones operadoras sus respectivas cotizaciones de compra o de venta, así como los montos en dólares que deseaban adquirir o vender. Las distintas cotizaciones de compraventa de divisas debían ser presentadas ante el BCV, donde serían pactadas automáticamente a través de un mecanismo tecnológico, en un mercado supuestamente ciego, organizado y transparente. Ulteriormente, las instituciones operadoras recibirían la información de las operaciones cruzadas pactadas, procediendo en la fecha valor respectiva a acreditar en la cuenta indicada por el cliente comprador el monto de las divisas en cuestión.

13.5. Funcionamiento del Sicad y del Sicad II

Durante el año 2014 se realizaron 26 subastas bajo el sistema Sicad a las cuales fueron convocadas empresas importadoras de distintos sectores económicos, adjudicándose un monto global de 4.917 millones de dólares, lo cual equivalió a un monto promedio por subasta de 189,1 millones de dólares.

Los tipos de cambio aplicables en las distintas subastas oscilaron entre 10 y 12 bolívares fuertes por dólar, notándose una tendencia creciente de esa tasa durante las últimas 13 subastas, hasta alcanzar el nivel de 12 bolívares fuertes. En 2015 se realizaron las dos últimas subastas del Sicad, una en junio por 350 millones de dólares y con un tipo de cambio de 12,80 bolívares fuertes por dólar, y otra en agosto por 150 millones con una tasa de 13,50 bolívares fuertes, produciéndose severos retrasos en la liquidación de las divisas adquiridas.

Gráfico 13.4

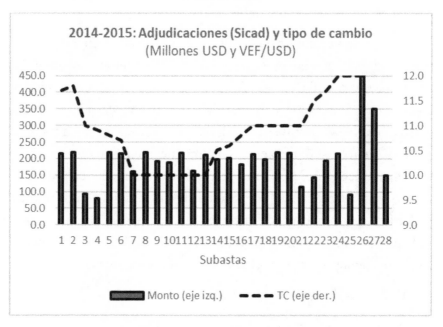

Fuente: Cencoex y Banco Central de Venezuela

Con respecto al Sicad II, este comenzó a operar el 24 de marzo de 2014, observándose en sus inicios un volumen de operaciones relativamente importante. En los primeros días de actividad se transó un promedio superior a los 55 millones de dólares diarios a un tipo de cambio ligeramente superior a los 51 bolívares fuertes por dólar, tasa muy superior a la oficial de 6,30 bolívares fuertes por dólar y a la del Sicad de 11 bolívares fuertes, y cercana a la existente en ese momento en el mercado paralelo. Como ya fue dicho, las favorables expectativas que se crearon con el anuncio del Sicad II contribuyó a que el tipo de cambio en el mercado paralelo bajara abruptamente en las primeras semanas de marzo de 2014, pasando de 88 bolívares fuertes por dólar a fines de febrero a un nivel cercano a los 57 bolívares fuertes en las vísperas de inicio de operaciones del Sicad II.

En los meses que siguieron se produjo una franca tendencia a la baja en la cantidad de dólares ofertados a través de este sistema, al punto de que en enero y febrero de 2015, últimos meses de operación del Sicad II, la oferta diaria se ubicó en torno a los 14 millones de dólares por día, siendo el sector público el gran oferente.

Gráfico 13.5

Fuente: Cencoex y Ecoanalítica

Por su parte, el tipo de cambio del Sicad II se mantuvo en torno a los 50 bolívares por dólar, obviándose de que esa tasa no respondía a las realidades del mercado, sino que era establecida unilateralmente por el BCV.

De igual forma, la oferta de divisas al sector privado por parte del Cencoex también mostró una contracción severa en 2014 con respecto al año precedente, debiéndose esto principalmente a una mayor canalización de dólares hacia las importaciones del sector público, y a unos elevados pagos por concepto de servicio de deuda pública externa.

Cuadro 13.2

Liquidación de Divisas por Cencoex (2014) y CADIVI
(Millones de USD)

	Total			Var. %
	2014	2013	2012	2013-2014
Importaciones	14.411	21.128	26.018	- 31,8%
Operaciones financieras	670	1.288	1.464	- 48,0%
Otras operaciones	1.464	2.218	2.342	- 34,0%
Tarjetas de crédito y efectivo	3.834	5.113	3.331	- 25,0%
Total Liquidado	20.379	29.747	33.155	- 31,8%

Fuente: Memoria y Cuenta MPPEFBP y Ecoanalítica

La menor canalización de divisas hacia el sector privado en 2014 implicó una severa restricción a sus importaciones de insumos y de bienes terminados, el agravamiento del desabastecimiento, y un freno a sus actividades económicas, contribuyendo esto a generar una contracción de 3,9% del PIB de ese año. Esa merma en la oferta de divisas y la materialización de otros factores de particular relevancia que se vivieron o agravaron en 2014, también influyeron en el comportamiento del tipo de cambio libre, el cual experimentó un franco ascenso a partir del segundo trimestre de 2014, revirtiéndose así la abrupta caída de las tres primeras semanas de marzo debido a las expectativas favorables que se crearon en el preámbulo de operaciones del Sicad II.

Gráfico 13.6

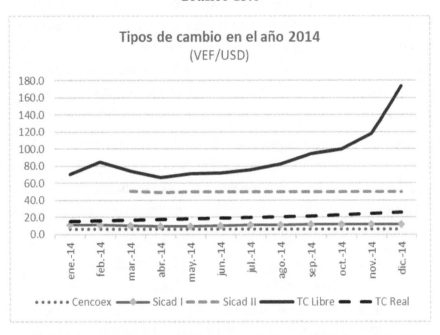

Fuente: Cencoex, Banco Central de Venezuela, Ecoanalítica, Venezuela FX

13.6. 2014, año de cambios políticos y petroleros

Entre los acontecimientos que influyeron en el comportamiento alcista del tipo de cambio libre en 2014 están los importantes cambios en el equipo de gobierno que se produjeron en la segunda mitad del año, así como el desplome de los precios petroleros que se inició en el mes de julio.

El 17 de junio de 2014 Nicolás Maduro anunció la salida de Jorge Giordani como ministro de Planificación, poniendo así fin a una larga e influyente actividad dentro del gabinete económico, durante los gobiernos de Chávez y Maduro. Al poco tiempo, a comienzos de septiembre de ese año, se anunció la salida de Rafael Ramírez como presidente de PDVSA, como ministro de Petróleo y Minería y como vicepresidente del Área Económica, pasando a ocupar la cartera de Relaciones Exteriores, quedando así apartado de las decisiones económicas del gobierno. La Vicepresidencia del Área Económica pasó a ser desempeñada por Rodolfo Marco Torres, quien continuó como ministro de Economía, Finanzas y Banca Pública.

Eso implicó el aplazamiento de la implementación de un plan de modificación de la política económica que promovía Ramírez, el cual buscaba corregir una serie de distorsiones y trabas presentes en la economía. Ese plan se fundamentaba en cinco ejes, que se podían resumir de la siguiente forma:

- Cambiario: Trabajar con un solo tipo de cambio oficial (que se ubicaría entre 25 y 30 bolívares por dólar), con una legalización del mercado paralelo de divisas que le permitiera a PDVSA vender una importante porción de sus dólares en ese mercado.

- Control de precios: Flexibilización de la política de controles de precios, actuando en dos frentes: por un lado, ejecución de una reforma a la Ley de Costos y Precios Justos y, por el otro, reducción importante del número de rubros afectados con controles de precios en un lapso de seis meses.

- Nuevos acuerdos petroleros: Acelerar la firma de acuerdos con los socios de PDVSA para incrementar la producción en la Faja Petrolífera del Orinoco (FPO). También se planteaba la posibilidad de un nuevo préstamo con China para financiar inversiones de PDVSA.

- Frente monetario: Incremento de las tasas de interés y reducción (hasta su eliminación) del financiamiento monetario de gasto deficitario por parte del BCV a las empresas públicas no financieras, especialmente a PDVSA.

- Reordenamiento de la deuda: Extender los vencimientos de la deuda externa, fuertemente concentrados entre 2014 y 2015.[127]

Esto podía interpretarse como el afianzamiento del ala más radical del gobierno en materia económica, que abogaba por el mantenimiento del *statu quo*, en detrimento del ala más pragmática, que intentaba corregir algunas de las distorsiones y desequilibrios existentes.

Otro de los hechos más relevantes del año 2014 fue el desplome de los precios petroleros que se produjo durante el segundo semestre de ese año, con lo cual se inició un período de menores precios de los hidrocarburos que se mantuvo durante varios años. (Ver Recuadro 6).

Como ya se ha analizado, al bajar los precios de los hidrocarburos se deterioran las expectativas cambiarias, ya que se afianza el

---

[127] El texto explicativo de los cinco ejes del plan fue tomado de: Oliveros, Asdrúbal y Grisanti, Jessica *El plan que nunca fue*. Ecoanalítica: **Entorno y Política Cambiaria**, Año 10, N° 08. Septiembre 2014.

convencimiento de que los dólares escasearán y que su precio aumentará, por lo que los agentes económicos se apresuran a comprar divisas, acelerándose la materialización del proceso esperado. Una situación como esa se exacerbó en esta oportunidad, no solo por las ya mencionadas restricciones cada vez más severas de oferta de divisas controladas, sino también por la presencia de otros factores, tales como:

- la escasez cada vez más evidente de reservas internacionales líquidas

- los importantes pagos de servicio de deuda externa que se hicieron en los últimos meses de 2014

- la abundancia de bolívares que se podían canalizar hacia el mercado cambiario debido a la alta creación de dinero base por el BCV para financiar gasto público deficitario, y

- el agravamiento evidente del problema inflacionario.

La reducción de la capacidad de compra de los consumidores por el intenso aumento de los precios llevaba a la búsqueda de mecanismos o acciones de protección a través de la adquisición de bienes durables o de la compra de divisas sólidas, con el fin de evitar, o por lo menos mitigar, el deterioro de la calidad de vida. Dada la crónica escasez de artículos de todo tipo que entonces se vivía, las opciones de compra de automóviles, artefactos eléctricos y otros productos no perecederos estaban severamente limitadas, por lo que la alternativa de adquirir monedas fuertes en el mercado paralelo era la más viable, contribuyendo ello presionar al alza el precio del dólar libre.

Todo lo anterior creaba un verdadero desconcierto cambiario, acentuándose aún más el distanciamiento entre las tasas de cambio oficiales y la libre, al punto de que esta última aumentó más de 50% en tan solo tres semanas, elevando su diferencial con el absurdo tipo de cambio preferencial de 6,30 bolívares fuertes por dólar que insistía el gobierno en mantener, de 16 veces a comienzos de noviembre a 24 veces a fines de ese mes.

Esto, obviamente, generaba graves consecuencias, una de las cuales era el intenso aumento de los costos esperados de reposición y la consecuente exacerbación de las presiones inflacionarias.[128]

Recuadro 6

Los precios internacionales del petróleo

Después de mantenerse los precios internacionales del petróleo por encima de los 100 dólares el barril durante el período 2011-2013 y primer semestre de 2014, a partir de junio de este último año estos experimentaron una sostenida caída, que fue seguida por una relativa estabilidad en 2015, para luego bajar nuevamente en 2016. Si bien los precios experimentaron una recuperación y ulterior estabilidad en 2017, en 2018 experimentaron un nuevo crecimiento, para luego volver a debilitarse en la primera mitad de 2019. Todo ello hizo que el promedio de los precios petroleros en el período 2015-2019 fuera muy inferior al existente en el lapso comprendido entre 2011 y el primer semestre de 2014. A modo ilustrativo, el precio del crudo marcador *Brent* durante el pe-

---

[128] Ver el artículo *Desconcierto cambiario* de Pedro A. Palma, publicado en el diario **El Nacional** el 4 de diciembre de 2014. www.pedroapalma.com.

ríodo comprendido entre comienzos de 2011 y mediados de 2014 estuvo en torno a los 110 dólares por barril, mientras que en el período 2015-2018 este se ubicó en un promedio de 55,30 por barril, significando esto una contracción de casi 50%.

Ese debilitamiento de los precios petroleros se debió a múltiples razones, entre las que se pueden mencionar las siguientes:

- Mayor oferta de crudos debido a:
  - ➢ Mayor producción de crudos de lutitas (*shale oil*) en Estados Unidos con la técnica de *fracking*
  - ➢ Recuperación de la producción de Iraq, a pesar del conflicto bélico para hacer frente al radicalismo del Estado Islámico
  - ➢ Incremento de la producción de Irán debido a la suspensión de las sanciones que se le habían impuesto por el desarrollo de su proyecto nuclear. Esa suspensión tuvo efecto en enero de 2016 después de que se demostró que Irán había cumplido sus compromisos de limitar sus actividades en el área nuclear, en respuesta al acuerdo firmado el 14 de julio de 2015 con el G5+1 (EE. UU., Reino Unido, Francia, Rusia, China y Alemania).
  - ➢ Mantenimiento de altos niveles de producción por Arabia Saudita en defensa de su cuota de mercado y con la intensión de limitar la extracción de crudos con altos costos de producción, como el *shale oil*
  - ➢ Negativa de la OPEP a reducir producción para apuntalar precios

> Desarrollo de nuevas tecnologías que bajaron los costos de producción de crudos de lutitas con la tecnología de *fracking*, manteniendo la rentabilidad de estos crudos, a pesar de los menores pecios internacionales

- Debilidad de la demanda debido a:

> Desaceleración de la economía china

> Poco dinamismo de las economías europeas

> Fortalecimiento del dólar. Al cotizarse en dólares los precios de múltiples *commodities*, los hidrocarburos entre ellos, el fortalecimiento de esa divisa implica también el encarecimiento de las materias primas en términos de otras monedas, lo cual presiona a la baja su demanda y sus precios.

Gráfico 13.7

Fuente: Bloomberg

Gráfico 13.8

Precio de la cesta petrolera venezolana
(USD por barril)

Fuente: Ministerio de Energía y Petróleo

13.7. Fin del Sicad II

Después de ofertarse montos muy bajos a través del Sicad II durante las primeras semanas de 2015, este dejó de operar a partir del 10 de febrero, cuando se anunció su supuesta fusión con el Sicad. De hecho, lo que realmente sucedió a partir de esa fecha fue la desaparición del Sicad II y la continuada paralización de las actividades del Sicad, anunciándose también la creación de un nuevo esquema cambiario —el Sistema Marginal de Divisas (Simadi)—, el cual podría considerarse como el verdadero sustituto del Sicad II.

Al analizar el comportamiento del Sicad II durante sus doce meses de vigencia, se llega a la conclusión de que el mismo fracasó en cuanto al logro de los objetivos que se le habían asignado. En efecto, no se logró a través de su implementación el propósito oficial de eliminar el mercado negro y sustituirlo por un mercado libre adonde pudieran acudir lícitamente los agentes económicos privados para adquirir o vender divisas sin limitaciones, y a un precio racional. Eso se debió a que, lejos de satisfacerse las expectativas iniciales en cuanto a la posible flexibilización de las operaciones cambiarias y a una mayor fluidez de divisas, lo que sucedió fue una abierta intervención y control del BCV en las operaciones del nuevo sistema, imponiendo unilateralmente un tipo de cambio que no respondía a las fuerzas del mercado, como inicialmente había sido anunciado, sino uno cuasi fijo en torno a los 50 bolívares fuertes por dólar, que desincentivó desde sus inicios la participación de oferentes privados.

Adicionalmente, durante el segundo semestre del año se acentuó la disparidad entre la tasa del Sicad II y la del mercado no oficial, debido al fuerte aumento de esta última. Varios factores contribuyeron para ello, pudiéndose mencionar, por una parte, la menor oferta de divisas del sector público, que se produjo por la reducción de los precios petroleros y por los bajos niveles de reservas internacionales y de recursos extrapresupuestarios del gobierno, y, por la otra, la mayor demanda de moneda extranjera del sector privado en respuesta a la abundancia de liquidez interna y al deterioro de las expectativas cambiarias, lo cual creaba una necesidad cada vez más apremiante de realizar operaciones de cobertura.

Capítulo 14

El Sistema Marginal de Divisas (Simadi)

El Convenio Cambiario número 33, que contenía la normativa bajo las cuales funcionaría el nuevo esquema cambiario conocido como Sistema Marginal de Divisas (Simadi), fue publicado en la Gaceta Oficial del 10 de febrero de 2015, entrando este en vigor dos días después de su publicación.[129]

En dicho convenio se establecía que los bancos universales podían, a través de sus mesas de cambio, ofrecer a sus clientes y usuarios la realización de operaciones de intermediación cambiaria con el fin de negociar los saldos mantenidos por sus clientes en cuentas en moneda extranjera en dichas instituciones, o las divisas ofrecidas por sus clientes desde el exterior. Las operaciones de compra y venta de divisas solo podían ser realizadas y cruzadas entre clientes de la misma institución, y los tipos de cambio de esas operaciones se acordaría libremente por las partes intervinientes. El BCV publicaría diariamente la tasa de cambio de referencia, corres-

---

[129] Ver *Gaceta Oficial* N° 6.171 Extraordinario del 10 de febrero de 2015.

pondiente al tipo de cambio promedio ponderado de las operaciones transadas durante cada día.

También se establecía que la liquidación de los saldos de las operaciones cambiarias se efectuaría a través de las cuentas en moneda extranjera mantenidas por los clientes en el sistema financiero nacional, por lo que los montos transados serían depositados en el BCV, ya que, de acuerdo con el Convenio Cambiario número 20 del 14 de junio de 2012,[130] los bancos universales receptores de los depósitos en moneda extranjera debían mantener estos en cuentas en el instituto emisor.

Adicionalmente, los bancos universales y otros operadores cambiarios podían realizar operaciones de menudeo con personas naturales, aplicándose el tipo de cambio de referencia publicado por el BCV correspondiente al día anterior de la operación. Por último, se establecía que los operadores cambiarios debían garantizar la debida identificación de las personas con las que realizaran las operaciones cambiarias, la causa que les daba origen y el destino de los fondos.

Uno de los objetivos que se buscaba con la implementación del Simadi era convencer a los agentes económicos de que el mismo era un sistema cambiario entre privados, que posibilitaría el reinicio de operaciones de un lícito mercado de divisas, al que podrían acudir libremente oferentes y demandantes, y en el que el tipo de cambio

---

[130] El Convenio Cambiario N° 20, del 14 de junio de 2012, fue publicado con correcciones de texto en la *Gaceta Oficial* N° 39.968 del 19 de julio de 2012. Ulteriormente, dicho convenio fue nuevamente impreso con correcciones en la *Gaceta Oficial* N° 40.002 el 6 de septiembre de 2012.

se establecería por el libre juego de la oferta y la demanda. De esta forma, argumentaban altos voceros del gobierno, se estimularía la oferta privada de divisas, solventando así la crítica escasez de moneda extranjera, y se lograría "derrotar y pulverizar" el distorsionado mercado paralelo y su tipo de cambio que, de acuerdo con el redundante discurso oficial, estaba altamente intervenido y dominado desde el exterior por agentes externos inescrupulosos.

14.1. Funcionamiento del Simadi

El anuncio de la creación del Simadi generó reacciones diversas. Por una parte, la decisión se percibió como algo positivo, ya que se pensaba que, a través de este se podría, finalmente, corregir el grave error que se cometió en mayo de 2010 al ilegalizarse las operaciones en el mercado libre de divisas, pero, por la otra, surgieron múltiples cuestionamientos acerca de la racionalidad y posible funcionamiento del nuevo esquema.

Una crítica se relacionaba con la decisión de mantener la vigencia de los tipos de cambio preferenciales del Cencoex y del Sicad, ya que, si bien ello podría contribuir a abaratar los productos importados de primera necesidad, esa iniciativa no se justificaba desde el punto de vista económico, ya que esas tasas significaban la preservación y agravamiento de una sobrevaluación cambiaria desproporcionadamente alta. Eso implicaba que el gobierno seguiría subsidiando las divisas preferenciales, a pesar de la crítica escasez que de ellas existía, particularmente después del desplome de los precios del petróleo que se había producido en los meses precedentes. Adicionalmente, se percibía que el tipo de cambio de 6,30 bolívares fuertes por dólar no solo se mantendría para las importaciones de alimentos y medicinas, como había sido anunciado, sino que también se aplicaría a todas las del sector público. De ser así, ello implicaría que un altísimo porcentaje de las compras foráneas se seguiría haciendo a esa tasa fija absurdamente baja, propiciándose aún más la corrupción que caracterizaba el manejo del control cambiario.

Desde el punto de vista gubernamental, se aducía que la decisión de mantener la tasa oficial de 6,30 bolívares por dólar contribuía a mitigar la inflación, pues se limitaba el aumento de los precios, no solo de los alimentos y de las medicinas, sino también de los otros productos de origen externo, ya que el porcentaje de las importaciones totales realizadas por el sector público aumentaban año a año;[131] esto abarataba los bienes de consumo importados y limitaba las presiones alcistas de los costos de origen externo de toda la actividad productiva. Sin embargo, ese planteamiento no tenía mayor sustento, ya que el mantenimiento de esa tasa de cambio preferencial obligaba a PDVSA a vender la gran mayoría de las divisas de la exportación petrolera a razón 6,2842 bolívares fuertes por dólar, limitando sus ingresos en moneda local y forzándolo a incurrir en elevados déficits financieros que, al tener que ser financiados por el BCV a través de la creación de dinero primario, generaban altas y crecientes presiones inflacionarias.

También, surgieron varios cuestionamientos y dudas acerca de la posible funcionalidad y eficacia del nuevo sistema. Si bien se

---

[131] En menos de una década el porcentaje de importaciones realizadas por el sector público se triplicó, pasando de 15% en 2005 a más de 45% en 2014, y para el primer semestre de 2015 el porcentaje de importaciones del sector público superaban con creces al del sector privado. Ver *Paradoja de las importaciones en Venezuela*, **Informe Semanal** de Ecoanalítica N° 37, semana IV, septiembre 2015. Página 3.

había anunciado que, a través del mismo, se permitiría la adquisición libre de divisas a un tipo de cambio que se establecería por el libre juego de la oferta y la demanda, desde un principio se percibió que esas operaciones de compra y venta de divisas iban a estar sujetas a una serie de regulaciones que podrían, por una parte, distorsionar y limitar su funcionamiento, apartándolo de lo que debería ser un verdadero mercado libre de divisas y, por la otra, desincentivar la oferta privada de divisas.

Esa última expectativa surgía como respuesta a varias normas de funcionamiento del Simadi, tales como:

- la estrecha supervisión en cuanto al origen y el destino de los fondos

- la obligación de canalizar las operaciones a través de cuentas denominadas en dólares en bancos locales cuyos fondos debían ser mantenidos en cuentas en moneda extranjera en el BCV, y

- el esperado requisito de aprobación previa de las transacciones por el instituto emisor.

Adicionalmente, las intenciones gubernamentales de intervenir y someter el tipo de cambio libre a través del nuevo esquema se podrían ver nuevamente frustradas, debido a la presencia de una serie de factores, entre los que se pueden mencionar:

- la alta y creciente oferta monetaria que existía, debido a la masiva creación de dinero base por el BCV para financiar gasto público deficitario, lo cual hacía que se dispusiera de una elevada cantidad de bolívares que se podía canalizar a la compra de dólares

- las severas restricciones a las que se podría enfrentar PDVSA para ofrecer dólares a través del Simadi

- las bajas reservas internacionales líquidas que entonces existían y,

- los pocos incentivos que pudieran tener los agentes privados de ofertar sus dólares a la tasa Simadi.[132]

Al iniciar operaciones el 12 de febrero de 2015 se estableció un tipo de cambio del Simadi de 170 bolívares fuertes por dólar, nivel relativamente próximo al existente en ese momento en el mercado paralelo de 190 bolívares fuertes, manteniéndose ambas tasas sin mayores cambios durante los primeros días de operación del nuevo sistema. Sin embargo, los bajísimos montos liquidados por el Cencoex durante esos días, que se ubicaban en torno a los 40 millones de dólares diarios, combinados con la práctica paralización del Sicad, la ausencia de oferta de divisas en el Simadi por parte de entes públicos, y los bajos niveles de dólares ofertados por el sector privado,[133] hicieron que rápidamente el tipo de cambio en el mercado paralelo reiniciara un proceso de acentuado aumento, separándo-

---

[132] Planteamientos adaptados tomados del artículo *Funcionalidad del esquema cambiario* de Pedro A. Palma, publicado en el diario **El Nacional** el 26 de febrero de 2015. www.pedroapalma.com. También, Ronald Balza analizó las razones por las que este sistema cambiario con tipos de cambio múltiple no funcionaría y generaría consecuencias muy adversas. Ver el reportaje de Víctor Salmerón: *Venezuela: ¿Es inevitable que continúe el ascenso del dólar paralelo?*, publicado en Entorno Empresarial, el 14 de junio de 2015.

[133] Los montos transados a través del Simadi, fundamentalmente de origen privado, eran muy bajos. Así, durante 2015 la liquidación diaria promedio fue de 4,2 millones de dólares, subiendo ésta a 14 millones en las primeras semanas de 2016, hasta su cese de operaciones el 10 de febrero.

se de la tasa del Simadi, la cual solo experimentó ajustes marginales durante varias semanas, hasta alcanzar un nivel de próximo a los 200 bolívares por dólar a comienzos de mayo de ese año.

A partir de ese momento, y hasta mediados de febrero de 2016, la tasa Simadi se mantuvo prácticamente inalterada, oscilando en torno a 199 bolívares fuertes por dólar, pero sin romper la barrera de los 200 bolívares fuertes. Paralelamente, la tasa libre mantuvo una franca tendencia de ascenso hasta superar el nivel de los mil bolívares fuertes por dólar en los primeros días de febrero de 2016, por lo que desde muy temprano se confirmó el escepticismo de muchos acerca de la funcionalidad y eficiencia de este nuevo sistema cambiario.

Gráfico 14.1

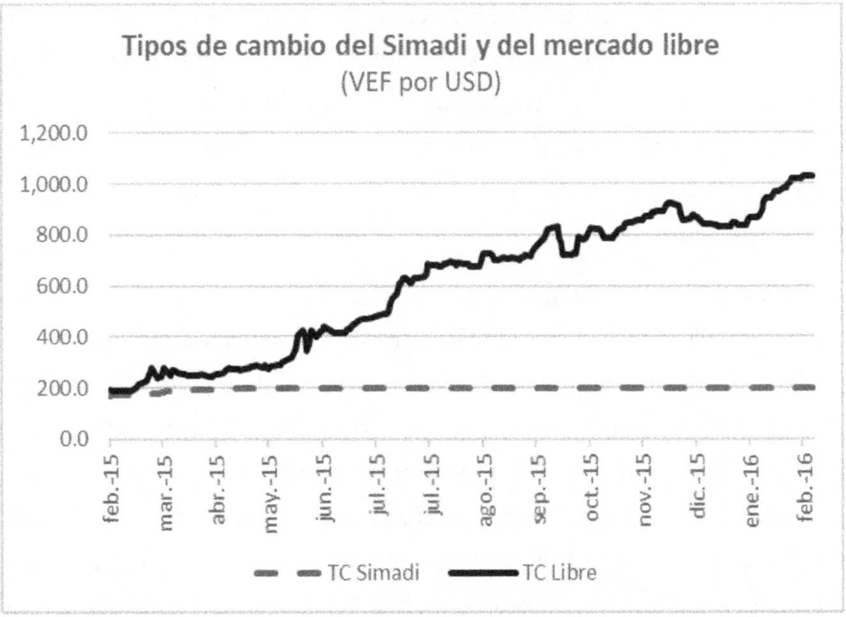

Fuente: Banco Central de Venezuela, Ecoanalítica, Venezuela

253

En efecto, no se logró la anhelada restitución de un verdadero mercado libre de divisas, ni se cumplió la promesa inicial de que la tasa del Simadi fluctuaría libremente y que se establecería por las fuerzas de oferta y demanda, ya que el BCV decidió intervenir sobre la misma, fijándola unilateralmente Tampoco se logró estimular la oferta privada de divisas, ni se alcanzó el objetivo de influir y dominar la tasa libre, por lo que el Simadi, al igual que los esquemas cambiarios anteriores, fracasó en el logro del objetivo gubernamental de "derrotar y pulverizar" el mercado paralelo y su tipo de cambio que, como ya se dijo, según el oficialismo estaba distorsionado e intervenido desde el exterior y dominado por agentes foráneos inescrupulosos.

14.2. Fin del Simadi y nueva tasa oficial

El 17 de febrero de 2016 Nicolás Maduro anunció el fin de la tasa oficial de 6,30 bolívares fuertes por dólar, vigente desde el 8 de febrero de 2013, y su sustitución por otra de 10 bolívares fuertes. Adicionalmente, anunció el próximo inicio de un nuevo sistema cambiario dual, y la decisión de que la tasa de Simadi flotaría a partir de esa fecha.

Tres semanas más tarde, el 9 de marzo, el nuevo ministro de Industrias y Comercio y vicepresidente de Economía Productiva, Miguel Pérez Abad, informó que el esquema cambiario dual anunciado por Maduro sería uno en el que existirían dos tasas de cambio: una oficial y protegida, llamada Dipro, y otra complementaria y flotante, llamada Dicom. La primera comenzaría en un nivel de 10 bolívares fuertes por dólar, pudiendo esta ser objeto de ajustes ulteriores, y aplicable a las importaciones de bienes y servicios prioritarios. Por su parte, la tasa Dicom se aplicaría al resto de las actividades externas.

Capítulo 15

El Sistema Dual Dipro – Dicom

El 9 de marzo de 2016 se publicó en Gaceta Oficial el Convenio Cambiario N° 35,[134] donde se establecían las normas bajo las cuales se realizarían las operaciones del régimen administrado de divisas bajo las dos modalidades de tipo de cambio establecidas, es decir las que se llevarían a cabo con el tipo de cambio protegido (Dipro) y con el tipo de cambio complementario flotante de mercado (Dicom).

15.1. Operaciones con los tipos de cambio Dipro y Dicom

A partir de la entrada en vigor del Convenio Cambiario No. 35 el 10 de marzo de 2016, se fijó el tipo de cambio protegido Dipro en 9,975 bolívares fuertes por dólar para la compra, y en 10,00 bolívares fuertes para la venta, aplicándose ésta a las siguientes operaciones:

- importaciones de alimentos y salud, así como de las materias primas e insumos asociados a la producción de estos productos, incluyendo las que se canalizaran a través de los

---

[134] Ver *Gaceta Oficial* N° 40.865, publicada el 9 de marzo de 2016.

Convenios de Pagos y Créditos Recíprocos celebrados con los Bancos Centrales de los países miembros de la Asociación Latinoamericana de Integración (ALADI), con el Banco Central de República Dominicana, o a través del Sistema Unitario de Compensación Regional de Pagos (SUCRE)

- pensiones de vejez, incapacidad parcial, invalidez y sobrevivientes y jubilaciones pagadas por el Instituto Venezolano de los Seguros Sociales (IVSS) a residentes en el exterior

- gastos para la recuperación de la salud, deportes, cultura, investigaciones científicas y otros casos de especial urgencia

- gastos destinados al pago de manutención, matrícula y seguro médico estudiantil correspondientes a actividades académicas presenciales en el exterior, cuyas solicitudes se hubiesen tramitado antes de la entrada en vigor del Convenio Cambiario, o aquellas solicitudes que se emitieran con posterioridad a los fines de la continuidad de actividades académicas en curso

- servicio de deuda pública externa y otros gastos del sector público, tales como pagos y remesas inherentes al servicio exterior, a la seguridad pública y a la defensa nacional.

En cuanto al tipo de cambio complementario flotante de mercado Dicom, este se aplicaría a las siguientes operaciones:

- compra y venta de divisas efectuadas con instituciones internacionales con las que la República hubiese suscrito acuerdos o convenios internacionales. En el caso de las operaciones de compra se aplicaría una reducción de 0,25% a la tasa del día de la operación

- compra y venta de divisas efectuadas con las representaciones diplomáticas y consulares, sus funcionarios, así como con funcionarios de organismos internacionales acreditados ante el Gobierno Nacional. En el caso de las operaciones de compra, se aplicaría una reducción de 0,25% a la tasa del día de la operación

- venta de divisas por parte de PDVSA y sus filiales, así como de las empresas mixtas del área petrolera o petroquímica, derivadas de distintas fuentes, incluyendo las exportaciones de hidrocarburos; estas operaciones se harían a cualquiera de los dos tipos de cambio Dipro o Dicom, reducido en 0,25%. La aplicación de una u otra tasa se determinaría en base a la programación, coordinación y evaluación hecha por el alto gobierno, así como en función de políticas preestablecidas y de la disponibilidad de divisas

- venta al BCV de divisas por parte de las empresas básicas y entes públicos de naturaleza empresarial distinta a la petrolera, que hayan sido obtenidas a través del desarrollo de sus actividades productivas

- venta de divisas destinadas al pago de consumos y avances de efectivo realizados con tarjetas de crédito con ocasión de viajes al exterior, así como para la adquisición de efectivo destinado a la cobertura de gastos en el exterior por menores de edad

- todo el resto de las operaciones de liquidación de divisas.

Un hecho de particular relevancia fue la decisión de aplicar la tasa Dipro a la adquisición de divisas que requirieran los órganos y entes del sector público para la realización de las operaciones previstas en el Convenio Cambiario número 11, en el que se listaban las normas del régimen para la adquisición de divisas por parte del sector público.[135] La creciente participación gubernamental en la realización de importaciones de todo tipo, los elevados pagos por concepto de intereses y capital de los bonos públicos denominados en moneda extranjera que se habían emitido en los años anteriores, y los abultados gastos para adquisición de equipos militares, hacían que los requerimientos de divisas del sector público fueran muy elevados y cada vez mayores. Ello, combinado con los mermados ingresos de dólares debido a los menores volúmenes de exportación de hidrocarburos y más bajos precios petroleros, hacía que la disponibilidad de divisas para la realización de otras operaciones, incluyendo las importaciones del sector privado, fuera cada vez menor.

Adicionalmente, al fijarse la tasa Dipro al nivel artificialmente bajo de diez bolívares fuertes por dólar, lo cual implicaba la preservación de un tipo de cambio preferencial altamente sobrevaluado, se mantenían las condiciones para la proliferación de corruptelas de todo tipo, incluyendo la asignación de dólares preferenciales a empresas ficticias para la importación de bienes prioritarios, o la sobrefacturación de importaciones. Esto último generaba jugosas ganancias a los representantes de organismos públicos responsables de las compras o provisionamiento externos, quienes, a través de la masiva compra con precios inflados de alimentos, medicinas, equipos, armamento y muchos otros bienes, se apropiaban de grandes cantidades de dólares.

En el artículo 17 del Convenio Cambiario número 35 se establecía que los mercados alternativos de divisas del esquema Simadi

---

[135] Ver *Gaceta Oficial* N° 40.565 del 18 de diciembre de 2014.

continuarían en funcionamiento, hasta ser sustituidos en un plazo no mayor de 30 días. De allí que, hasta que dicha sustitución tuviera lugar, el tipo de cambio complementario flotante de mercado, Dicom, sería igual al tipo de cambio de Simadi, el cual, en línea con lo anunciado por Nicolás Maduro el 17 de febrero de 2016, flotaba desde esa fecha.

15.2. Evolución de las tasas de cambio Simadi, Dicom y libre

Después de mantenerse prácticamente inalterada durante nueve meses en un nivel próximo a los 200 bolívares fuertes por dólar, la tasa Simadi comenzó a aumentar sostenidamente, ubicándose en 215,34 bolívares fuertes el 10 de marzo de 2016, fecha en la que, como ya fue dicho, entró en vigor el Convenio Cambiario número 35. En los meses siguientes continuó ajustándose esa tasa, ahora identificada como Simadi-Dicom, hasta llegar a comienzos de agosto a 645 bolívares fuertes por dólar. Esto respondía al cambio de rumbo en materia cambiaria que puso en marcha Pérez Abad, que buscaba llevar el precio de los dólares no preferenciales, utilizados para las importaciones no esenciales, a niveles más realistas, con el objetivo de sincerar el mercado y cerrar la enorme brecha existente entre ese precio y el tipo de cambio libre. Ello creó la esperanza de que en un plazo perentorio se podría adquirir dólares con una mayor fluidez para el grueso de las operaciones cambiarias, y a un tipo de cambio inferior al del mercado libre.

Esas expectativas favorables, combinadas con una moderación del ritmo de expansión de la oferta monetaria que se produjo en esos meses, contribuyeron a que el tipo de cambio libre mostrara entre marzo y julio de 2016 un comportamiento muy estable, produciéndose incluso una tendencia a la apreciación del bolívar en términos nominales, aun cuando leve. Aquel acelerado ajuste de la tasa Simadi-Dicom, combinado con el comportamiento estable de la tasa libre, se tradujo en un acercamiento de los dos tipos de cambio, llegándose a especular que las mismas podrían eventualmente converger. Todo cambió a comienzos de agosto de 2016, cuando la salida de Pérez Abad del gabinete implicó el fin de aquel plan cambiario, suspendiéndose el ajuste alcista de la tasa Simadi-Dicom. Ello llevó al convencimiento de que aquella esperanza de convergencia de las dos tasas y sinceración de las operaciones cambiarias no habían sido más que eso, una esperanza, una ilusión, reiniciándose al poco tiempo el alza sostenida de la tasa libre.

Esa tendencia alcista se vio reforzada por el deterioro de las expectativas políticas, al hacerse cada vez más remotas las posibilidades de realizar un proceso revocatorio para remover al presidente Maduro del poder, producto de las múltiples trampas y obstáculos del Consejo Nacional Electoral (CNE), organismo controlado por el oficialismo, con el fin de dilatar y bloquear ese legítimo proceso constitucional. También contribuyó al deterioro de las expectativas el insólito proceder de la Sala Constitucional del Tribunal Supremo de Justicia (TSJ), ente conformado por magistrados subordinados al Poder Ejecutivo, donde se dictaban sentencias sin fundamento jurídico para anular las leyes aprobadas por la Asamblea Nacional legítimamente elegida en diciembre de 2015, comicios en los que la oposición obtuvo una mayoría de dos tercios del Parlamento, de la cual también fue ilegítimamente despojada por el TSJ.

Adicionalmente, en el último trimestre de 2016 las expectativas cambiarias negativas tendieron a agravarse debido a la debilidad de los precios petroleros, a la caída de la producción de PDVSA y a la alta inflación que se padecía.[136]

Todo lo anterior, combinado con el repunte de la oferta monetaria en octubre y noviembre debido al masivo financiamiento de gasto deficitario por el BCV, contribuyó para que el precio del dólar en el mercado libre aumentara abruptamente, creciendo un 323% en tan solo dos meses, al pasar de 1.084 bolívares fuertes por dólar, a comienzos de octubre, a 4.587 bolívares fuertes al inicio de diciembre.

Gráfico 15.1

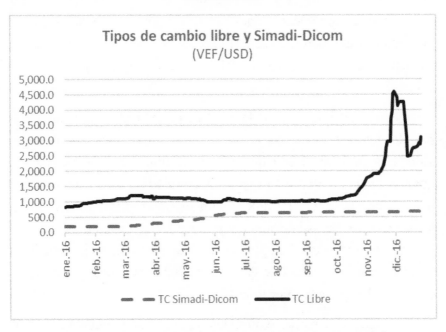

Fuente: Venezuela FX, Banco Central de Venezuela y Ecoanalítica

---

[136] Ver el artículo *Disloque cambiario* de Pedro A. Palma, publicado en el diario **El Nacional** el día 1 de diciembre de 2016. www.pedroapalma.com.

La fuerte reducción de la tasa libre en la tercera semana de diciembre y ulterior estabilización en los últimos días de 2016 se debió a una abrupta reducción de la disponibilidad de dinero en forma líquida, en respuesta a una insólita decisión gubernamental de retirar de la circulación y eliminar el valor de los billetes con denominación de 100 bolívares fuertes en un lapso de 72 horas, a pesar de ser este el de más alta denominación y el más frecuentemente utilizado en las transacciones de menudeo. A tales fines, a los tenedores de esos billetes se les dio un plazo de tres días para presentarlos en cualquier agencia de la Banca Pública a los fines de canjearlos por otros de diferentes denominaciones. Al culminar ese breve lapso, las personas que aún tuviesen billetes en su poder, solo los podrían canjear en las dos oficinas del BCV, ubicadas en Caracas y Maracaibo.

Con esa acción, anunciada el 11 de diciembre, se pretendía frenar el contrabando de extracción de esos billetes hacia Colombia, reducir la presión alcista del tipo de cambio libre, y penalizar a quienes habían acumulado una gran cantidad de esos billetes en el lado colombiano de la frontera, con el fin comprar productos en Venezuela a precios subsidiados y revenderlos en Colombia a precios mucho mayores, o de vender los billetes a un precio superior a su valor nominal, dada la escasez cada vez más aguda que de estos existía en Venezuela. (Ver Recuadro 7).

Se estima que para ese momento el BCV había puesto en circulación 6,2 millardos de billetes de esa denominación, por lo que es fácil inferir el caos que se formó en los días siguientes al sorpresivo e inesperado anuncio, al verse impedidos sus tenedores de poderlos canjear, máxime cuando un alto porcentaje de la población más pobre no estaba bancarizada, siendo imperativo para esas personas canjear los billetes de 100 bolívares que poseían por otros de distinta denominación, para así evitar sufrir severas pérdidas y verse impedidos de adquirir los pocos productos básicos que requerían para su subsistencia. La absurda decisión nunca se cumplió, pues días más tarde se pospuso la fecha de retiro de circulación e invalidez de los billetes hasta el 2 de enero de 2017, dándose nuevas prórrogas en los meses que siguieron hasta la derogación definitiva de esa orden.

Esa acción tuvo repercusiones importantes en el mercado cambiario, ya que la misma creó una reducción abrupta de medios de pago en la economía, y particularmente en la zona fronteriza con Colombia, adonde se realizaban importantes operaciones cambiarias para adquirir las divisas que escaseaban en Venezuela. Eso redujo de forma importante la compra de dólares, haciendo que la cotización en el mercado libre bajara. No obstante, esa apreciación del bolívar fue temporal y circunstancial, esperándose que en breve plazo volviera a materializarse la tendencia alcista en el precio de la divisa en ese mercado, como de hecho sucedió.

Recuadro 7

Todo escaseaba en Venezuela[(*)]

Durante varios años de las dos primeras décadas del siglo XXI se sufrió en Venezuela de una escasez creciente de productos, muchos de ellos de consumo masivo y altamente prioritarios, como alimentos, medicinas y otros, debiéndose esto a varias razones. La primera fue el permanente hostigamiento gubernamental al sector productivo privado, al ser este reiteradamente señalado como el culpable de la escasez de productos por el acaparamiento de mercancías, de acciones especulativas contra los consumidores, de maltrato de sus trabajadores y de muchas otras prácticas indebidas. Esas acusaciones, mayormente infundadas, fueron las excusas para justificar una serie de penalizaciones y castigos, tales como imposiciones de multas, confiscaciones, cierres forzosos de actividades, expropiaciones o expoliaciones, así como la imposición de controles y restricciones de todo tipo, destacando los controles de precios, que en muchos casos condenaban a productores, importadores y comerciantes a trabajar a pérdida, al imponerse precios que no tomaban en consideración la evolución de los costos de producción y de distribución de las empresas. Esto, obviamente, desincentivaba la inversión, limitando las posibilidades de expansión y diversificación de la producción, la eficiencia de las unidades de producción y los incrementos de productividad.

Otro factor que contribuyó a generar desabastecimiento y a limitar la producción del sector privado fue la dificultad cada vez mayor de acceder a las divisas para la importación de insumos o de productos finales, debido a restricciones cambiarias cada vez más severas, que se agravaron notablemente después del desplome de los precios petroleros a partir de la segunda mitad de 2014. Ello generó una acumulación desproporcionada de deudas con los proveedores externos, contribuyendo esto a limitar la producción de múltiples empresas, que no podían seguir adquiriendo los insumos o productos foráneos que requerían, debido a la negativa de sus proveedores a seguir financiando sus despachos mientras estuvieran pendientes las deudas previamente acumuladas.

Otro factor que contribuyó a limitar el dinamismo de la oferta de bienes y servicios fue la ineficiencia manifiesta de las empresas públicas, incluyendo aquellas que habían sido expropiadas o expoliadas al sector privado, las cuales, después de un tiempo cesaban operaciones o pasaban a producir una fracción de lo que producían en manos privadas.

La deficiencia cada vez más manifiesta de la oferta local de bienes y servicios incrementó la dependencia del suministro externo, estimulando notablemente las importaciones, en especial aquellas que podían ser hechas con dólares preferenciales, artificialmente baratos, las cuales eran realizadas de forma casi exclusiva por autoridades gubernamentales, generando esto todo tipo de corruptelas. No obstante, la escasez cada vez más aguda de divisas debido al desplome de los ingresos petroleros limitaron las posibilidades de realización de estas compras externas, contribuyendo ello a agravar la crítica situación de escasez y de desabastecimiento y a azuzar la inflación. De hecho, durante 2016, y particularmente en 2017, se notó una acentuada aceleración del aumento de los precios, pudiendo hablarse de una situación de inflación galopante.

Pero, no eran solo los productos de consumo masivo los que escaseaban, también había carestía cada vez más manifiesta de dinero efectivo, y más específicamente, de los billetes de más alta denominación. Ello se debía a la alta y creciente inflación que se sufría, lo cual elevaba la cantidad de dinero que había que disponer para comprar cualquier cosa, por menuda o simple que ella fuera. Eso se exacerbaba por la negativa de la autoridad monetaria, o del gobierno, a emitir billetes de más alta denominación, haciendo que el de mayor valía, el de cien bolívares, equivalía a unos pocos centavos de dólar si se convertía al tipo de cambio libre.

Adicionalmente, el incontrolado contrabando de extracción generado por los absurdos controles de precios y masivos subsidios que existían en Venezuela, también contribuía a generar escasez, no solo de bienes, sino también de efectivo. Al ser los precios de muchos productos de consumo masivo muy inferiores a los existentes en otros países vecinos, resultaba un excelente negocio adquirir estos bienes en Venezuela, llevarlos al otro lado de la frontera y venderlos a un precio muy superior. Para ello se necesitaban bolívares con qué comprar los productos en territorio nacional, razón por la que las personas dedicadas a este tipo de actividad buscaban afanosamente billetes venezolanos, particularmente los de más alta denominación, estando dispuestos a pagar una prima para adquirirlos. De allí qué los retiros bancarios en las zonas fronterizas venezolanas aumentaron notablemente, siendo los billetes de más alta denominación los más demandados y, por lo tanto, los que más escaseaban. Eso llevó a la imposición de límites de retiros bancarios en efectivo, particularmente en las zonas fronterizas, generando desagrado y rechazo entre los depositantes, quienes se veían limitados de acceder a su dinero, y en muchos casos estaban imposibilitados de hacer transacciones que nada tenían que ver con el contrabando de extracción ya explicado, viendo afectada su calidad de vida.

[*] El contenido de este Recuadro fue extraído del artículo *Escasez de efectivo*, de Pedro A. Palma, publicado en el diario El Nacional el 13 de agosto de 2015, así como de Palma (2018).

A comienzos de 2017, continuó operando el sistema cambiario Dicom sin mayores modificaciones, es decir, como la práctica continuación del Simadi, no siendo sino a finales del mes de mayo, cuando al mismo se le introdujeron importantes cambios en su funcionamiento. Éste migró hacia un sistema de subastas periódicas de divisas, las cuales eran liquidadas a un tipo de cambio mucho mayor al que alcanzó la tasa Simadi-Dicom el 24 de mayo, su último día de cotización. Hasta ese momento, esa tasa siguió mostrando un bajo dinamismo, aumentando tan solo 8% en casi 5 meses de operación, al pasar de 674,37 bolívares fuertes por dólar el 2 de enero a 728 bolívares fuertes el 24 de mayo. Eso implicó la profundización del divorcio de esa tasa con el tipo de cambio libre, tasa esta última que aumentó 86,7% en ese período, al pasar de 3.164,72 bolívares fuertes por dólar a comienzos de 2017 a 5.907,87 bolívares fuertes el 24 de mayo.

Como se observa en el Gráfico 15.2, los montos liquidados al sector privado a la tasa Simadi-Dicom experimentaron una nueva contracción en esos primeros cinco meses del año, lo cual, unido a las muy bajas liquidaciones a la tasa Dipro, hizo que en ese lapso continuara la franca tendencia a la baja en las liquidaciones de divisas al sector privado a tasas de cambio oficiales.

El 19 de mayo de 2017 fue publicado en Gaceta Oficial el Convenio Cambiario número 38, donde se establecían las normas bajo las cuales operaría el nuevo esquema Dicom,[137] a través de subastas periódicas de moneda extranjera.

---

[137] Ver *Gaceta Oficial* N° 6.300 Extraordinario del 19 de mayo de 2017.

Gráfico 15.2

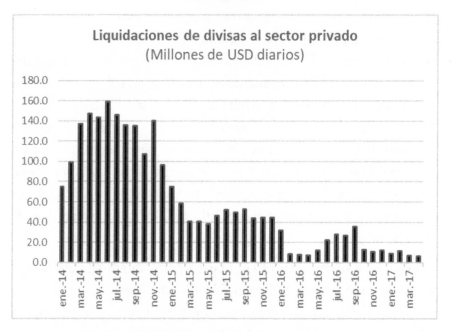

Liquidaciones de divisas al sector privado
(Millones de USD diarios)

Fuente: Banco Central de Venezuela, Ministerio Economía, Finanzas y
Banca Pública y Ecoanalítica

15.3. Las subastas de divisas a través del Dicom

En el primer artículo del Convenio Cambiario número 38 se establecía que las subastas de moneda extranjera podían ser realizadas con posiciones mantenidas por personas naturales o jurídicas del sector privado que deseasen presentar posturas de oferta y demanda, así como por el BCV. Los otros órganos o entes del sector público debidamente autorizados solo podían participar en las subastas en calidad de oferentes.

Las subastas se identificaban como un sistema de flotación administrada entre bandas móviles monitoreadas, donde el tipo de cambio de las transacciones fluctuaría entre los límites superior e inferior de la banda, y el tipo de cambio resultante de cada subasta sería el menor precio propuesto por los demandantes de divisas que resultasen adjudicados. Ese tipo de cambio sería publicado en la página web del BCV y en la del sistema Dicom, pasando a ser el tipo de cambio vigente hasta que se determinare otro por la siguiente subasta. También se publicarían periódicamente las personas naturales o jurídicas beneficiadas y las cantidades adjudicadas.

El sistema Dicom sería administrado, regulado y dirigido por un nuevo ente, el Comité de Subastas de Divisas, órgano integrado al BCV con autonomía para el ejercicio de sus funciones. Las personas naturales o jurídicas interesadas en ofertar o adquirir divisas a través de este sistema debían, además de presentar sus posturas, declarar la causa que les daba origen, el destino de los fondos y garantizar la existencia y disponibilidad de los recursos en moneda nacional y extranjera que soportaran las posiciones que fueran ofertadas y demandadas. Todas las operaciones tendrían que hacerse a través de cuentas bancarias mantenidas en el sistema financiero local, por lo que, al igual que el sistema Simadi, las liquidaciones de divisas se harían a través de cuentas denominadas en dólares en bancos locales cuyos fondos debían ser mantenidos en cuentas en moneda extranjera en el BCV.

Las personas naturales podían adquirir durante cada trimestre calendario un monto máximo de 500 dólares, mientras que las personas jurídicas podían adquirir mensualmente el equivalente al 30% del ingreso bruto promedio mensual declarado en el Impuesto Sobre la Renta del ejercicio fiscal precedente, hasta un monto máximo de 400.000 dólares. Aquellas empresas que necesitasen obtener cantidades mayores a esos límites podían introducir una solicitud ante el Comité de Subastas de Divisas, quien aprobaría o denegaría la petición, no pudiendo exceder estas la cantidad de 9,6 millones de dólares por año.

Las empresas que obtuviesen divisas a través de este sistema debían aplicar como base de cálculo para su estructura de costos la tasa de cambio de la subasta respectiva. Igualmente, las empresas que utilizasen divisas no adquiridas a través de este sistema tendrían que utilizar la tasa de Dicom vigente a los fines de determinar su estructura de costos.

15.4. Funcionamiento del sistema de subastas Dicom

El 25 de mayo de 2017 se puso en marcha el nuevo sistema, convocándose la primera subasta. En esa oportunidad se estableció una banda con un límite inferior de 1.800 bolívares fuertes y uno superior de 2.200. Esto implicaba el inicio del nuevo sistema con un tipo de cambio muy superior al del Sistema Dicom anterior, cuya última cotización el día 22 de mayo fue de 727,97 bolívares fuertes por dólar. Sin embargo, cualquier tipo de cambio que se estableciera para esa primera subasta dentro de los límites de la banda estaría muy distante del tipo de cambio libre de ese momento, que se ubicaba en 5.980 bolívares fuertes por dólar. Esto marcó una primera diferencia con los sistemas cambiarios precedentes (Sicad II y Simadi), los cuales habían arrancado con tipos de cambio mucho más próximos a los existentes en el mercado libre.

Al igual que con los sistemas cambiarios anteriores, era válido preguntarse qué posibilidades de éxito tendría el nuevo sistema de subastas Dicom en el logro de los objetivos que se le habían establecido, particularmente el del abatimiento y control del tipo de cambio libre, dados los estrepitosos fracasos de los sistemas precedentes (Sitme, Sicad, Sicad II y Simadi), en la consecución de ese mismo objetivo. La condición de base para lograr esa meta era que una vez que se determinara el rango donde evolucionaría el tipo de cambio, la oferta de divisas pudiera satisfacer la demanda que se generara, es decir, que se lograra y mantuviera un equilibrio en el mercado cambiario, objetivo que en ese momento lucía como muy difícil de alcanzar. Esto se debía a la presencia de una serie de factores cambiantes o inciertos que estaban influyendo de forma decidida sobre el comportamiento de esas variables de mercado.

La demanda de divisas, además de depender del tipo de cambio, también respondía a otras realidades adversas que la estaban exacerbando. Entre estas estaban:

- las perspectivas nada favorables acerca de la evolución de los precios petroleros
- la incertidumbre generalizada que existía
- la conmoción política y social que reinaba en todo el país
- la amplia disponibilidad de bolívares que podían utilizarse para la adquisición de divisas.

La oferta de moneda extranjera, por su parte, se encontraba muy restringida debido a las menores exportaciones petroleras, a los bajos niveles de reservas internacionales, a las escasas posibilidades de financiamiento externo, y a las exiguas entradas de capital. Todo lo anterior influía para que, al momento de iniciarse el sistema de subastas Dicom, existiera una situación de sobredemanda de divisas que presionaba al alza el tipo de cambio libre.

Adicionalmente, las características con las que arrancaba el nuevo sistema de subastas cambiario llevaban a pensar que este no podría lograr el objetivo de normalizar el mercado cambiario y forzar a la baja el tipo de cambio libre, ya que, de mantenerse las bandas en niveles muy alejados del tipo de cambio libre existente, la demanda de divisas sería desproporcionadamente alta, mientras que muy pocos tenedores privados de moneda extranjera se verían inclinados a ofrecer sus dólares a esos precios tan bajos.

El nuevo sistema, además de limitar las cantidades de divisas que se podían adquirir por su conducto, conllevaba un inconveniente adicional al decidirse que el tipo cambio Dicom sería el utilizado para calcular los costos externos de producción expresados en bolívares fuertes que se hubiesen cubierto con divisas, propias o no, adquiridas fuera de ese mecanismo. Eso podría implicar una gran subestimación de esos costos en moneda local, afectando los márgenes o generando cuantiosas pérdidas a las empresas.[138]

Después de realizarse 15 subastas entre fines de mayo y principios de septiembre de 2017, se obvió que este nuevo sistema estaba viciado y sin ninguna posibilidad de sobrevivencia. Las asignaciones de divisas eran exiguas (100 millones de dólares por mes, aproximadamente), y el tipo de cambio Dicom no respondía a ninguna racionalidad de mercado, observándose una disparidad cada vez mayor con el tipo de cambio libre. En efecto, el diferencial de las dos tasas pasó de 200% al momento de realizarse la primera subasta, a 471% a comienzos de septiembre, cuando se realizó la decimoquinta y última subasta.

---

[138] Ver el artículo *Dicom: ¿Otro intento fallido?*, de Pedro A. Palma, publicado en el diario **El Nacional** el 1 de junio de 2017. www.pedroapalma.com.

Cuadro 15.1

Diferencias de tasas de cambio Dicom y libre

Fecha	Tasa Dicom VEF/USD	Var. %	Tasa libre VEF/USD	Var. %	Diferencia de tasas
30/5/2017 (Subasta 1)	2.010		6.082		202,6%
4/9/2017 (Subasta 15)	3.345	66,5%	19.105	214,2%	471,2%

Fuente: Banco Central de Venezuela y Ecoanalítica

El 25 de agosto de 2017 el gobierno estadounidense impuso, por primera vez, unas sanciones financieras al sector público de Venezuela, prohibiéndole a cualquier entidad que operara en EE. UU. la negociación de bonos de la República y de PDVSA por nuevas emisiones de deuda, o de ciertos bonos que estuvieran en manos del sector público. También se prohibía el pago de dividendos al gobierno venezolano. De acuerdo con lo dicho por voceros oficiales de ese país, con esas sanciones se buscaba restringir el acceso de entes públicos venezolanos al mercado financiero norteamericano, y proteger al sistema financiero de Estados Unidos, para evitar que el mismo se volviera cómplice de la corrupción imperante en el gobierno venezolano.[139]

---

[139] Ver *Statement by the Press Secretary on the New Financial Sanctions on Venezuela*. 25 de agosto de 2017. https://www.whitehouse.gov/briefings-statements/statement-press-secretary-new-financial-sanctions-venezuela/

Cuando a comienzos de septiembre de 2017 se anunció el resultado de la decimoquinta subasta de Dicom, en la que se habían asignado 22,73 millones de dólares a un tipo de cambio de 3.345 bolívares fuertes por dólar, se informó que la liquidación respectiva no se había podido efectuar por problemas surgidos con el banco corresponsal, debido a las sanciones financieras impuestas días antes por el gobierno estadounidense. A partir de esa fecha no se realizaron nuevas subastas en lo que restó del año, pero el 25 de noviembre el ministro de Finanzas, Ramón Lobo, anunció la anulación definitiva de la decimoquinta subasta debido a la imposibilidad de liquidar las divisas por las ya mencionadas sanciones.

En el año 2017 el sector público realizó cerca del 74% de las importaciones totales de mercancías, haciendo más del 90% de esas compras externas a la tasa Dipro de 10 bolívares fuertes por dólar, y el resto a la tasa Dicom. El sector privado, por su parte, solo importó 3.153 millones de dólares, equivaliendo esto a 26,2% del total; de ese monto, solo 21% fue hecho con dólares adquiridos a la tasa Dipro, 22% a la tasa Dicom y el 57% restante a la tasa libre. Resumiendo, se estima que 72,4% de las importaciones totales se hizo a la tasa Dipro, el 12,5% a la tasa Dicom y el 15,1% restante a la tasa libre.[140]

---

[140]   Los porcentajes a los que se realizaron las distintas importaciones de 2017 son estimados de Ecoanalítica. Ver Oliveros *et al. La vida te da sorpresas... Gobierno elimina la tasa Dipro.* **Nota Especial de Coyuntura**. Ecoanalítica: enero de 2018, p. 2.

15.5. 2018: Se elimina la tasa Dipro y surge, de nuevo, un nuevo sistema Dicom

El 26 de enero de 2018 entró en vigor el Convenio Cambiario N° 39,[141] donde se establecían las normas operativas del nuevo sistema de subastas Dicom. Aun cuando el nuevo esquema tenía mucho en común con el sistema de subastas implementado a mediados de 2017, se introducían algunos cambios de importancia. El primero de ellos era que solo personas naturales o jurídicas del sector privado podían participar en las subastas como oferentes y demandantes de divisas, quedando excluido cualquier ente del sector público de participar en estas.

En este sistema, definido como uno de flotación de tipo americana,[142] el tipo de cambio resultante de cada subasta sería el menor precio propuesto por las personas jurídicas demandantes que resultase adjudicado, es decir, el valor marginal sobre las demandas adjudicadas a las personas jurídicas, quedando eliminadas las bandas dentro de las cuales podía oscilar el tipo de cambio resultante de cada subasta. Sin embargo, cualquier otro demandante podía proponer precios más altos, a los cuales adquiriría las divisas que le fueran asignadas.

---

[141] Ver *Gaceta Oficial* N° 41.329 del 26 de enero de 2018. Este Convenio Cambiario fue reimpreso en la *Gaceta Oficial* N° 41.340 del 14 de febrero de 2018.

[142] En el caso de las subastas tipo americana, cada demandante al que se le asignan divisas paga estas al precio que ha propuesto, siendo el precio marginal el más bajo presentado por los demandantes a quienes se les asignaron divisas.

Otro cambio de importancia fue el introducido en el artículo 28 del Convenio, que eliminaba el tipo de cambio Dipro, por lo que tenía que producirse una migración contable de todo el sector público y del privado al tipo de cambio de flotación (Dicom). De esta forma, todas las operaciones en divisas del sector público deberían hacerse al tipo de cambio marginal anunciado en la subasta inmediatamente anterior, aun cuando este sector no hubiese participado en las subastas. Esto implicaba el encarecimiento abrupto de la gran mayoría de las importaciones del sector público que, como ya fue dicho, se realizaban hasta ese momento a la tasa Dipro, incluyendo las de alimentos y medicinas, por lo que era lógico esperar un fuerte aumento de los precios de los productos básicos, aun cuando el gobierno los vendiera a descuento con precios altamente subsidiados.

Se imponían limitaciones a las cantidades de divisas que podían ser adquiridas a través de estas subastas. Las personas naturales podían comprar trimestralmente un monto máximo de 420 euros o su equivalente en otras divisas, mientras que las personas jurídicas podían adquirir mensualmente el equivalente al 30% del ingreso bruto promedio mensual declarado en el Impuesto Sobre la Renta en el ejercicio fiscal precedente, hasta un monto máximo de 340.000 euros o su equivalente en otras divisas

También se establecía que cualquier persona natural o jurídica del sector privado interesada en realizar operaciones de menudeo, por cantidades iguales o menores a 8.500 euros o su equivalente en otra divisa, podían hacerlo por medio de los operadores cambiarios autorizados. Adicionalmente, se permitía que las sociedades de corretaje y casas de bolsa, así como la Bolsa Pública de Valores Bicentenaria realizaran operaciones de negociación, en moneda nacional, de títulos denominados en moneda extranjera emitidos por cualquier ente privado, tanto nacional como extranjero, no aplicando esta norma a los títulos valores emitidos por el sector público.[143]

15.6. Funcionamiento del segundo sistema de subastas Dicom

A comienzos de febrero de 2018 tuvo lugar la primera de las 26 subastas que se realizaron bajo el nuevo esquema, dando como resultado un tipo de cambio de 25.000 bolívares fuertes por dólar, equivalente a 30.987,50 bolívares fuertes por euro. Esa tasa del dólar era substancialmente mayor que la de la última subasta del sistema anterior (3.345 bolívares fuertes por dólar, realizada en abril de 2017 y anulada en noviembre), pero muy inferior a la existente en el mercado libre que, para ese momento, estaba por encima de los 260.200 bolívares fuertes por dólar. En las subastas que siguieron, los tipos de cambio resultantes publicados por el BCV fueron aumentando paulatinamente, pero siempre manteniendo un diferencial muy marcado y creciente con la tasa libre, hasta producirse una total disociación entre ambas.

Un aspecto que llama la atención, y que se resalta en el Gráfico 15.3, es la estabilidad del tipo de cambio libre durante el mes de julio de 2018 (subastas 21 a 24), rompiendo la tendencia creciente de los meses anteriores. Ello fue producto, por una parte, de la caída abrupta que sufrió la capacidad de compra de las remuneraciones al trabajo, lo cual obligó a destinar al consumo de productos básicos un mayor porcentaje del ingreso personal, en detrimento del ahorro, reflejándose esto en una menor demanda de dólares al menudeo y,

---

[143] Ver Hernández, J. I. *El Nuevo Régimen Cambiario Tras el Convenio Cambiario N° 39*, Grau García Hernández Mónaco, Abogados. 29 de enero de 2018. También, ver Casique (2018).

por la otra, a las severas contracciones de las ventas de las empresas, lo cual se tradujo en una menor disponibilidad de recursos para realizar operaciones de cobertura en divisas y, consecuentemente, en una menor demanda de dólares en el mercado libre.[144]

Gráfico 15.3

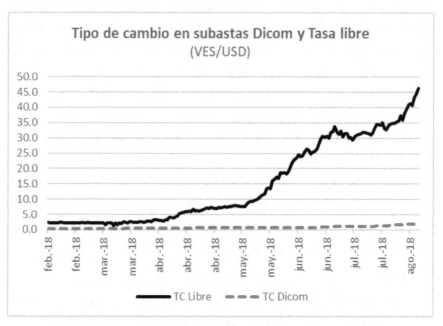

Fuente: Banco Central de Venezuela, Venezuela FX y Ecoanalítica

Nota: Al estar este gráfico expresado en bolívares soberanos VES (1 VES = 100.000 VEF), no se puede apreciar la diferencia notoria que existía entre las dos tasas de cambio en los primeros meses de implementación del segundo sistema de subastas Dicom (febrero y marzo de 2018).

---

[144] Ver el análisis de Guillermo Arcay Finlay en el **Informe de Coyuntura Cambiaria** de Ecoanalítica del mes de julio de 2018.

Un aspecto que caracterizó a las subastas Dicom fue la marcada brecha entre el tipo de cambio marginal y el tipo de cambio máximo registrado en algunas ellas, llegando a existir diferencias superiores a 2000%. Esto hacía muy poco probable que algún oferente privado estuviera dispuesto a ofertar divisas al precio marginal, cuando tenía la posibilidad de vender sus dólares a precios substancialmente mayores en el mercado libre. De allí se puede concluir que la tasa Dicom publicada por el BCV no se determinaba a través de un sistema de libre flotación, como lo establecía el Convenio Cambiario N.º 39, sino que, al igual que en los casos precedentes, era manipulada por la autoridad cambiaria, en este caso con la finalidad de darle al sector público la capacidad de establecer a su conveniencia el tipo de cambio aplicable a sus divisas.

En cuanto a los montos transados, estos fueron muy inferiores a las ya escasas asignaciones de divisas bajo el esquema anterior. En efecto, mientras que en las subastas de 2017 se negoció un monto promedio de 100 millones de dólares mensuales, en las 26 subastas bajo el nuevo sistema, realizadas entre principios de febrero y el 10 de agosto de 2018, tan solo se asignaron divisas por un monto acumulado total de 18,5 millones de dólares, siendo común las subastas semanales en las que la asignación era muy inferior al millón de dólares; tan solo en algunas de ellas, principalmente en las de mayo, los montos transados superaron los dos millones de dólares.

Un aspecto importante, aunque no tan relacionado con el tema que nos ocupa, es la decisión que tomó el gobierno nacional el 8 de junio de 2018 de autorizar a tres empresas locales para realizar operaciones cambiarias relacionadas con las remesas que se recibían del exterior. A tales fines, se estableció una nueva tasa de cambio de 1.300.000 bolívares fuertes por dólar con la cual podían operar dichos intermediarios, siendo esta revisada días más tarde en dos oportunidades hasta llevarla a 2.500.000 bolívares fuertes por dólar a fines de ese mes. Si bien esas tasas eran muy inferiores a las del mercado libre, estaban muy por encima de las tasas Dicom publicadas por el BCV, por lo que ahora habría que considerar el comportamiento de tres tasas cambiarias, a saber: La tasa marginal de las subastas Dicom, la de las remesas y la libre.

Una primera pregunta que surgía en torno a estas operaciones era por qué las personas que enviaban remesas desde el exterior se inclinaban a hacerlas a través de los operadores autorizados a esos fines, en vez de a través del mercado libre, donde existía una tasa de cambio muy superior. La respuesta puede encontrarse en el hecho de que un grado creciente de los migrantes venezolanos abandonaban el país por motivos económicos, haciéndoseles difícil el acceso a cuentas bancarias, por lo menos durante los meses iniciales de adaptación. De allí que, acudir a operadores internacionales, tales como *MoneyGram* o *Western Union*, podía serles muy conveniente, ya que se eliminaba el requisito de estar bancarizado, se reducían los riesgos de estafa, y se evitaba el costo de oportunidad derivado de la búsqueda de agentes cambiarios en Venezuela a través de los cuales se pudiera realizar la conversión de las divisas que enviaban a la tasa del mercado libre. De allí que la brecha entre la tasa de cambio de remesas con la del mercado libre podía considerarse como una prima por riesgo y un diferencial de costos transaccionales.[145]

---

[145] Ver Leidenz Font, Jean-Paul *Un nuevo tipo de cambio: Las remesas*. Eco-analítica: **Informe de Coyuntura Cambiaria**, junio 2018. En este trabajo se hace un análisis más detallado sobre el tema de las remesas y su relación con

Otra pregunta era por qué el gobierno permitió el montaje de esa estructura para el manejo de las remesas. Una posible respuesta era para incrementar la oferta de divisas en las subastas Dicom, como fue sugerido entonces por altos voceros gubernamentales. Sin embargo, para que ello sucediera se requeriría que el precio al que se pudiera vender las divisas en las subastas fuese mayor que el tipo de cambio al cual fueron adquiridas. De otro modo, no habría incentivos para que los operadores autorizados para manejar las remesas actuaran en línea con el deseo gubernamental. Los bajos niveles de las tasas Dicom publicadas por el BCV hacían inviable la canalización de las divisas de las remesas hacia las subastas.

En resumen, el segundo esquema de subastas Dicom fracasó en la consecución de sus objetivos centrales, como lo habían hecho los sistemas cambiarios que le precedieron. Si bien puso fin a la absurda tasa Dipro, no tuvo éxito en el establecimiento de una única tasa de cambio controlada más realista que respondiera al libre juego de la oferta y la demanda. Por el contrario, se repitieron los mismos errores del pasado, estableciendo una tasa de cambio artificial y manipulada, que no respondía a las realidades económicas que se vivían, caracterizadas por una situación hiperinflacionaria, un colapso de la actividad petrolera, y la presencia de profundos desequilibrios en los ámbitos fiscal, monetario, financiero y real. No se logró el objetivo de estimular la oferta de divisas por parte del sector privado, lográndose montos transados muy bajos en las 26 subastas y, finalmente, ese sistema, al igual que los que le precedieron, no logró el objetivo de dominar y controlar de forma perma-

---

la evolución del sistema de subastas Dicom implementado en la primera mitad del 2018. De allí se extrajeron varias de las ideas expresadas en esta sección.

nente al tipo de cambio libre que, como ya se ha dicho, según el discurso gubernamental, estaba distorsionado y solo respondía a las manipulaciones inescrupulosas de agentes externos.

Capítulo 16

¿Se flexibiliza o elimina el control de cambios?

En los primeros días de agosto de 2018 la Asamblea Nacional Constituyente (ANC) dictó el decreto derogatorio del régimen de ilícitos cambiarios,[146] por medio del cual se abolía el decreto con rango, valor y fuerza de ley del Régimen Cambiario y sus Ilícitos. Según el propio texto del decreto, esto se hacía con el fin de «conferir a la sociedad venezolana un nuevo marco normativo en el que los particulares puedan realizar transacciones entre privados, cambiarias, propias, en divisas, de origen lícito, sin más limitaciones que las establecidas por la ley».[147] Esa decisión generó una serie de conjeturas acerca de su verdadero significado y alcance, concluyendo algunos analistas que su implementación denotaba el fin del control cambiario y el inicio de un sistema de libre convertibilidad, mientras que otros sostenían que dicho decreto, además de carecer de sustento legal, no implicaba el levantamiento pleno del control

---

[146] Ver *Gaceta Oficial* N° 41.452 del 2 de agosto de 2018.
[147] *Ibid.*

de cambios existente desde 2003, sino tan solo una flexibilización del mismo.

16.1. Interpretación del decreto derogatorio del régimen de ilícitos cambiarios

Con el fin de aclarar los alcances del decreto en cuestión acudimos a la autorizada opinión de José Ignacio Hernández,[148] reconocido jurista venezolano. Según él, el decreto carecía de sustento legal, ya que la ANC, además de no tener legitimidad por ser un organismo surgido de unas elecciones írritas, no estaba facultada para ejercer actividad legislativa, por lo que se estaba violando el principio constitucional según el cual, una ley solo puede ser derogada por otra ley. Adicionalmente, si la Ley del Régimen Cambiario hubiese sido derogada, ello implicaría la extinción de todos los delitos cometidos bajo su vigencia, de conformidad con el principio constitucional según el cual la ley penal más favorable debe aplicarse hacia el pasado. Sin embargo, el decreto violaba ese principio al señalar que los delitos cometidos durante la vigencia de la Ley de Régimen Cambiario no prescribían y, por lo tanto, seguían siendo objeto de penalizaciones, aun cuando atenuadas.

Otro aspecto de importancia era que el control de cambios no derivaba de la Ley del Régimen Cambiario y sus Ilícitos, sino de los convenios y decretos que se dictaron en esa materia. Adicionalmente, la Ley del Régimen Cambiario dictada en 2014 había legalizado las operaciones cambiarias entre particulares, por lo que, a partir de

---

[148] Ver Hernández, J. I. (2018), escrito de donde se extrajeron las ideas expresadas en esta sección.

esa fecha, no cometían delito alguno quienes realizaban operaciones cambiarias sin la intervención del BCV.

De allí que, según Hernández, el decreto de la ANC partía de una premisa falsa: que para flexibilizar el control de cambios a favor de la libertad cambiaria era necesario derogar la Ley del Régimen Cambiario y sus Ilícitos. Según él, para lograr ese objetivo era necesario —como primer paso—, derogar los inconstitucionales convenios y decretos que impusieron el control de cambios y, luego, implementar el marco regulatorio que permitiera el libre intercambio de divisas. Sin embargo, el decreto no adoptaba ninguna de esas decisiones.

Finalmente, para que realmente se produjera una apertura del mercado cambiario, además de poner en práctica el debido marco jurídico, se requería crear las condiciones económicas para que se materializara una abundante, permanente y fluida oferta de divisas, capaz de satisfacer la demanda de moneda extranjera que se materializara en un ambiente de verdadera libertad cambiaria. Eso no se podía lograr con la simple derogación de la Ley del Régimen Cambiario y sus Ilícitos.

16.2. Nueva reforma monetaria y ataduras al "petro"

El 17 de agosto de 2018 Nicolás Maduro se dirigió al país para presentar lo que él llamó el Programa de Recuperación Económica, Crecimiento y Prosperidad Económica, consistente en varias medidas a ser implementadas. Una de ellas era la puesta en marcha de una nueva reforma monetaria, según la cual se creaba una unidad monetaria: el "bolívar soberano (VES)", que equivaldría a 100.000 bolívares fuertes, y cuyo valor estaría atado al "petro", una moneda digital emitida por el gobierno venezolano en febrero de 2018 y anunciada a comienzos de diciembre de 2017. De esta forma, existirían dos unidades de cuenta: el bolívar soberano y el petro. El valor de un petro sería oscilante, y equivaldría al de un barril de petróleo, estableciéndose este en un nivel inicial de 60 dólares y de 3.600 bolívares soberanos, por lo que la tasa de cambio del dólar con respecto a la nueva unidad monetaria sería de 60 bolívares soberanos por dólar, equivalente a 6.000.000 de bolívares fuertes.[149] Se anunció la implementación de un nuevo sistema cambiario con un solo tipo de cambio anclado al petro, y que se aumentaría la frecuencia de las subastas Dicom a tres por semana, hasta llevarlas a una periodicidad diaria. Esto implicaba un ajuste muy intenso del tipo de cambio oficial, pasando el precio del dólar de 2,49 bolívares soberanos a 60,00, un aumento de 2.311%. Aun así, la nueva tasa estaba

---

[149] De acuerdo con documentos gubernamentales, el petro es una moneda digital emitida por el Estado venezolano y respaldada por las riquezas naturales de Venezuela, la cual es transable en divisas fiduciarias, y cuyo precio tiende a comportarse de manera estable, ya que cada emisión está respaldada por una cesta de *commodities* como petróleo, oro, diamantes y gas, y su capacidad de intercambio inmediato está garantizada por las riquezas que componen esa cesta. Sin embargo, el petro, cuya creación fue anunciada por Nicolás Maduro a comienzos de diciembre de 2017, no logró una aceptación generalizada que le diera respaldo y solidez financiera. Eso se debió, en primer término, a la caótica situación económica y política vivida en Venezuela desde mucho antes de que se anunciara su creación; en segundo término, a la ausencia de reconocimiento de la Asamblea Nacional al petro, por lo que la República pudiera eximirse en el futuro de reconocer los compromisos inherentes a esta moneda; y, finalmente, a las sanciones impuestas por el gobierno estadounidense el 19 de marzo de 2018, de acuerdo a las cuales quedaron prohibidas todas las transacciones vinculadas al sistema financiero estadounidense con cualquier moneda digital que hubiese sido emitida por, para o en nombre del gobierno de Venezuela a partir del 9 de enero de 2018.

todavía distante del tipo de cambio libre, el cual se ubicaba en ese momento en torno a los 120 bolívares soberanos por dólar.

Adicionalmente, se aumentó el salario mínimo en 5.900% hasta llevarlo a 1.800 bolívares soberanos, equivalente a medio petro, y se anunció la entrega de un "bono de reconversión" de 600 bolívares soberanos, que sería entregado a través del "carnet de la patria".[150]

Eso le generaba serios problemas financieros a las empresas privadas, quienes tenían que buscar la manera de generar recursos para cubrir el notable incremento de sus costos laborales, por lo que Maduro prometió que el gobierno asumiría el diferencial de la nómina salarial de las empresas privadas por los siguientes 90 días. A pesar de que esa promesa implicaba un fuerte aumento de gasto público, anunció el compromiso del gobierno de eliminar el déficit fiscal, acabando así con el financiamiento de gasto deficitario por el BCV, objetivos que, según él, se lograrían a través del aumento del IVA de 12% a 16%, de la creación de un nuevo impuesto a las transacciones financieras, y de los pagos de anticipos del Impuesto Sobre la Renta, equivalentes al 1% de las ventas brutas de los contribuyentes especiales, llevando ese porcentaje a 2% para el sector financiero y asegurador. Esto último implicaba un fuerte golpe a las finanzas de las empresas privadas, las cuales tendrían que pagar altas sumas por concepto de impuestos anticipados, independientemente de las cargas tributarias que resultaren al cierre de sus ejercicios fiscales.

---

[150] El carnet de la patria es un documento de identidad personal, creado en 2017 con el fin, según el gobierno, de agilizar la entrega de los programas sociales a la población. El mismo levantó críticas, aduciéndose que era un mecanismo de control social y de discriminación política.

El 21 de agosto de 2018, Calixto Ortega Sánchez, presidente del BCV, y Simón Zerpa, ministro de Economía y Finanzas, ampliaron los anuncios de Maduro. Después de que Ortega informara acerca de la reforma monetaria y de la entrada en vigor del bolívar soberano el día anterior, Zerpa hizo algunos señalamientos acerca de la evolución del sistema cambiario. En tal sentido, anunció que se eliminaba la asignación de divisas a entes privados por parte del sector público, y que, en lo sucesivo, la oferta de divisas sería aquella hecha por personas naturales y jurídicas del sector privado a través de subastas, las cuales se seguirían haciendo, al principio, con una periodicidad de 3 por semana, hasta llevarlas a una frecuencia diaria a fines del año.

En un nuevo convenio cambiario, a ser publicado ese mismo día, se establecerían las normas el nuevo sistema, en el que el tipo de cambio fluctuaría libremente en línea con la oferta y la demanda de divisas de los particulares. El BCV publicaría diariamente el tipo de cambio promedio ponderado resultante de las subastas, en las que no se establecerían restricciones a la oferta de divisas, mas sí a la demanda. En tal sentido, anunció que los montos permitidos de demanda serían monitoreados por el BCV y por el Ministerio de Economía y Finanzas ‹‹para que se correspondan a la realidad del volumen de transacciones››, iniciando con un máximo de 400.000 dólares por mes para las personas jurídicas y 500 dólares mensuales para las personas naturales.

Todas las instituciones bancarias, públicas y privadas, podrían recibir divisas del menudeo para ser cambiadas por bolívares soberanos a personas naturales, pero les quedaba prohibida a esas instituciones vender divisas a quienes que se presentaran en sus taquillas. También anunció que se ampliaría el número de bancos que podrían participar en el sistema cambiario, dependiendo de los que tuvieran corresponsalías en el exterior que cumplieran con los requisitos establecidos por las autoridades. Finalmente, informó que se masificaría el número de casas de cambio para que actuaran en aeropuertos, hoteles, locales comerciales y en otros sitios, a los fines de facilitar las operaciones cambiarias de los particulares.

16.3. El nuevo Convenio Cambiario

El Convenio Cambiario al que se refirió el ministro de Economía y Finanzas no fue publicado el 21 de agosto, como lo anunció el día de su rueda de prensa con el presidente del BCV, sino varias semanas después, y el mismo no mantuvo la secuencia numeral esperada, en línea con los convenios previamente publicados. En efecto, el 7 de septiembre de 2018 fue publicado y entró en vigor el Convenio Cambiario número 1,[151] con el que se pretendía marcar el inicio de una nueva etapa en materia de política cambiaria.

En su artículo 2 se planteaba el restablecimiento de la libre convertibilidad y el cese de las restricciones sobre operaciones cambiarias, lo que, en principio, podría interpretarse como el fin del control de cambios existente desde febrero de 2003. Sin embargo, al analizar dicho documento, se concluye que el mismo lo que hacía era modificar y flexibilizar el control cambiario existente, mas no suprimirlo. En efecto, se establecía una serie de regulaciones a las operaciones de menudeo y se ratificaba el sistema de subastas Dicom, ahora bajo el nombre de Sistema de Mercado Cambiario, en el

---

[151] Ver *Gaceta Oficial* N° 6.405 Extraordinario, publicada el 7 de septiembre de 2018.

que el BCV seguía teniendo una capacidad de injerencia incuestionable en cuanto a la determinación del tipo de cambio resultante de las subastas, a los participantes en las mismas, a la asignación de las divisas, a las instituciones que podían fungir como intermediarios cambiarios, y al tipo de operaciones que estas podían realizar.

Así, en el artículo 12 se establecía que solo los bancos universales podían actuar como operadores cambiarios, y en el artículo 14 quedaba establecida una prohibición a todas las instituciones de los sectores bancario, asegurador y del mercado de valores a hacer cotizaciones de demanda en las subastas. Adicionalmente, al igual que en los sistemas anteriores, en el artículo 9 se establecía que el tipo de cambio fluctuaría libremente de acuerdo con la oferta y la demanda, que el mismo aplicaría a todas las operaciones de liquidación de moneda extranjera del sector público y privado, y que sería el de referencia de mercado a todos los efectos.

De esta forma, se ratificaba un elemento de iniquidad con los productores, importadores y comerciantes que se viesen obligados a adquirir divisas en el mercado libre ante la imposibilidad de obtenerlas a través del Sistema de Mercado Cambiario, pues se les obligaría a utilizar el tipo de cambio publicado por el BCV al momento de establecer sus costos, en vez del tipo de cambio al que ellos realmente adquirieron las divisas para importar sus insumos o los bienes finales que comercializaban, el cual podía ser substancialmente más alto, como ya había sucedido en el pasado, y como también sucedió en este caso.

De hecho, durante los primeros 90 días de operación del nuevo sistema, el tipo de cambio resultante de las subastas pasó de 60,27 bolívares soberanos por dólar a 77,21, lo cual implicó un encarecimiento de 28,1% de esa divisa, a pesar de que durante ese lapso se estaba materializando en Venezuela una situación hiperinflacionaria con incrementos de precios superiores al 100% intermensual.[152] Eso implicaba que la tasa resultante era un tipo de cambio que experimentaba una alta y creciente apreciación real, lo cual hacía que la cantidad de dólares que se pudiera adquirir a través de las subastas fuera muy baja, pues la inclinación de los tenedores de dólares a ofertarlos a través de este sistema era prácticamente inexistente.

De allí que se pudiera inferir que la tasa Dicom, al igual que en los casos precedentes, no respondía al libre juego de la oferta y la demanda, como lo estipulaba el nuevo Convenio Cambiario, sino que era altamente intervenida por el BCV.

Por otra parte, al comparar la tasa Dicom con el tipo de cambio del mercado libre se seguía notando una disparidad entre ambas, aun después del fuerte ajuste que había experimentado la tasa oficial al entrar en vigor el nuevo cono monetario. Esto era particularmente cierto durante los meses de octubre y noviembre (subastas 43 a 66), cuando la tasa del mercado paralelo no solo se mantuvo en niveles muy superiores, sino que también experimentaba un crecimiento mucho más intenso que la tasa Dicom. No obstante, durante el mes de diciembre, la brecha entre ambas tendió a reducirse debido a un

---

[152] Según estimados del BCV, la inflación a nivel de consumidor del mes de septiembre de 2018 fue 127,7%, la de octubre: 88,1% y la de noviembre 123,2%. Sin embargo, existe la percepción de que esos cálculos subestiman el verdadero nivel de inflación que se padecía. De hecho, los estimados de la Asamblea Nacional y los de entes privados, como Ecoanalítica, ubicaban la inflación de esos meses en niveles mucho mayores.

crecimiento mucho más intenso de la tasa de las subastas que en los meses precedentes.

La alta injerencia del BCV en la determinación de la tasa Dicom y en la asignación de las divisas (artículo 18), combinado con la posibilidad dada al instituto emisor de adquirir los excedentes de ofertas de moneda extranjera que no se pudieran pactar en las subastas (artículo 10), le daba a esa institución una prerrogativa incuestionable, que podía afectar negativamente a los oferentes de moneda extranjera a través de este sistema, ya que aquellos que ofertasen divisas a precios superiores a la tasa Dicom resultante, y que no se hubiesen vendido, se podrían ver obligados a vendérselas al BCV a la tasa Dicom menos un 0,25% (artículo 9).

Gráfico 16.1

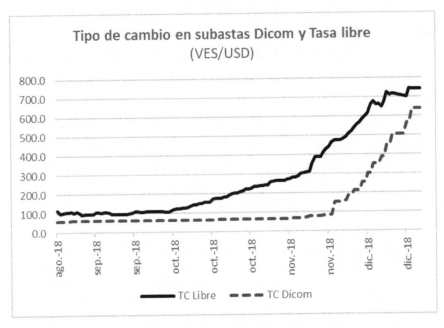

Fuente: Banco Central de Venezuela y Ecoanalítica

Gráfico 16.2

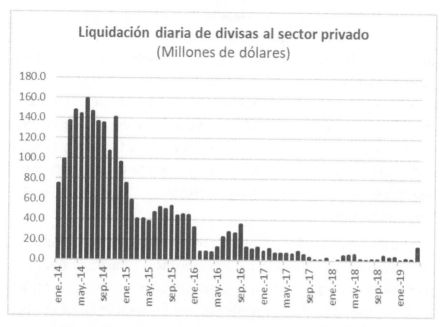

Fuente: Banco Central de Venezuela, Mppefbp y Ecoanalítica

Como puede verse en el Gráfico 16.2, y debido a todo lo anterior, el monto total transado a través del Sistema de Mercado Cambiario durante 2018 fue muy bajo, alcanzando un nivel de 168 millones de dólares en un lapso de 19 semanas, es decir, 8,8 millones de dólares semanales y 1,8 millones de dólares diarios. Eso equivalía al 50% de lo transado a través de las subastas Dicom en 2017, año en el que, como ya fue dicho, los montos negociados ya estaban en niveles muy bajos.

En cuanto a las operaciones cambiarias de menudeo, el nuevo Convenio Cambiario imponía una serie de limitaciones y condiciones. Así, en los artículos 19 y 20 se establecía que los bancos universales y las casas de cambio podían comprar divisas en forma de billetes, cheques de viajeros, cheques cifrados, transferencias, acreditaciones en cuenta o servicio de encomienda electrónica, hasta por un monto de 8.500 euros o su equivalente en otra divisa, por operación, al tipo de cambio publicado por el BCV el día anterior incrementado en 1%, pero tenían que destinar la totalidad de las divisas adquiridas a la atención de la demanda de moneda extranjera de sus clientes, pudiendo solo venderle divisas a personas naturales mayores de edad (artículo 23). Adicionalmente, el artículo 24 planteaba que el ministerio con competencia en materia de finanzas y el BCV serían los encargados de establecer los montos de las operaciones cambiarias de menudeo que las casas de cambio podrían realizar con sus clientes.

La sección III del Convenio Cambiario bajo análisis se refería a las operaciones de negociación, en moneda nacional, de títulos en moneda extranjera emitidos por entes privados nacionales o extranjeros, las cuales podían ser realizadas por las sociedades de corretaje de valores y las casas de bolsa, así como por la Bolsa Pública de Valores Bicentenaria, a través de la Bolsa de Valores (artículo 25).

A las instituciones del sector bancario y asegurador, así como a las cajas y fondos de ahorro, a los fondos fiduciarios y a las sociedades y los fondos de garantías recíprocas y de capital de riesgo, se les prohibía participar como clientes para obtener saldos en moneda extranjera a través de este tipo de operaciones. En el artículo 30 se establecía que el tipo de cambio de referencia para la venta de estos títulos valores sería el publicado por el BCV, y el aplicable para la compra sería esa tasa, reducida en 0,25%, aplicable sobre el valor de mercado del título negociado, o de aquel que libremente acordasen las partes intervinientes en la operación, cuando el título no tuviese valor de referencia en el mercado.

En los capítulos IV y V del Convenio Cambiario se ratificaban las normas ya existentes en cuanto a las cuentas en moneda extranjera en el sistema financiero nacional (artículo 32 a 34), y a las operaciones en divisas de los organismos internacionales, representaciones diplomáticas y consulares y funcionarios internacionales, estableciéndose que las operaciones cambiarias se efectuarían al tipo de cambio de referencia vigente para la fecha de realización de la operación. También se les permitía a las representaciones diplomáticas y consulares, así como a los funcionarios internacionales, presentar cotizaciones de oferta y demanda en las subastas del Sistema de Mercado Cambiario. (Artículos 35 a 37).

El Capítulo VI se refería al régimen cambiario aplicable al sector público. En tal sentido se establecía que las monedas extranjeras que obtuviese la República y los entes del sector público no petrolero, por cualquier causa, serían de venta obligatoria al BCV, salvo el caso de aquellas provenientes de operaciones de crédito público destinadas a la cancelación de importaciones, cuando los pagos correspondientes fuesen realizados directamente por el prestamista. Las adquisiciones de moneda extranjera que requiriesen los órganos y entes del sector público destinadas a cubrir obligaciones y pagos en moneda extranjera serían tramitadas directamente ante el BCV, y las divisas serían adquiridas al tipo de cambio de referencia. (Artículos 39, 40, 46 a 54).

En cuanto al sector petrolero, las divisas originadas por concepto de exportaciones de hidrocarburos serían de venta obligatoria al BCV, salvo aquellas que fuesen necesarias para cumplir con las contribuciones fiscales en monedas extranjeras a las que estuviesen obligados los sujetos debidamente autorizados. Adicionalmente, PDVSA y sus empresas filiales no podrían mantener fondos en divisas por más de 72 horas, salvo lo que correspondiese a los fondos colocados en el exterior para el pago de compromisos financieros, así como para sufragar sus pagos operativos y de inversión en el extranjero.

Adicionalmente, las empresas creadas en virtud de convenios de asociación suscritos por PDVSA, así como las empresas mixtas, podrían mantener cuentas en divisas en instituciones bancarias nacionales o foráneas, donde podrían depositar aquella parte de los ingresos recibidos que requiriesen para efectuar sus pagos y desembolsos fuera de Venezuela. El resto de las divisas sería de venta obligatoria al BCV. (Artículos 41 a 45).

En cuanto al régimen cambiario del sector privado, el Convenio Cambiario establecía varías distinciones. Así, se establecía que los sujetos regulados por la Ley Constitucional de Inversión Extranjera Productiva podrían remitir al exterior las utilidades o dividendos, así como remesar los ingresos monetarios obtenidos, en los términos y condiciones previstos en esa ley. (Artículo 56). Se ratificaba la norma según la cual los exportadores privados podían retener hasta el 80% de sus ingresos en divisas, debiendo vender al BCV el 20% restante al tipo de cambio de referencia (artículo 57). También se establecía que el Banco de Desarrollo Económico y Social de Venezuela (Bandes) y el Banco de Comercio Exterior (Bancoex) recibirían directamente las divisas derivadas del pago de los financiamientos que hubiesen otorgado a exportadores privados, y después de retener los montos correspondientes al pago de amortización de la deuda, así como el porcentaje al que tuviera derecho el exportador, venderían al BCV las divisas remanentes, y le entregarían al exportador el monto en bolívares que le corresponda de las divisas vendidas al instituto emisor. (Artículos 61 y 62).

En lo referente a las operaciones en divisas efectuadas por los prestadores de servicios turísticos debidamente autorizados, se establecía que los operadores cambiarios autorizados para realizar operaciones al menudeo podrían retener el 25% de las divisas adquiridas de turistas internacionales y visitantes, debiendo vender el resto al BCV (artículo 69). Los prestadores de servicios turísticos de alojamiento y de transporte, así como los almacenes libres de impuestos (*Duty Free Shops*), por su parte, podían retener hasta el 80% de las divisas que recibiesen de sus clientes internacionales, debiendo vender el remanente al BCV; pero los prestadores de servicio público de transporte aéreo podían retener la totalidad de las divisas recibidas. (Artículos 74, 75 y 77).

En las disposiciones finales del Convenio Cambiario se establecía que los pasivos en moneda extranjera derivados del pago del capital, intereses, garantías y demás colaterales de la deuda privada externa, serían registrados y valorados al tipo de cambio vigente para la oportunidad en que fueron pactadas tales operaciones financieras (artículo 83). Igualmente, el tipo de cambio a ser empleado en la conversión de la moneda extranjera para la determinación de los montos a ser pagados como consecuencia de los regímenes sancionatorios aduaneros y tributarios, sería el tipo de cambio de referencia vigente para la fecha de determinación de la sanción correspondiente (artículo 84).

Finalmente, en el artículo 86 del Convenio Cambiario se planteaba que las obligaciones tributarias establecidas en leyes especiales, así como las tarifas, comisiones, recargos y precios públicos que hubiesen sido fijados en la normativa correspondiente en moneda extranjera, podrían ser pagadas alternativamente en la moneda en que estuviesen denominadas, en su equivalente en otra moneda extranjera o en bolívares, aplicando para ello el tipo de cambio de referencia vigente para la fecha de la operación, salvo que la normativa especial que regulase la obligación estableciese la forma específica del pago para su extinción. Las monedas extranjeras que se obtuviesen por concepto de pago de esas obligaciones serían de venta obligatoria al BCV.

A modo de resumen, puede decirse que la implementación de las normas contenidas en el Convenio Cambiario número 1 durante la segunda mitad de 2018, no generó un cambio de importancia en materia de política cambiaria, sino que fue más bien la ratificación del control cambiario que se venía implementando, con algunos cambios y adaptaciones. Tan solo hacia finales del año se notó un cambio de relativa importancia en materia de política económica y cambiaria, en primer término, al ajustarse el valor referencial del petro en un 150% hasta llevarlo a 9.000 bolívares soberanos, lo cual también significó un incremento de igual proporción del salario mínimo; en segundo término, al ponérsele fin al período de estabilidad de la tasa Dicom e iniciarse a una fase de incremento más pronunciado de la misma y; en tercer término, a la puesta en marcha de una política monetaria algo más restrictiva a través del aumento progresivo de los encajes requeridos a la banca.

Capítulo 17

2019, año de mayores cambios

En las primeras semanas de 2019 continuaron las subastas del Sistema de Mercado Cambiario con asignaciones de divisas muy limitadas, pero con tipos de cambio en franco ascenso. Después de cerrar el año precedente con una tasa Dicom de 638,18 bolívares soberanos por dólar, el 25 de enero, al final de la cuarta semana del nuevo año, esa tasa ya superaba los 2.000 bolívares soberanos, y el lunes siguiente subió a 3.299, un nivel superior al de la tasa del mercado libre de ese momento.

Entonces, el BCV anunció el inicio de un nuevo proyecto de intervención cambiaria, dirigido a abatir el entorno hiperinflacionario mediante la fijación del tipo de cambio oficial a 3.300 bolívares fuertes por dólar que, de acuerdo con las esperanzas del BCV, serviría de freno a las expectativas de precios. Con este objetivo en mente, el instituto emisor también anunció su intención de vender cantidades importantes de moneda extranjera a los intermediarios cambiarios, con el fin de que esas divisas se destinaran a satisfacer las necesidades del público. De esta forma, se anunciaba una nueva ancla para el logro del objetivo de frenar la hiperinflación, en este caso de carácter cambiario, que se sumaba al ancla monetaria que se venía poniendo en práctica desde octubre de 2018 a través de la elevación de los encajes bancarios.

17.1. Monetización de los déficits públicos y subida del encaje bancario

A mediados del mes de octubre de 2018, el BCV decidió elevar los encajes requeridos a la banca como una medida de restricción monetaria que compensara la dislocada expansión de la liquidez, producida por el financiamiento masivo de gasto público deficitario por parte de ese instituto. Con ello se buscaba, entre otros objetivos, mitigar la presión inflacionaria y frenar la descontrolada caída del bolívar en el mercado cambiario. De esta forma, a partir del 22 de octubre se elevó el encaje ordinario de 21,5% a 31%, y el encaje marginal de 31% a 40%,[153] imponiéndose nuevos aumentos en los meses de diciembre, así como en enero y febrero de 2019.

Esas medidas frenaron progresivamente la capacidad crediticia de la banca, hasta que prácticamente la paralizó con el último ajuste de los encajes requeridos del 11 de febrero de 2019, contribuyendo ello a reducir el ritmo de expansión de la oferta monetaria, aunque la misma siguió experimentando crecimientos de importancia. En efecto, mientras la liquidez monetaria (M_2) tuvo un crecimiento intersemanal de 13,4% durante el año 2018, desde que se incrementaron los encajes en febrero de 2019 hasta el fin de ese año esa masa monetaria mostró un crecimiento intersemanal de 6,85%. La base monetaria, por su parte, experimentó un crecimiento intersemanal

---

[153] Ver la Resolución 18-10-01 del BCV, publicada en la *Gaceta Oficial* N° 41.500 del 10 de octubre de 2018. Según dicha resolución, los nuevos encajes exigidos a las instituciones financieras entrarían en vigor a partir del día 22 de ese mes.

del 12,4% en 2018, mientras que entre mediados de febrero y finales de 2019 creció en promedio 7,25% por semana, atenuación que también se debió a la moderación de la monetización del déficit público que se operó a lo largo del año.

Cuadro 17.1

Tasas de encaje requerido a las instituciones financieras

Fechas	Ordinario	Marginal
Hasta el 21 de octubre de 2018	21,5%	31%
Desde el 22 de octubre de 2018	31%	40%
Desde el 10 de diciembre de 2018	31%	50%
Desde el 15 de enero de 2019	31%	60%
Desde el 11 de febrero de 2019	57%	100%

Fuente: Banco Central de Venezuela

Nota: El encaje ordinario es el encaje mínimo requerido sobre el total de las obligaciones netas de cada institución (depósitos, captaciones, operaciones pasivas, etc.), mientras que el marginal se refiere al encaje que se tiene que mantener sobre las variaciones positivas de las obligaciones netas e inversiones cedidas respecto al 14 de julio de 2006. En un ambiente hiperinflacionario, como el de Venezuela, el incremento de las obligaciones netas es muy intenso, haciendo que el encaje marginal tenga un peso muy grande en la determinación de los montos totales a ser encajados en el BCV.

La imposición de encajes tan altos succionó liquidez de la banca de forma exagerada, siéndole muy difícil a varios bancos cumplir con la nueva obligación. Ello se tradujo en un desbocamiento de la tasa interbancaria *overnight* (ver Cuadro 17.2), y en un práctico estrangulamiento del crédito bancario a sus clientes, contribuyendo ello a agravar la depresión económica que se sufría.

De hecho, al momento de hacerse el ajuste de febrero, el encaje excedente mantenido por la banca universal en el BCV era de 293,5 millardos de bolívares soberanos, equivalente a 15,6% de los depósitos totales del público en el sistema financiero. En las semanas que siguieron, este bajó sostenidamente hasta su desaparición a fines de marzo, comenzando un período de faltante creciente de encaje requerido a partir de abril. Esa insuficiencia alcanzó los 13,2 billones de bolívares soberanos a comienzos de 2020, monto que en ese momento equivalía a 32% de los depósitos totales del público en el sistema financiero. Esto le generaba altos costos a los bancos que no habían podido cumplir el encaje obligatorio, debido a las onerosas penalizaciones que se les imponía.

Cuadro 17.2

**Tasa interbancaria *overnight* promedio
(porcentaje anual)**

Diciembre 2018	9,95
Enero 2019	13,16
Febrero 2019	22,57
Marzo 2019	37,10
Abril 2018	64,00
Mayo 2019	104,95
Junio 2019	120,98
Julio 2019	127,71
Agosto 2019	127,55
Septiembre 2019	126,96
Octubre 2019	113,76
Noviembre 2019	253,06
Diciembre 2019	202,47

Fuente: Banco Central de Venezuela

17.2. Un nuevo proyecto de intervención cambiaria del BCV

Como ya fue dicho en el encabezado de este capítulo, a partir del lunes 28 de enero de 2019 el BCV comenzó a implementar una estrategia de intervención cambiaria a través del Sistema Bancario Nacional, buscando la estabilidad cambiaria y de precios. En tal sentido, se trazó el objetivo de estabilizar la tasa oficial Dicom —que no era otra que el tipo de cambio promedio aplicable a las operaciones al menudeo—, en torno a los 3.300 bolívares soberanos por dólar, nivel que, para ese momento, estaba por encima de la tasa en el mercado libre, la cual se ubicaba en torno a los 2.900 bolívares soberanos por dólar.[154] De esa forma, el instituto emisor se desligaba del infundado discurso gubernamental de que el tipo de cambio libre era producto de una operación criminal hecha por personas inescrupulosas que, desde el extranjero, manipulaban de forma espuria el precio de la divisa, ubicándolo en unos niveles que no respondían a ninguna racionalidad económica.

Paralelo al esquema de las subastas Dicom, el BCV, Sudeban y el Ministerio de Finanzas autorizaron el inicio de actividades de Interbanex, una plataforma privada que tenía como objetivo servir de facilitador en la realización de operaciones de compra y venta de divisas entre personas naturales y jurídicas del sector privado sin la intervención del BCV. La idea era que cada usuario que deseara realizar operaciones de compra o de venta de monedas extranjeras

---

[154] Desde la entrada en vigor del Convenio Cambiario número 1 el 7 de septiembre de 2018, y hasta el 10 de mayo de 2019, la tasa oficial Dicom publicada por el BCV era el tipo de cambio aplicable a las operaciones en moneda extranjera en el mercado cambiario al menudeo, según lo establecido en los artículos 19 y 22 de ese Convenio Cambiario.

debía hacer los aportes respectivos a un fideicomiso en los bancos que utilizaran la plataforma, organizaciones que, una vez realizada la operación, depositarían los saldos en bolívares o en divisas en las cuentas de los clientes, pudiendo estos dar instrucciones ulteriores al banco respectivo para transferir los fondos al exterior. Interbanex inició operaciones el 28 de enero de 2019 con un tipo de cambio referencial de 3.200 bolívares soberanos por dólar.

A través de intervenciones semanales en el mercado cambiario que comenzaron en los últimos días de enero de 2019, el BCV logró el objetivo de estabilizar la tasa oficial Dicom por un lapso de 11 semanas en torno al nivel anunciado de 3.300 bolívares soberanos por dólar, manteniéndose ésta por encima de la tasa libre durante buena parte de ese lapso. En línea con esa intervención, desde febrero el instituto emisor obligó a los operadores cambiarios a vender a sus clientes privados euros en efectivo provistos por el instituto emisor, divisas que, en buena medida, procedían de las ventas de oro de esa organización que se hacían en otros países, como una forma de compensar la importante reducción de ingresos de dólares por la exportación de petróleo, debido a las sanciones impuestas por Estados Unidos al gobierno de Maduro y, más específicamente, a PDVSA.[155]

---

[155] El 28 de enero de 2019 el gobierno de EE. UU. impuso nuevas sanciones al gobierno venezolano, en este caso a PDVSA, quedando bloqueadas las propiedades y los activos de esa empresa en Estados Unidos; adicionalmente, se le prohibió hacer operaciones con PDVSA a las personas que desarrollaban actividades en ese país. Los recursos generados por actividades de empresas propiedad del gobierno venezolano en Estados Unidos a quienes se les permitiera seguir operando, como Citgo, serían canalizados hacia cuentas bancarias bloqueadas a las que no tendrían acceso el gobierno de Maduro.

Aquel comportamiento transitorio de la tasa Dicom no solo hizo que se incrementaran los volúmenes de las remesas familiares hechas a través de los operadores cambiarios, sino que también incentivó el uso de tarjetas de crédito internacionales para el pago de transacciones menores en Venezuela, ya que, durante ese breve lapso, resultaba más económico pagar las compras en dólares que en bolívares.

Sin embargo, a partir de principios de abril el tipo de cambio libre comenzó a subir, sobrepasando a la tasa Dicom, entre otras razones, porque los bajos niveles de reservas internacionales y las limitadas capacidades de intervención efectiva en el mercado cambiario que tenía el BCV, hacían que el precio del dólar para las corporaciones aumentara con fuerza, y que, incluso la tasa de referencia al menudeo subiera hasta sobrepasar a la tasa Dicom. Eso contribuyó a que a partir de la tercera semana del mes de abril (Semana Santa), el tipo de cambio oficial se ajustara al alza hasta alcanzar los 5.200 bolívares soberanos por dólar el lunes 22 de ese mes.

El martes 23 de abril, el BCV emitió un comunicado en el que informaba que, debido a los ataques a la moneda que ocurrían en ese momento, y a la imposición de sanciones unilaterales por parte del gobierno de Estados Unidos a esa organización, esa institución se había visto restringida para procurar la estabilización de la economía, por lo que había decidido revisar el tipo de cambio a defender, ubicándolo en 5.200 bolívares fuertes por dólar.

Gráfico 17.1

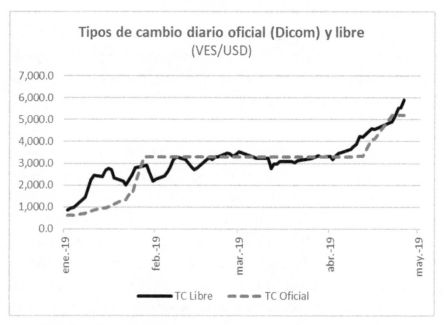

Fuente: Venezuela FX, Banco Central de Venezuela, Ecoanalítica

Ante las nuevas sanciones de EE. UU. los bancos corresponsales actuaron con cautela, absteniéndose de seguir operando con el BCV y suspendiendo su participación en las operaciones cambiarias en Venezuela.[156] Eso influyó para que la cantidad de dólares liqui-

---

[156] El 17 de abril de 2019 el gobierno estadounidense impuso unas sanciones sobre el BCV, bloqueando todas las propiedades o intereses de esa institución ubicadas en EE. UU., y prohibiéndole a los nacionales de ese país o a los que desarrollen actividades en el mismo, la realización de operaciones que involucren las propiedades bloqueadas del BCV o sus intereses.

dados a las personas jurídicas a través del Sistema de Mercado Cambiario prácticamente desapareciera.[157]

En los días que siguieron al comunicado del BCV, el tipo de cambio Dicom mostró una estabilidad en torno al tipo de cambio objetivo, contribuyendo para ello la venta de divisas directamente del instituto emisor a los operadores cambiarios. Sin embargo, esto no era factible de mantener por un período prolongado, dada la escasa disponibilidad de moneda extranjera de esa institución.

17.3. Apertura del sistema cambiario a través de las mesas de cambio

Ante las pocas posibilidades de intervención del BCV en el mercado cambiario, el 2 de mayo de 2019 ese organismo emitió la Resolución 19-05-01,[158] según la cual, las instituciones bancarias habilitadas para actuar como operadores cambiarios podrían pactar, a través de sus mesas de cambio, entre clientes de esa institución o en transacciones interbancarias, operaciones de compra y venta de monedas extranjeras mantenidas en el sector financiero nacional o internacional, por parte de las personas naturales y jurídicas del sector privado, así como por los organismos internacionales, las representaciones diplomáticas y consulares y por sus funcionarios. En el artículo 3 de esa resolución se establecía que el BCV, conforme a la información que suministrasen los operadores cambiarios, publicaría diariamente el tipo de cambio promedio ponderado

---

[157] Ver el artículo de Giorgio Cunto Morales *Volando a ciegas y sin alas*, publicado en el **Informe de Coyuntura Cambiaria** de Ecoanalítica. Abril de 2019. Pp. 2-9.

[158] Ver *Gaceta Oficial* N° 41.624 del 2 de mayo de 2019.

de las operaciones transadas en sus mesas de cambio, pasando a ser este el tipo de cambio de referencia de mercado a todos los efectos, que aplicaría para todas las operaciones de liquidación de monedas extranjeras del sector público y privado, al que aludía el artículo 9 del Convenio Cambiario número 1 del 21 de agosto de 2018.

Esta nueva orientación en materia cambiaria implicaba una mayor apertura en el manejo de las actividades de compra y venta de monedas extranjeras, las cuales ahora podrían ser realizadas directamente por entes privados sin la intervención del BCV, institución que solo se limitaría a publicar el tipo de cambio promedio ponderado de las distintas mesas de cambio. Eso implicaba la terminación del sistema de subastas Dicom y su sustitución por un mecanismo más expedito y transparente para la realización de las operaciones cambiarias entre privados.

Ello también incidió para que Interbanex anunciara el cese de sus operaciones después de tener actividad por algo más de tres meses, aduciendo que la puesta en marcha del nuevo sistema cambiario lo que hacía era permitir a los distintos operadores cambiarios la realización de las operaciones que Interbanex implementaba desde que inició operaciones en enero, por lo que sus directivos consideraban innecesaria su permanencia en Venezuela.

A partir del 13 de mayo de 2019 el BCV comenzó a publicar el tipo de cambio de referencia aplicable a las operaciones transadas en las mesas de cambio, notándose una tendencia alcista. Sin embargo, esa tasa se mantuvo consistentemente por debajo de las tasas de mercado aplicables a las corporaciones y al menudeo.

Una razón que explicaría la diferencia entre el tipo de cambio de referencia y el libre, era la disparidad que existía entre las tasas de los distintos operadores cambiarios, notándose que, en promedio, los tipos de cambio de los bancos privados superaban en un 2,3% a los de los bancos públicos.

Gráfico 17.2

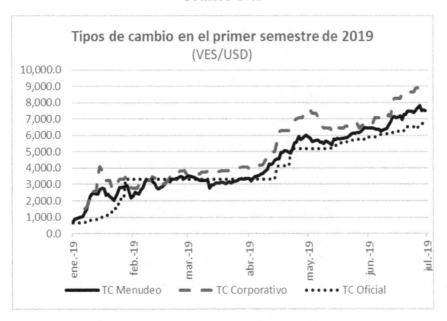

Fuente: Banco Central de Venezuela, Ecoanalítica

Ello respondía al interés gubernamental de lograr la mayor estabilidad posible en la tasa cambiaria de referencia con fines antiinflacionarios, lo cual tendría una efectividad menor en un ambiente donde no se estaba implementando un plan integral de estabilización que buscara como objetivo central el abatimiento de la hiperinflación que se sufría. Se insistía en atacar ese flagelo a través de medidas parciales, tales como el mantenimiento de una severa restricción monetaria por la vía de los altos encajes bancarios, una menor monetización de los déficits públicos, y una tendencia a la apreciación real de la moneda con el fin de mitigar el encarecimiento de las importaciones, lo cual podría contribuir a moderar el fenómeno hiperinflacionario, mas no a abatirlo de forma permanente.

Esas medidas se vieron reforzadas con la aparición de la Resolución 19-05-03 del BCV del 23 de mayo de 2019,[159] en la que se establecía que el instituto emisor, cuando lo estimara pertinente, podía vender divisas a los bancos universales y microfinancieros para que estos, a su vez, se los vendieran a sus clientes del sector privado, con excepción de los bancos y las organizaciones que actúan en el mercado de valores. El tipo de cambio al que se venderían las divisas a los clientes de los bancos sería el mismo al aplicado por el BCV al venderle dichas divisas. Esa tasa podría ser igual o menor al tipo de cambio de referencia promedio de las mesas de cambio. En caso de que los bancos no pudieran vender la totalidad de las divisas a sus clientes, se las podrían vender de vuelta al BCV, pero pagando unas elevadas penalidades.

La idea atrás de esta resolución era ratificar la existencia de una vía expedita de intervención del instituto emisor en el mercado cambiario con el fin de evitar elevaciones abruptas del tipo de cambio de referencia. Como ya se dijo, desde febrero de 2019 el BCV obligaba a los bancos a vender euros en efectivo a sus clientes, billetes que procedían, en parte, de la venta de las reservas de oro. Esto buscaba compensar o neutralizar las dificultades que tenían los bancos locales para transferir fondos al exterior para el pago de importaciones o para otros fines, dada la negativa de sus bancos co-

---

[159] Resolución publicada en la *Gaceta Oficial* N° 41.640 del 24 de mayo de 2019.

rresponsales externos de seguir operando con entes venezolanos ante las sanciones impuestas por Estados Unidos.

La intención era que se les vendieran las divisas a los importadores para que estos realizaran directamente sus compras en el exterior. Sin embargo, eso no era una tarea fácil de realizar, dado que los euros que se les vendía a las empresas eran en efectivo, recursos que no se podían transferir fácilmente al exterior de forma regular. Al tener que ser éstos depositados en cuentas en los bancos en Venezuela, esos recursos comenzaron a ser utilizados para el pago a proveedores locales, o para cubrir gastos de operación y dar bonificaciones o complementos a los empleados. Ello contribuyó a popularizar el uso de divisas en efectivo como medio de pago local.[160]

Sin embargo, como ya se dijo, las posibilidades del BCV de influir grandemente en la evolución del tipo de cambio a través de su intervención directa en el mercado cambiario eran ya muy limitadas. Ello se debía a:

- los bajos y decrecientes niveles de sus reservas internacionales
- los cada vez más exiguos ingresos de divisas procedentes del sector petrolero
- su bajísima capacidad de obtener financiamiento externo dadas las sanciones impuestas por Estados Unidos al BCV, las cuales prohibían al sistema financiero de ese país realizar operaciones con el instituto emisor.

---

[160] Ver el reportaje de Reuters *Banco Central venezolano obliga a bancos a vender millones de euros en efectivo,* firmado por Corina Pons y Mayela Armas. 3 de mayo de 2019. En enero de 2020 esta venta de euros bajó considerablemente en comparación a los niveles de diciembre de 2019.

Gráfico 17.3

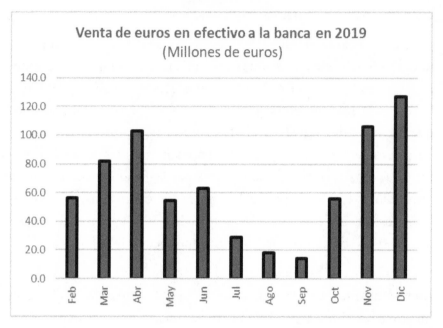

Fuente: Ecoanalítica

Una de las alternativas que buscó esa organización para neutralizar esas limitaciones fue la liquidación de parte de sus reservas de oro, vendiéndolas a otros países afines al gobierno, como Rusia y Turquía, lo cual le generó algún ingreso de divisas, aunque limitado. Eso hizo que las reservas de oro del BCV se redujeran durante el primer semestre de 2019 en 28,91 toneladas, lo cual equivalía a un 20,5% del total existente a fines de 2018.

Entonces existía el convencimiento de que la razón por la que el BCV mitigó la rigidez del control de cambios, licenciando a los operadores cambiarios a realizar operaciones de compra y venta de moneda extranjera a través de sus mesas de cambio, era su imposibilidad real de intervenir en el mercado cambiario e influir en el tipo de cambio de forma efectiva,[161] y no la búsqueda de una desregulación de la economía y la aplicación de correctivos a los severos desequilibrios existentes a través de la implementación de una reforma económica integral.

Adicionalmente, la baja disponibilidad de divisas le limitaba al gobierno las posibilidades de seguir realizando muchas de las importaciones que tradicionalmente hacía, por lo que tuvo que buscar mecanismos para hacer que el sector privado utilizara sus propias divisas, o las que pudiera obtener, para la realización de las compras foráneas que requiriera. A tales fines, dejó de imponer los severos controles de precios del pasado, y suavizó muchas de las restricciones cambiarias, comerciales y de otra índole que había impuesto a las actividades económicas privadas. Eso, además de mitigar notablemente los graves problemas de desabastecimiento de productos de toda índole, estimuló las importaciones del sector privado, proliferando los comercios al detal de productos importados en los que las transacciones se hacían exclusivamente en divisas, así como las compras foráneas de bienes de consumo en el formato conocido como *door to door.*

Otros factores contribuyeron a la dolarización transaccional de la economía durante el año 2019, es decir, al uso cada vez más frecuente y amplio del dólar como medio de pago para la realización de operaciones de compra y venta de productos de consumo de todo tipo. La pérdida de poder adquisitivo del bolívar debido a la hiperinflación que se vivía; la escasez cada vez más crítica de efectivo de-

---

[161] Ver el artículo de Víctor Álvarez *Eliminado el Control Cambiario: ¿de dónde saldrán las divisas?,* publicado en la página web de Run Runes Web, el 9 de mayo de 2019.

bido al rezago en la emisión de billetes de más alta denominación y al limitado número piezas en circulación; y la paralización de la actividad crediticia debido a los elevadísimos encajes requeridos que se le había impuesto a la banca, restringieron cada vez más el uso del bolívar en la realización de las transacciones. El fenómeno de dolarización transaccional se produjo en todo el territorio nacional, pero se notó con mayor intensidad en las zonas y ciudades fronterizas, como Maracaibo y San Cristóbal, donde el porcentaje de las transacciones al detal hecha con monedas distintas al bolívar llegó a superar el 90%.[162]

El único instrumento eficaz con que contaba el BCV para influir sobre el tipo de cambio era el encaje bancario que, después del ajuste de febrero de 2019, produjo un encaje efectivo promedio en torno al 80%. La paralización de la actividad crediticia que ello generó contribuyó a ampliar la apreciación real del tipo de cambio, haciendo que el ajuste del precio de la divisa se rezagara cada vez más con respecto al de los precios de los demás bienes y servicios de la economía. (Ver Gráfico 17.4).

Sin embargo, hacia fines de agosto de 2019 PDVSA realizó unos pagos en bolívares soberanos a algunos de sus proveedores locales, lo cual inyectó liquidez al sistema que se canalizó al mercado cambiario. Ello produjo un aumento superior al 50% del tipo de cambio libre en la última semana de ese mes, para luego retroceder en torno a un 20%, una vez que los bolívares inyectados por PDVSA se

---

[162] Ver el trabajo *Rasgos generales de la dolarización transaccional en Venezuela*, elaborado por Luis Arturo Bárcenas, publicado en el **Informe Semanal** de Ecoanalítica, Año 15, N° 39, semana II, noviembre de 2019.

diluyeran, y que las empresas se vieran obligadas a vender divisas para obtener los bolívares que necesitaban para realizar sus operaciones normales ante la imposibilidad de obtener crédito bancario. Esa reducción, sin embargo, era transitoria y circunstancial, siendo lógico esperar a futuro nuevas e intensas presiones alcistas del tipo de cambio.

Gráfico 17.4

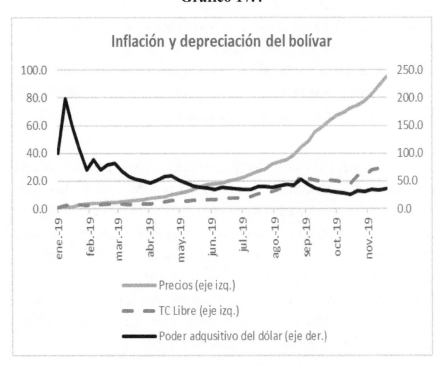

Fuente: Banco Central de Venezuela y Ecoanalítica

Ese episodio, a su vez, demostró que la simple inyección de un monto relativamente pequeño de liquidez,[163] podía producir una sobrerreacción (un *overshooting*) del tipo de cambio como producto, por un lado, de la baja preferencia del público por mantener activos líquidos en moneda nacional y, por el otro, del represamiento del precio del dólar, en parte producido por la estrechez de liquidez generada por la crítica escasez de financiamiento bancario. También demostró que, de producirse una reactivación del crédito bancario por una reducción de los encajes, la demanda de divisas repuntaría sólidamente, presionando al alza el tipo de cambio libre. Estos episodios, si bien contribuían a reducir el margen de sobrevaluación de la moneda, aún mantenían el tipo de cambio en niveles muy inferiores a los del nivel de paridad.

Mientras el BCV continuase financiando gasto público deficitario, aun cuando no con la intensidad del pasado, estaría muy constreñido para distender su política monetaria a través de la reducción de los encajes bancarios, pues ello podría producir abruptos encarecimientos de las divisas, con las consecuentes presiones inflacionarias adicionales. Eso podría inducir al instituto emisor a mantener los encajes en niveles muy elevados, a pesar de los dramáticos efectos que ello causaba sobre la demanda, sobre la actividad productiva, y sobre el muy golpeado sector financiero.

En los últimos meses del año 2019 y en los primeros días del 2020 nuevamente se notaron incrementos abruptos del tipo de cam-

---

[163] Algunos analistas ubicaron el monto de estos pagos en bolívares soberanos hechos por PDVSA a sus proveedores en un equivalente a los 90 millones de dólares.

316

bio, seguidos de moderaciones transitorias. Esto replicaba el proceso ya observado en el pasado, a saber: aumento del gasto público, expansión de la liquidez y canalización de los bolívares adicionales hacia el mercado cambiario para la adquisición de divisas, con la consecuente alza intensa del tipo de cambio. Al igual que en años anteriores, este fenómeno se notó con particular fuerza en el mes de noviembre, cuando el característico incremento del gasto debido a las vísperas navideñas hizo que el precio del dólar en el mercado libre aumentara fuertemente en dos ocasiones, haciendo que el tipo de cambio libre casi se duplicara durante ese mes.

Todo ello sucedió a pesar de los esfuerzos del BCV por neutralizar ese efecto a través del mantenimiento de las altas tasas de encaje bancario, del aumento de la venta de euros en efectivo a través de la banca (ver Gráfico 17.3), y de la decisión de indexar los créditos corporativos al tipo de cambio, con el fin de desincentivar la solicitud de préstamos para la adquisición de divisas.

Adicionalmente, este fenómeno agravaba la situación de la banca, ya que los altísimos requerimientos de encaje hacían que, con el aumento de los depósitos del público que se producía debido al incremento de gasto gubernamental, las necesidades de liquidez para cumplir con los requisitos de encaje aumentaran substancialmente, poniendo en situación apremiante a muchos bancos que se veían obligados a acudir al mercado *overnight*, teniendo que pagar intereses desproporcionadamente elevados por los créditos allí obtenidos.

17.4. Nuevos esfuerzos para apuntalar al petro

Durante los últimos meses de 2019 la administración de Maduro realizó esfuerzos para apuntalar al petro, moneda digital que desde su nacimiento había dado signos de debilidad debido a su poca aceptación, máxime después de las sanciones de EE. UU.,[164] según las cuales se le prohibía a cualquier persona de ese país o dentro de ella, a realizar operaciones con esa moneda.

En tal sentido, en Venezuela se anunció la decisión de utilizar el petro de forma obligatoria para la realización de ciertas operaciones, tales como el pago de servicios prestados por el gobierno en las áreas de identificación y extranjería, registros y notarías y algunos otros, así como el suministro de combustible en el territorio nacional a buques y aeronaves, tanto locales como extranjeras, y el pago de algunas exportaciones hechas por entes públicos.[165]

Una de las primeras acciones importantes con el petro por parte del gobierno fue dar a la población las bonificaciones navideñas de 2019 en esa moneda a razón de medio petro por persona, con la promesa de que estos recursos podrían ser convertibles en bolívares, o mantenerse en petros para la realización de una serie de operaciones comerciales, bajo el supuesto de que muchos comercios aceptarían esa moneda para la cancelación de compras al detal. Lo que realmente sucedió fue que, ante el desconocimiento de cómo y dónde realizar las operaciones con petros, y ante la incertidumbre y desconfianza que esa moneda generaba, algunos beneficiarios de los bonos navideños se apresuraron a convertirlos por moneda local, significando esto una importante emisión de bolívares, liquidez que, en parte, se utilizó para adquirir divisas. Eso explica por qué se pro-

---

[164] Ver *Executive Order: "Taking Additional Steps to Address the Situation in Venezuela", March 19, 2018.*

[165] Ver *Gaceta Oficial* N° 6504 Extraordinario, publicada el 14 de enero de 2020.

dujo un aumento abrupto del tipo de cambio libre en los últimos días de diciembre de 2019 y comienzos de enero de 2020, repitiéndose los fenómenos cambiarios ocurridos en noviembre.

Existía mucho escepticismo en cuanto a las posibilidades de que el petro llegara a ser una moneda de amplia aceptación, particularmente a nivel internacional, ya que múltiples factores atentaban contra ese objetivo:

- las sanciones de Estados Unidos
- el enrarecido clima político existente
- la ausencia de confianza en el petro
- el bajo nivel de reservas internacionales de Venezuela
- las dificultades o imposibilidades para convertir el petro por otras divisas.

Sin embargo, a nivel nacional el petro pudiera tener una importancia de relativa significación, dada la anunciada decisión gubernamental de imponer de forma obligatoria su uso para la realización de múltiples operaciones locales.[166]

---

[166] Ver el Informe Especial producido por el Grupo Soluciones titulado **¿Llegó la hora de convivir con el petro?**, de dónde se extrajeron varias ideas incluidas en este segmento.

Capítulo 18

Conclusiones

El análisis de los múltiples sistemas cambiarios que se han implementado en Venezuela durante las últimas diez décadas, permite llegar a algunas conclusiones relevantes. La primera de ellas es que en una economía sometida a profundos desequilibrios recurrentes, o a *shocks* externos frecuentes, como ha sido el caso de la economía venezolana durante los últimos cuarenta años, no es posible implementar un sistema cambiario rígido durante períodos prolongados, ya que las distorsiones económicas que esas perturbaciones crean se reflejan, tarde o temprano, en el tipo de cambio, distorsionando su comportamiento.

Eso es lo que sucede en una economía con un sistema de tipo de cambio fijo o fijo con ajustes periódicos —anclaje del tipo de cambio—, en la que se materializa un repunte inflacionario, ya que el aumento de los precios genera una apreciación real de la moneda, surgiendo, a la larga, problemas de sobrevaluación creciente que afectan al aparato productivo al restarle competitividad al sector de transables. Muchas veces se comenta que esa pérdida de competitividad puede compensarse con inversiones en nuevas tecnologías, esfuerzos de reducción de costos de producción, subsidios, u otros mecanismos. Si bien esto es cierto en el corto plazo, la realidad nos enseña que, tarde o temprano, aquella distorsión del tipo de cambio real se hace insostenible, particularmente si aparece un elemento perturbador, como la caída de los precios de exportación, limitaciones al financiamiento externo u otro. Entonces sobrevienen desequilibrios de balanza de pagos y masivas devaluaciones con consecuencias devastadoras, debido a sus profundos efectos recesivos, inflacionarios y de contracción de salarios reales.

En el caso específico de Venezuela han existido varias experiencias de este tipo. Tal es el caso de la maxidevaluación de 1989, que se produjo al levantarse el control de cambios de Recadi —vigente desde febrero de 1983—; la devaluación de comienzos de 1996, después de eliminarse el control cambiario impuesto durante los primeros años del gobierno del presidente Caldera; y, finalmente, el intenso ajuste de la tasa de cambio de 2002, cuando se dejó flotar el tipo de cambio después de eliminarse el sistema de bandas, que estuvo vigente desde mediados de 1996 a comienzos de 2002.

Por el contrario, en regímenes de tipo de cambio flexible, el ajuste cambiario tiende a producirse en forma automática y paulatina, evitándose las distorsiones que se van acumulando en el tiempo bajo sistemas de tipo de cambio fijo o pocos flexibles. Esto reduce los riesgos de tener que decretar intensas devaluaciones, con sus dramáticos efectos. Un buen ejemplo de esto es lo sucedido en Venezuela en el quinquenio que siguió a la maxidevaluación de marzo de 1989, cuando se implementó un mecanismo de minidevaluaciones periódicas que buscaba eludir la sobrevaluación cambiaria. Ello contribuyó a evitar salidas masivas de capital y ajustes violentos de la tasa cambiaria, a pesar de las crisis políticas y de las expectativas adversas que se vivieron en esos años.

Adicionalmente, en regímenes de tipo de cambio flexible, la presencia de desequilibrios macroeconómicos o de *shocks* económicos, tiende a reflejarse en forma inmediata sobre el tipo de cambio y, en consecuencia, sobre los precios.[167] Pero, de persistir esos desequilibrios de forma recurrente y creciente, se puede caer en situaciones de ajustes del tipo de cambio cada vez más intensos que generen recesión y presiones inflacionarias, potenciando los desequilibrios, hasta producir situaciones de causa-efecto muy negativas, tales como círculos viciosos de inflación-devaluación-inflación. Por ello es importante prestar mucha atención a las reacciones tempranas del tipo de cambio, con el fin de corregir a tiempo los desequilibrios y afrontar los shocks en sus inicios, evitando así caer en esos círculos viciosos.

Por el contrario, bajo regímenes de tipo de cambio fijo o poco flexibles, aquellos desequilibrios pasan más desapercibidos, pero a la larga, cuando la situación se hace insostenible, sobreviene el estallido cambiario con sus efectos devastadores. Los casos de México de 1994, así como el argentino de 2001-2002 después de diez años de estabilidad con la caja de conversión, son buenos ejemplos de esto.

En Venezuela se vivió un largo período con tipos de cambio fijos, sistema que funcionó con mucha eficacia, mientras se mantuvieron los balances fundamentales de la economía. Cuando estos balances se rompieron, se hizo insostenible ese esquema cambiario, tal como sucedió al inicio del sistema democrático a fines de los años 50 y comienzos de los 60 del siglo XX, produciéndose salidas masivas de capital debido a las incertidumbres políticas que enton-

---

[167]   Ver Purroy (1998) y (2013: capítulo VI)

ces existían. Los períodos de alta turbulencia y cambios que han vivido Venezuela durante las últimas cuatro décadas, en muchos casos debido a factores externos sobre los que se tiene muy poca capacidad de influencia, hacen muy difícil, por no decir imposible, el mantenimiento sostenido de aquellos balances fundamentales. De allí que se pueda concluir que no es conveniente ni viable la aplicación de esquemas de tipo de cambio fijo en una economía tan volátil y dependiente de los vaivenes petroleros, como la venezolana. En otras palabras, en esta economía no están dadas las condiciones para que un esquema de tipo de cambio fijo funcione eficazmente y con criterio de permanencia.[168]

Una vez superados los profundos desequilibrios y distorsiones que en la actualidad afectan a la economía, en Venezuela debe aplicarse un régimen cambiario lo suficientemente flexible que busque el mantenimiento de un tipo de cambio competitivo, sin llegar al extremo de la implementación de un esquema cambiario de flotación pura, en el que el tipo de cambio sea establecido exclusivamente por fuerzas del mercado. Como bien lo expresan Sáez, Vera y Zambrano Sequín (2018), más bien debe implantarse un régimen de flotación administrada, en el que, en una primera fase se permita flotar al tipo de cambio dentro de una banda amplia con respecto a una moneda o a una cesta de monedas, y donde el Banco Central intervenga esporádicamente para asegurar ese objetivo cambiario.

Eventualmente, una vez alcanzadas varias condiciones fundamentales, tales como la permanencia de equilibrios macroeconómicos, la estabilidad sostenida de los precios y la disponibilidad de

---

[168] Ver Corden (2000).

abundantes reservas de divisas, podría pasarse a una segunda fase de la flotación administrada. En esta etapa se eliminarían las bandas y se buscaría que el tipo de cambio flexible fundamentalmente responda a las realidades del mercado, pero manteniendo la posibilidad de intervención esporádica del Banco Central para evitar desajustes indeseables en el comportamiento de esa tasa, particularmente cuando se producen circunstancias adversas, como reducciones abruptas de los precios internacionales del petróleo.

Otra conclusión que se puede extraer de las realidades vividas en Venezuela está relacionada con los diversos controles de cambios que se han implantado. Si bien restricciones de este tipo pueden justificarse en momentos puntuales para afrontar fugas masivas de capitales que merman rápidamente las reservas internacionales, las mismas tienen que ser tomadas con un criterio transitorio. La autoridad cambiaria debe buscar el desmantelamiento de los controles cambiarios en el plazo más breve posible, poniendo la mayor atención en la corrección de los factores distorsionantes que produjeron la fuga de capitales. Solo así se evitará caer en las profundas y crecientes distorsiones que esquemas de control de este tipo introducen en las economías al poco tiempo de su implantación.

Como bien lo explica Hernández-Delfino (2015), los controles de cambios prolongados, como el que se ha implementado en Venezuela desde 2003, inhiben la inversión, particularmente la extranjera, y restringen las posibilidades de financiamiento externo, tanto financiero como comercial. Adicionalmente, crean graves problemas de inequidad distributiva, introducen distorsiones y desequilibrios en los mercados, y generan presiones inflacionarias que reducen el poder adquisitivo de los ingresos de la población, restringen el consumo y generan recesión, desempleo y desabastecimiento.

Otro grave problema que se potencia con la implementación de controles de cambios prolongados es la corrupción, ya que es común que la burocracia que se crea para la administración y asignación de las divisas preferenciales rápidamente degenera en sus acciones, apartándose de la ética y del recto proceder, para dar lugar al cobro de comisiones al momento de asignar y distribuir las divisas entre los distintos demandantes, a fomentar o participar de verdaderas mafias a las que se le asignan importantes montos de moneda extranjera a precios preferenciales, o a la aprobación de importantes montos de divisas a testaferros allegados.

Adicionalmente, del lado de los demandantes de divisas, con los controles cambiarios prolongados proliferan las prácticas de sobrefacturación de importaciones con el fin de, por una parte, obtener más divisas preferenciales de las necesarias para la realización de las requeridas compras externas de insumos, equipos y productos diversos y, por la otra, obtener elevados montos de moneda extranjera a precios subsidiados para la realización de importaciones que nunca se realizan o se hacen parcialmente. Como bien lo explican Reinhart y Santos (2015), la sobrefacturación de importaciones es uno de los principales mecanismos a través de los cuales se producen importantes fugas de capitales durante la implementación de controles de cambios.

Adicionalmente, los mecanismos para evadir o burlar los controles de cambios se multiplican cuando estos son prolongados, y son percibidos como injustificados y meramente restrictivos, pues al ser considerados arbitrarios y abusivos, los ciudadanos se estimulan a realizar distintas acciones que buscan neutralizarlos, aun cuando esas prácticas estén catalogadas como ilícitas y sean objeto de severas penalizaciones. Estas operaciones son consideradas como legítimas por la mayoría de la población, pues a través de su realización se reivindican los derechos que han sido violados por la autoridad, al coartarle a los ciudadanos las posibilidades de ejercer su derecho de tener acceso a la libre convertibilidad de la moneda, sin que exista ninguna razón de peso que justifique la imposición o el mantenimiento de los controles cambiarios.

Otra conclusión que se puede extraer de la implementación prolongada de controles de cambios es que los mismos generan, a la larga, crisis económicas, que en muchos casos pueden catalogarse de graves. Como una vez lo expresáramos, «...el control de cambios establecido en febrero de 2003 es muy similar a los que le precedieron, notándose un proceso de franco deterioro y de ineficacia creciente que no llevará a otro desenlace que a una crisis económica de gran envergadura. (...) los profundos desequilibrios y distorsiones que se crearon a través de su prolongada implementación, combinados con las erradas políticas implantadas, que llevaron a la economía a depender más que nunca de la volátil renta petrolera, y a múltiples inversionistas a seguir una actitud de cautela ante los reiterados ataques y amenazas de que es objeto la actividad empresarial privada, llevan a presagiar que, al igual que en el pasado, los controles existentes desembocarán en una crisis. Sin embargo, ésta podría ser aún más dolorosa que las precedentes, entre otras razones, por la animadversión manifiesta del gobierno a la gestión económica privada, lo que puede llevar al señalamiento de las empresas y de los inversionistas como los culpables de la crisis».[169]

---

[169] Palma (2008: 528-529).

Dos precios clave

Al analizar la evolución histórica de la economía venezolana durante varias décadas, principalmente durante las últimas cinco, se concluye que ésta depende o está altamente influenciada por dos precios, que se pueden catalogar como clave o fundamentales, a saber: el precio de exportación del petróleo, —sobre el que se tiene muy poca o ninguna capacidad de influencia, pues está determinado por el mercado internacional—, y el tipo de cambio, o precio de la divisa, sobre el que sí se tiene capacidad de actuar a través de la política cambiaria.

En una economía que depende en forma tan contundente de la renta petrolera, las fuertes fluctuaciones que han caracterizado a los precios internacionales del petróleo desde mediados de los años 70 del siglo pasado a esta parte han tenido hondas repercusiones en la economía, máxime cuando la política fiscal se ha caracterizado por ser típicamente procíclica. Durante los años de altos precios de los hidrocarburos el gasto público aumenta intensamente, generando situaciones de bonanza en respuesta a la inyección masiva de los mayores ingresos de exportación a la economía, para luego caer en profundas crisis durante los años de bajos precios, debido a que la contracción abrupta de la renta petrolera obliga al gobierno a implementar severos programas de ajuste, caracterizados por recortes importantes de gasto público y por la corrección de múltiples desequilibrios que están presentes en la economía.

El tipo de cambio, que también está estrechamente relacionado a los vaivenes petroleros, tiene una alta influencia en el acontecer económico venezolano. Tradicionalmente, durante los años de bonanza se producen situaciones de apreciación real de la moneda, haciendo que, por una parte, el aparato productivo interno de transables pierda competitividad y que las importaciones aumenten con fuerza y, por la otra, que se produzcan importantes salidas de capitales al exterior dado el bajo precio de la divisa. Al producirse la crisis por la caída de la renta petrolera, se devalúa la moneda de forma abrupta debido a la reducción de los ingresos de divisas y al aumento de la demanda de moneda extranjera ante el deterioro de las expectativas cambiarias. Esas fuertes devaluaciones tienen efectos devastadores, tanto en lo económico como en lo social, ya que generan un fuerte ajuste de los precios que reduce la capacidad de compra de los ingresos de las personas, y a la vez causan fuertes reducciones patrimoniales y empobrecimiento de la población.

Las cuantiosas pérdidas de reservas internacionales debido a la caída de las exportaciones petroleras, a la inexistencia de fondos de estabilización macroeconómica que se debieron formar durante los años de altos precios petroleros, y a las masivas salidas de capitales, normalmente llevan a la imposición de controles de cambios que en muchos casos se perpetúan en el tiempo. Como ya fue explicado en los párrafos precedentes, esto introduce severas distorsiones cambiarias que se reflejan muy negativamente sobre la economía, ya que esos controles se caracterizan por el establecimiento y mantenimiento de tasas de cambio preferenciales que en muchos casos se fijan por largos períodos, generando apreciaciones cambiarias reales desproporcionadamente altas; estas tasas rápidamente se desligan del tipo de cambio de mercado, el cual, en muchos casos, es varias veces mayor que las tasas preferenciales. Esto inhibe la inversión, impide la diversificación de la producción, restringe el financiamiento externo, estimula la fuga de capitales y genera corrupción, inequidad distributiva, inflación, recesión, desempleo y desabastecimiento.

Adicionalmente, el precio de la divisa tiene una alta influencia en la determinación de los precios de los demás bienes y servicios, no solo por su efecto directo en la determinación de los costos de origen externo en el que incurren importadores, productores, intermediarios o comerciantes, sino también por la alta incidencia que tiene el tipo de cambio en la estimación de los costos esperados de reposición, particularmente cuando el precio de la divisa experimenta variaciones de importancia de forma persistente. En estos casos, los precios no pueden basarse en los costos históricos en los que se incurrió, sino en el estimado de los costos en que se incurrirá al momento de reponer los insumos que se están utilizando, o los productos finales que hoy se están vendiendo. Esto ha sido de particular importancia en Venezuela durante la implementación de prolongados controles cambiarios, cuando empresarios que tradicionalmente han tenido acceso a dólares preferenciales para la realización de sus importaciones, dejan de tenerlo, o lo anticipan, en cuyo caso se ven obligados a acudir al mercado libre para seguir adquiriendo las divisas que necesitarán, pero a precios substancialmente mayores.

La dolarización de la economía

Un tema recurrente en las discusiones técnicas y políticas en Venezuela es la conveniencia o no de la dolarización plena de su economía, cuestión que se ha discutido cada vez con mayor frecuencia, particularmente durante el año 2019, cuando se notó una definitiva popularización del uso del dólar como medio de pago en las transacciones, no solo de bienes durables de alto precio, como inmuebles, automóviles y otros, sino también en las de menudeo, haciéndose igualmente muy común el uso del dólar en el pago parcial de las remuneraciones laborales y en el establecimiento de los precios de múltiples y variados bienes y servicios.[170]

Un aspecto que hay que aclarar es la diferencia entre un proceso de dolarización transaccional, como el que se popularizó en Venezuela en 2019, y la dolarización plena de la economía, la cual consiste en la eliminación total del signo monetario local y su sustitución por el dólar, o por otra moneda fuerte como el euro, como única moneda de curso legal dentro de la economía para el desempeño de las funciones de reserva de valor, medio de pago y unidad de cuenta.

Si se dieran las condiciones para que una dolarización de la economía venezolana funcionara, su implementación podría generar consecuencias muy favorables en el corto plazo, particularmente en el logro del objetivo fundamental de abatir la altísima inflación que padece.[171] Sin embargo, en el mediano y largo plazo su implementación podría acarrear consecuencias muy adversas, debiéndose esto, en buena medida, a la alta vulnerabilidad de esa economía, generada por su dependencia de la renta petrolera y, en consecuencia, de los volátiles precios de los hidrocarburos.

De estar dolarizada esta economía, una abrupta reducción de los precios internacionales del petróleo, como los que ya se han producido tantas veces en el pasado, reduciría drásticamente el valor de

---

[170] Entre las propuestas de dolarización de la economía están las planteadas por F. Rodríguez (2018), Hanke (2018) y Cordeiro (2016).

[171] No obstante, García Larralde (2018), al comentar sobre la propuesta de dolarización de F. Rodríguez (2018), identifica varios problemas que podría sufrir la economía en el corto plazo, en caso de implementarse este esquema bajo las circunstancias vividas en 2018.

sus exportaciones y su ingreso de divisas, produciéndose una severa estrechez monetaria, un aumento de las tasas de interés y una restricción de la actividad crediticia de la banca, sin que ello pueda ser mitigado o contrarrestado por la implementación de una política monetaria de carácter expansiva, debido a que la dolarización limita severamente esa posibilidad. Lo anterior se traduciría en restricciones al consumo y a la inversión, generando efectos recesivos, que se verían agravados por las limitaciones para importar productos e insumos necesarios debido a la escasez de divisas.

Esa situación se vería recrudecida por la imposibilidad que impone la dolarización de implementar políticas cambiarias que coadyuven a preservar la competitividad del aparato productivo interno de transables, limitando las posibilidades de estimular las exportaciones de otros productos que compensen la reducción de las ventas externas de petróleo, evitando así el deterioro severo de la balanza de pagos.

La imposibilidad de implementar medidas de política cambiaria se hace particularmente calamitosa para un país dolarizado, cuando sus principales competidores ajustan los tipos de cambio de sus monedas con el fin de apuntalar sus exportaciones. Un ejemplo de ello fue el caso de Ecuador, quien sufrió un duro golpe durante los años de debilidad petrolera que siguieron al desplome de los precios de los hidrocarburos en el segundo semestre de 2014, no solo como consecuencia de la merma de sus exportaciones de crudo, sino también por la pérdida de competitividad ante las depreciaciones de las monedas de Colombia y Perú, dos de sus principales competidores en los mercados internacionales.[172]

Adicionalmente, es común que los precios petroleros se muevan en sentido contrario a la fortaleza o debilidad del dólar, ya que, cuando baja el petróleo como producto de una debilidad de la economía mundial, los inversionistas buscan refugio en el dólar, haciendo que esa divisa se fortalezca. Cuando eso sucede, una economía emergente altamente dependiente del ingreso petrolero que esté dolarizada vería doblemente afectada su balanza de pagos debido, por una parte, a la caída de sus exportaciones de hidrocarburos y, por la otra, a la pérdida de competitividad de sus otros productos debido a la fortaleza del dólar.

Además, una fuerte caída de los ingresos petroleros estimularía con fuerza la salida de capitales ante la expectativa de escasez de divisas, viéndose los bancos afectados por la pérdida de depósitos y por el repunte de la morosidad debido al aumento de las tasas de interés. Esos riesgos a que estaría expuesto el sistema financiero podrían verse potenciados en una economía dolarizada, ya que las posibilidades de que el banco central pueda neutralizar esas adversidades como prestamista de última instancia son muy limitadas o inexistentes.

Dado que la dolarización no tiene sobre la política fiscal el mismo efecto restrictivo que sí tiene sobre las políticas monetaria y cambiaria, una reducción abrupta de los ingresos de exportación de una economía petrolera dolarizada, muy probablemente influiría

---

[172] Ver la respuesta de Balza Guanipa (2018) a la propuesta de F. Rodríguez (2018) de dolarizar la economía.

para que el gobierno implementase una política fiscal expansiva con el fin de neutralizar los efectos recesivos de aquella caída de ingresos, aun cuando ese proceder implique incurrir en elevados déficits.

Esos desequilibrios fiscales podrían ser financiados con recursos previamente ahorrados, por ejemplo, a través de un fondo de estabilización macroeconómica, o con financiamiento externo. Sin embargo, de no contarse con esos ahorros, o después de agotarse la fuente de financiamiento externo, el gobierno, ante la imposibilidad de acudir al banco central para obtener financiamiento a través de la emisión de dinero base, puede obligar a los bancos locales a que sus inversiones se concentren en la adquisición de obligaciones gubernamentales denominadas en dólares, a que utilicen sus reservas operativas líquidas para comprar esos títulos, o incluso a que acepten los cobros de sus acreencias (intereses y amortizaciones), en bonos gubernamentales. Eso, obviamente, debilitaría al sistema financiero y distorsionaría la filosofía misma de la dolarización, pero no le impediría a un gobierno recurrir a esas prácticas inconvenientes ante una emergencia creada por la caída de los ingresos de exportación.

La ejecución de esas operaciones de forma recurrente y creciente desvirtuaría uno de los principios en los que se basa la dolarización de una economía, permitiendo la reaparición de muchos de los desequilibrios e inconvenientes que se intentaron curar con la implementación de un sistema como ese. La situación se agravaría al no contarse con mecanismos para afrontar y solventar esos trastornos debido a las rigideces que genera la dolarización, sistema del que, una vez implantado, es muy difícil desprenderse o abandonar.

Si algo está claro acerca de los objetivos fundamentales que tienen que buscarse en la economía venezolana, como condición de base para el logro de un proceso de desarrollo sustentable en las próximas décadas, es la reducción de su dependencia del rentismo petrolero, para lo cual es de primordial importancia el desarrollo de un sólido, diversificado y competitivo sector productivo de transables, con el fin de lograr su diversificación productiva y de exportaciones. El logro de ese objetivo exige la implementación de políticas públicas coherentes y bien estructuradas que creen las condiciones propicias para estimular la inversión e impulsar la formación del capital, tanto físico como humano, que se requiere.[173] Pensamos que, por las razones ya expuestas, la dolarización, lejos de contribuir a la materialización de esa necesaria diversificación, sería un obstáculo que hay que evitar.

Venezuela inmersa en una profunda crisis

La situación vivida en Venezuela en 2019, caracterizada por una persistente hiperinflación, por una profunda y prolongada depresión económica de seis años de duración, y por una crisis humanitaria manifestada a través de un aumento abrumador de la pobreza y un profundo deterioro de la calidad de vida de la población, hacen de impostergable necesidad la implementación de un complejo plan de ajuste y de reformas que busque el restablecimiento de la estabi-

---

[173] Frenkel (2017) sostiene que la mejor contribución al desarrollo que pueden hacer las políticas macroeconómicas es mantener un tipo de cambio real competitivo y estable, lo cual impone la necesidad de una coordinación estrecha entre las políticas cambiaria, fiscal y monetaria. Por su parte, Roett (2000) plantea que la selección de la política cambiaria es muy importante, pero que, adicionalmente, el logro de una recuperación económica y de un crecimiento sostenido está altamente correlacionado con la implementación de políticas fiscales y monetarias prudentes, así como con la aplicación de incentivos para el incremento de la productividad y de la competitividad.

lidad de la economía, y eche las bases para el inicio de un período de crecimiento sostenido y de desarrollo sustentable con visión de largo plazo. Esa titánica tarea implica la puesta en marcha de una serie de acciones en el ámbito económico, político, social e institucional, donde el aspecto cambiario es tan solo un componente de ese complejo conjunto de tareas a acometer.

En tal sentido, es necesario implementar una diversidad de políticas públicas que busquen afrontar y corregir los profundos desequilibrios macroeconómicos existentes, siendo imperativo la puesta en marcha de cambios muy profundos en materia fiscal, monetaria, cambiaria, comercial y de distribución. Paralelamente, se requiere desmantelar los controles de precios, de producción, y de distribución existentes, así como de acceso a las divisas, prerrequisitos para incrementar y diversificar la producción.

Hay que desarrollar y aplicar nuevos esquemas regulatorios que estén en sintonía con el objetivo de permitir que las fuerzas del mercado jueguen el papel que les corresponde en el desenvolvimiento de la economía. Igualmente, hay que estimular la inversión, tanto local como extranjera, para así lograr el desarrollo de nuevas industrias y centros de producción, condición indispensable para incrementar y diversificar la oferta de productos, renovar la infraestructura de los proveedores de servicios públicos y privados, y recuperar los volúmenes de producción y exportación de petróleo.[174] Como parte de ese esfuerzo tiene que implementarse un proceso de privatización de empresas públicas que hoy producen muy poco o

---

[174] Para ampliar sobre la recuperación de la industria petrolera, ver Monaldi (2018), Ochoa (2019) y López – Baquero (2018).

están paradas, son altamente ineficientes y constituyen una pesada carga para el Estado.

Paralelamente, se requiere contar con un sector financiero sólido que pueda jugar un papel importante en el proceso de abundante financiamiento que se necesitará a lo largo de ese proceso de ajuste y reconstrucción. Para ello es necesario crear las condiciones para que los bancos, cuyos patrimonios han prácticamente desaparecido durante el período hiperinflacionario, puedan recapitalizarse rápidamente y vuelvan a jugar el papel de intermediadores financieros que les corresponde.

Todo este proceso de ajuste y reforma estructural requiere contar con una amplia disponibilidad de recursos con el fin de, por una parte, incrementar sólidamente las reservas internacionales y la capacidad de compra externa, y, por la otra, permitir implementar un plan de asistencia social que alivie las cargas de los segmentos más desposeídos de la población, los cuales serán los más afectados por algunas de las acciones del programa de ajuste, entre las que destacan el incremento de las tarifas de los servicios públicos y el aumento del precio de la gasolina.[175] Para ello se requiere contar con un soporte financiero muy abundante, que tiene que ser provisto en su mayoría por organismos como el FMI, el Banco Mundial, CAF y otras instituciones multilaterales, así como a través de créditos puente otorgados por algunos gobiernos. Paralelamente, hay que reducir las cargas generadas por el servicio de la deuda pública pre-

---

[175] Para un interesante análisis sobre la necesaria reducción de los subsidios a los servicios públicos en Venezuela, ver Key *et al.* (2020). http://www.debatesiesa.com/por-que-y-como-reducir-los-subsidios-a-los-servicios-en-venezuela/.

viamente contraída, para lo cual se necesita llegar a acuerdos con los acreedores con el fin de reestructurar los pagos de esas obligaciones, permitiendo así minimizar los desembolsos más inmediatos.

La implementación del plan de ajuste y de reformas se tiene que basar en un ambiente de credibilidad y confianza, y para lograrlo se requiere que las acciones y políticas a ser implementadas sean percibidas por el público como realistas, coherentes, de posible implementación y con altas probabilidades de éxito. Para ello es fundamental que se cuente con instituciones sólidas que puedan ejercer eficientemente las funciones que les son propias, que impere el Estado de derecho, que existan poderes públicos funcionales y autónomos que garanticen la libertad y los derechos de los ciudadanos, con particular énfasis en un sistema judicial eficiente, probo e independiente.

Es clave que el Estado se aboque a realizar eficientemente las funciones que le son propias y exclusivas, tales como la seguridad territorial y la defensa de los ciudadanos y de la propiedad, el establecimiento del marco legal, y la construcción y mantenimiento de la gran infraestructura. Pero, paralelamente, tiene que implementar, juntamente con la participación del resto de la sociedad, las políticas públicas que permitan, el acceso universal a la educación y a la salud, la dotación de viviendas dignas, y el fomento y la realización de inversiones que creen un sector productivo eficiente y competitivo, que genere abundantes fuentes de empleo permanente y bien remunerado.[176]

Adicionalmente, se requiere la presencia de un liderazgo político sólido, que no solo maneje eficientemente las cuestiones de gobierno, sino que logre el consenso de las distintas fuerzas políticas sobre el camino a seguir, no solo en el corto plazo durante el período de estabilización y ajuste, sino también en el largo plazo, en cuanto a las reformas estructurales a acometerse con el fin de crear las bases sólidas sobre las que se fundamente la implementación de un plan de desarrollo sustentable con visión de largo alcance.

Durante la implementación del plan de ajuste y estabilización es fundamental contar con una política de información muy eficiente, que le explique a la población de forma convincente por qué se están acometiendo las acciones y políticas públicas que se están implementando, cuáles son los objetivos que se persiguen, y por qué es importante apoyarlas, para así asegurar el éxito en el logro de los fines buscados.

Uno de los objetivos básicos de esa política informativa es explicarle a la ciudadanía que es fundamental aceptar y apoyar las acciones que se están implementando, a pesar de que algunas de ellas generarán sacrificios, ya que las penurias que éstas causarán serán mucho menores que las que se sufrirían de continuar la crisis que se está viviendo. Paralelamente, hay que estructurar e implementar unos programas de subsidios directos bien concebidos y

---

[176] Ver el documento **Venezuela ante la crisis**, elaborado por la Academia Nacional de Ciencias Económicas y la Academia de Ciencias Políticas y Sociales. Caracas: 1 de julio de 2009.

eficientemente manejados, que compensen o mitiguen los impactos negativos del programa de ajuste sobre los presupuestos familiares, particularmente sobre los del segmento de la población más desposeída, entre otras cosas, y como ya fue dicho, por el inevitable ajuste de las tarifas de los servicios públicos y del precio de la gasolina. Es de fundamental importancia informar sobre estos programas sociales con el fin de darle viabilidad al plan de estabilización, evitando protestas sociales masivas que pueden dar al traste con el mismo, o dificultar su implementación.[177]

El abatimiento de la inflación requiere la implementación de profundos cambios en materia de políticas macroeconómicas, debiéndose buscar y mantener la coherencia e interrelación deseable entre las políticas fiscales, monetaria y cambiaria. Es de fundamental importancia buscar el equilibrio fiscal y eliminar el financiamiento monetario de los enormes déficits del sector público por parte del BCV. Para ello se requiere, por una parte, racionalizar el gasto del gobierno central y de los demás entes públicos, particularmente de Pdvsa, e incrementar su eficiencia y, por la otra, deslastrar al sector público de una serie de altas cargas financieras. Entre estas últimas se pueden mencionar, por una parte, las cuantiosas pérdidas que generan múltiples empresas públicas, altamente ineficientes, improductivas y corroídas por la corrupción y la mala gerencia y, por la otra, el suministro de petróleo altamente subsidiado, o incluso gratuito, a varios países por razones políticas.

---

[177] Para un análisis más detallado de las condiciones que deben darse para lograr la sostenibilidad y éxito de los programas de ajuste, ver Palma – Rodríguez (1997).

Paralelamente, es necesario incrementar los ingresos del sector público, para lo cual hay que revisar la estructura tributaria existente y, como ya se ha dicho, elevar las tarifas de los servicios públicos y ajustar el precio de algunos productos básicos, como la gasolina.

En cuanto a la política monetaria, es necesario devolverle la autonomía al BCV, no solo con el fin de darle a esa organización la potestad de negarse a continuar financiando gasto púbico deficitario, como lo manda la Constitución, sino también para que, una vez abatido el fenómeno inflacionario y lograda la estabilidad de la economía, se le posibilite a ese ente jugar un papel de importancia en el manejo de la política económica a través del establecimiento de metas inflacionarias. Para el logro de esos objetivos deberá participar activamente, y en conjunto con otras autoridades gubernamentales, en la definición e implementación de las políticas públicas que, de forma coordinada, aseguren o posibiliten el logro de esas metas de baja inflación.

En materia de política cambiaria, hay que referirse a las diferentes decisiones que deben tomarse en distintas etapas del programa de ajuste, así como a la orientación que debe seguirse una vez logrado el abatimiento de la inflación y la estabilización de la economía. Como bien explican Sáez, Vera y Zambrano Sequín (2018), en una primera fase, debe buscarse la unificación del tipo de cambio y su ubicación inicial en un nivel competitivo que corrija la sobrevaluación existente, con el fin de evitar o minimizar el riesgo de una apreciación real generada por la inflación remanente, así como ataques especulativos contra la moneda.

Esto debe venir precedido, por una parte, de una serie de esfuerzos de racionalización en materia fiscal orientados a bajar el déficit público y su monetización, como condición primaria para reducir las presiones inflacionarias y, por la otra, de la eliminación de varias distorsiones cambiarias, tales como la permanencia de tasas preferenciales, totalmente desligadas del tipo de cambio libre y carentes de racionalidad económica.

Durante el año 2019 se aplicaron algunas medidas en este sentido, aun cuando todavía de carácter parcial. Así, la flexibilización de los controles cambiarios, y la adopción de la tasa promedio de las mesas de cambio como el tipo de cambio de referencia a aplicarse en todas las operaciones cambiarias, tanto del sector público como del privado, fue una aproximación importante al logro de la unificación cambiaria, aun cuando todavía persistía una alta apreciación real de la moneda. También, la moderación del financiamiento de gasto público deficitario por el BCV contribuyó a reducir la magnitud de la inflación en comparación al año precedente, aun cuando la presión alcista de los precios y la monetización del déficit público seguían siendo elevados.

Como bien lo explica Vera (2017), la experiencia del Plan Real, aplicado en Brasil a mediados de los años 90 para abatir el fenómeno de alta inflación que padecía esa economía, resulta de particular utilidad para el diseño de una estrategia cambiaria antiinflacionaria en Venezuela. Coincidimos con el criterio de que, en nuestro caso, podría funcionar la creación temporal de una unidad de cuenta (UC), similar a la URV brasilera,[178] que sirva como ancla cambiaria en las fases iniciales del programa de ajuste. Esta mantendría una paridad de 1 a 1 con el dólar estadounidense, pero con una paridad variable con el bolívar, la cual se ajustaría diariamente en línea con

---

[178] URV por unidad de reserva de valor.

la inflación del mes precedente. Al comienzo, la relación de la UC con el bolívar sería igual al tipo de cambio unificado y competitivo estimado en la fase inicial del proceso, y los ajustes diarios ulteriores a esa tasa serían calculados y anunciados al inicio de cada mes por el BCV.

A través de una política informativa muy eficiente y global, se explicaría a toda la población que, a partir de ese momento, todos los precios y los salarios serían expresados en UC, pero los pagos de cualquier operación comercial se podrían continuar haciendo en bolívares o incluso en dólares. La idea es que al cabo de unos meses todos los precios de los bienes y servicios se expresen en UC, que equivaldría a que se expresen en dólares, y que su uso y aceptación se popularice, para entonces proceder a crear una nueva moneda, por ejemplo, el "nuevo bolívar, NB", que equivaldría a la cantidad de bolívares reflejada en el tipo de cambio de Bs/UC de ese día. En otras palabras, el NB tendría un tipo de cambio de 1 a 1 con el dólar, y pasaría a ser la nueva moneda oficial que sustituiría al viejo y depreciado bolívar, pasando a cumplir todas las funciones de unidad de cuenta, medio de pago y reserva de valor.

Al igual que lo sucedido en Brasil, se espera que esa decisión cambiaria, combinada con la disciplina fiscal y monetaria arriba mencionadas, genere una reducción abrupta de la inflación, creándose un clima de confianza y aceptación general que, entre otras cosas, se traduzca en importantes entradas de capital que eleven la oferta de divisas en la economía. En ese caso, y para evitar una distorsión cambiaria en la forma de una depreciación real del NB, se podría crear una banda cambiaria con un límite superior de 1 a 1 con el dólar, pero con un límite inferior flexible, que permita la apreciación del NB con respecto a la divisa estadounidense en esas etapas incipientes del proceso.

Sin embargo, una vez consolidado el logro del control inflacionario, y logrado el clima de confianza y aceptación general entre los agentes económicos, debe evolucionarse a una nueva etapa cambiaria, eliminando la paridad fija con el dólar y evolucionando hacia una flexibilidad cambiaria que busque evitar la apreciación real de la nueva moneda, ya que, aun cuando la inflación haya bajado substancialmente y se estabilice la economía, es lógico prever que esta se mantenga por un tiempo relativamente largo por encima de la inflación promedio de los socios comerciales de Venezuela. En otras palabras, después del establecimiento transitorio de una tasa fija con el dólar como ancla cambiaria para lograr la reducción abrupta de la inflación, hay que migrar a un sistema de flexibilidad cambiaria que busque preservar la capacidad competitiva del tipo de cambio.

Ese proceso de flexibilización debe ser paulatino y progresivo, y tiene que venir acompañado por una sincronización con otros aspectos relevantes de la realidad económica, tales como:

- políticas fiscal y monetaria racionales que se vayan adaptando con el proceso de flexibilización cambiaria

- disponibilidad abundante de reservas internacionales que le permitan a un BCV autónomo intervenir racionalmente en el mercado cambiario

- una oferta amplia de bienes y servicios que sea cónsona con la evolución de la demanda agregada

- un aparato productivo eficiente, competitivo, con alta y creciente productividad y cada vez más diversificado, que tenga libertad de acción y no esté sometido a controles absurdos que traben sus posibilidades de trabajo eficiente, y

- un compromiso político en cuanto a la permanencia y evolución del programa de estabilidad de precios.

La progresividad del proceso de flexibilización cambiaria puede tomar diversas formas. Una de ellas es la planteada por Sáez, Vera y Zambrano Sequín (2018), caracterizada por el establecimiento de bandas cambiarias de diversa índole. En la fase de anclaje cambiario se plantea el establecimiento de una banda horizontal que debe terminar cuando los precios se estabilicen, debiendo esta ser seguida por una banda deslizante de amplitud móvil en el tiempo que busque preservar la competitividad externa del aparato productivo, evitando la apreciación cambiaria.

Los límites de la banda deslizante podrían irse ampliando en el tiempo hasta que los mismos se hagan irrelevantes por haberse logrado un grado de baja y estable inflación. En este estadio se podría eliminar el sistema de bandas para evolucionar a un sistema de flotación administrada del tipo de cambio, en la que el BCV intervenga en el mercado cambiario, pero permitiendo que la evolución del tipo de cambio esté altamente influida por las fuerzas del mercado. En esta etapa, el mantenimiento de una inflación baja y estable no debe basarse en el anclaje cambiario, sino en unas políticas monetarias y fiscales prudentes que, a su vez, deben fundamentarse en el establecimiento de metas inflacionarias, cuya consecución debe alcanzarse a través de la implementación coordinada de las distintas políticas económicas.

* * *

De todo lo anterior se deduce que la grave situación que se vivía en Venezuela a comienzos del año 2020, fecha de cierre del análisis cubierto por este estudio, exigía la implementación de grandes cambios en el manejo de lo económico, lo social, lo político y lo institucional, con el fin de afrontar la situación caótica en que se había sumido al país. Grandes retos tienen por delante quienes asuman la conducción de Venezuela, a quienes le tocará liderar la implementación del complejo proceso de cambio que se requiere para sacarla del marasmo en que se encuentra, y encarrilarla hacia el futuro de progreso y oportunidades de largo alcance, que se merece y al que justamente aspira.

Cronología

1918   Ley de Monedas (24 de junio). Adhesión de Vene-
        zuela al patrón oro: el "bolívar-oro" equivalía a
        0,290323 gramos de oro.

        Relación del bolívar-oro con el dólar: Bs/USD 5,1831.

1928   Política monetaria restrictiva en EE. UU.

1929   24 de octubre: "jueves negro" en Wall Street.

        29 de octubre: colapso del mercado de valores de Nueva
        York. Detonante de la Gran Depresión de los años 30.

1930-1933   La Gran Depresión. Caen los precios de los *commodi-
        ties*. Reducción de las exportaciones de Venezuela.

1931   Septiembre: Reino Unido abandona el patrón oro
        debido a fuertes pérdidas de sus reservas de oro. Flo-
        tación y devaluación de la libra esterlina.

1932   Se deprecia el bolívar debido a debilidad de las exporta-
        ciones. En agosto el dólar se cotiza a 7,75 bolívares.

1933   5 de abril: EE. UU. abandona el patrón oro. *Executi-
        ve Order 6102* (prohibición de tenencia de oro a los

estadounidenses y venta obligatoria de ese metal a la Reserva Federal).

Dado que la equivalencia del bolívar-oro no varió, la paridad-oro legal pasó de Bs/USD 5,1831 a 3,061, es decir, se revaluó el bolívar. En agosto el tipo de cambio de mercado llega a Bs/USD 3,04.

1934   30 de enero: *Gold Reserve Acto of 1934.* Se devalúa el dólar redefiniéndose su valor en oro, que pasa de 1,5048 gramos a 0,88867 gramos (1 USD = 1/35 de onza troy de oro).

28 de agosto: Convenio Tinoco en Venezuela: Acuerdo con las compañías petroleras fijándose nuevos tipos de cambio (Bs/USD 3,90 para la compra y Bs/USD 3,93 para la venta), aplicables a los dólares que trajeran esas compañías, hasta por un monto que, sumado a las divisas por otras exportaciones, no sobrepasara la demanda de dólares del mercado, adquiriéndose cualquier excedente a un precio equivalente a la paridad-oro legal, es decir a Bs/USD 3,06.

1936   27 de enero: El gobierno venezolano decide otorgar unas primas a los exportadores de productos distintos al petróleo.

Francia abandona el patrón oro.

1937   3 de febrero: Se crea en Venezuela la Oficina Nacional de Centralización de Cambios. Dos meses más tarde se fija un tipo de cambio de Bs/USD 3,09 para la compra de dólares a las compañías petroleras y a los exportadores favorecidos con primas. Se fija una tasa de Bs/USD 3,17 para la venta de dólares a los bancos, quienes venderían las divisas al público a razón de Bs/USD 3,19.

1939   1 de septiembre: Inicio de la II Guerra Mundial

1940   24 de junio: Se impone un control de cambios, administrado por la Oficina Nacional de Centralización de Cambios.

15 de agosto: Se celebra la Asamblea Constitutiva del Banco Central de Venezuela (BCV).

15 de octubre: Se le asigna al BCV la responsabilidad de manejar todas las actividades cambiarias en sustitución de la Oficina Nacional de Centralización de Cambios.

25 de octubre: Se crea la Comisión de Control de Importaciones, quien emitiría los permisos de importación.

1941   31 de enero: Se regula con mayor precisión la distribución de las divisas del BCV.

23 de julio: Se modifica el esquema cambiario creando dos mercados: uno libre y otro controlado administrado por el BCV. El nuevo esquema es de tipos de cambio fijos y diferenciales: se ratifica el tipo de cambio petrolero de Bs/USD 3,09, se crean tipos de cambio preferenciales para las exportaciones agrícolas, se fija un tipo de cambio de Bs/USD 3,335 para la venta de dólares del BCV a la banca, y se eleva la

tasa de venta al público de Bs/USD 3,19 a 3,35. Se eliminan las primas a los exportadores de productos agrícolas protegidos.

1942   Ley del Impuesto Sobre la Renta.

Nuevas regulaciones para el control de las importaciones y modificaciones a distintas tasas de cambio.

1943   Ley de Hidrocarburos

1944   Julio: Reunión de Bretton Woods donde se definió el sistema financiero internacional que regiría después de la II Guerra Mundial.

15 de agosto: El Decreto-Ley No. 178 flexibiliza el régimen cambiario, pero mantiene la obligatoriedad de venta al BCV de los dólares de la exportación petrolera.

1944-1957   Período de libre convertibilidad de la moneda con tipos de cambio fijos diferenciales similares a los establecidos en 1941, es decir, Bs/USD 3,09 para la compra de dólares a las compañías petroleras por el BCV y Bs/USD 3,35 para la venta de dólares al público.

1944-1945   Se otorgan nuevas concesiones a las compañías petroleras.

1945   18 de octubre: Derrocamiento del gobierno del General Isaías Medina Angarita y establecimiento de una Junta Revolucionaria de Gobierno presidida por Rómulo Betancourt. Se suspende el otorgamiento de concesiones petroleras.

1948   Se aprueba una nueva Ley de Impuesto Sobre la Renta que asegura una participación gubernamental del 50% de las ganancias de las compañías petroleras: Impuesto del *fifty-fifty*.

24 de noviembre: Derrocamiento del gobierno constitucional del presidente Rómulo Gallegos. Toma posesión la Junta Militar de Gobierno presidida por el Coronel Carlos Delgado Chalbaud.

1950   13 de noviembre: Es asesinado el Coronel Carlos Delgado Chalbaud, presidente de la Junta Militar de Gobierno.

1952   2 de diciembre: Después de un fraude electoral, el coronel Marcos Pérez Jiménez asume la posición de Presidente Provisional de la República

1956-1957   Se otorgan nuevas concesiones a las compañías petroleras, implicando esto un importante ingreso adicional de divisas y una acumulación de las reservas internacionales superior a 1,3 millardos de dólares.

1958   23 de enero: Es derrocada la dictadura de Marcos Pérez Jiménez. Junta de Gobierno presidida por el Vicealmirante Wolfang Larrazabal Ugueto.

Diciembre: Elecciones presidenciales, resultando elegido Rómulo Betancourt para el período 1959-1964.

1958-1960   Fuertes salidas de capital debido a inestabilidad política y a expectativas de imposición del comunismo en Venezuela.

1960   Septiembre: Se crea la OPEP.

8 de noviembre: Fin de la libre convertibilidad. Se impone un nuevo control de cambios.

1961   17 de marzo: Decreto No. 480 reglamentando el control cambiario. Tipos de cambio diferenciales.

1962   Se transfiere al mercado libre el 80% de las importaciones y la casi totalidad de las transacciones financieras.

1964   18 de enero: Eliminación del control cambiario y retorno a la libre convertibilidad con tipos de cambio fijos. Tipo de cambio para el público a Bs/USD 4,50 y otro para para la compra de dólares del sector petrolero por el BCV a Bs/USD 4,40.

1967   Se establecen los precios de referencia para el cálculo de la renta gravable de las compañías petroleras.

1971   15 de agosto: Se suspende la convertibilidad del dólar por oro. EE. UU. impone un recargo de 10% a sus impuestos de importación.

Varios países europeos y Japón dejan flotar sus monedas.

18 de diciembre: Acuerdo Smithsoniano: Se redefinen las paridades de las principales monedas con respecto al dólar, pero con fluctuaciones dentro de una banda.

Se revalúa el bolívar: pasa de Bs/USD 4,50 a 4,40.

1973   Febrero: Se devalúa el dólar estadounidense, pasando el precio la onza troy de oro de 35 dólares a 42,22.

Se revalúa el bolívar nuevamente, pasando el tipo de cambio de Bs/USD 4,40 a 4,30.

3 de marzo: Flotación de las monedas europeas con respecto al dólar, pero manteniendo paridades cuasi fijas entre ellas.

Octubre: Guerra del *Yom Kippur* en el Medio Oriente.

Embargo petrolero liderado por Arabia Saudita. Aumentan los precios petroleros.

1974   Inicio de la administración de Carlos Andrés Pérez. Primera crisis energética y bonanza petrolera en Venezuela. Creación del Fondo de Inversiones de Venezuela. Fuerte aumento de gasto público.

1976   Julio: Eliminación de tipos de cambio diferenciales. Todos los dólares adquiridos por el BCV, incluyendo los del sector petrolero, se harían a Bs/USD 4,28 y el precio de venta sería a 4,30. Inicio de la implementación del V Plan de la Nación.

1978   Desequilibrios económicos en Venezuela por estancamiento de los precios petroleros y elevados y crecientes niveles de gasto público. Altos déficits fiscal y de balanza de pagos. Expectativas de devaluación del bolívar. Último año del primer gobierno de Carlos Andrés Pérez.

1979   Inicio del gobierno de Luis Herrera Campíns.

Derrocamiento del sah de Irán, radicalización de la revolución de los ayatolás, y reducción de los volúmenes de producción y exportación de ese país. Aumento abrupto de los precios petroleros e inicio de la segunda crisis energética.

Se elimina el déficit de la balanza de pagos venezolana. Se disipan las expectativas de devaluación del bolívar.

Política monetaria restrictiva en EE. UU., se elevan substancialmente las tasas de interés en ese país y en el mercado de eurodólares. Fugas de capitales del mundo hacia el mercado del dólar.

1980   Septiembre: Estalla la guerra Irán-Iraq reforzando la subida del petróleo. A pesar de ello se mantienen las salidas de capitales de Venezuela atraídos por los altos intereses en el mercado del dólar. El BCV eleva las tasas de interés para evitar la fuga de fondos.

Política fiscal expansiva en Venezuela con el fin de estimular la actividad económica.

1981   El BCV reduce las tasas de interés con el fin de estimular ‹‹deliberadamente›› la salida de capitales y neutralizar así las eventuales presiones inflacionarias que se pudieran producir por la expansión de gasto público.

Septiembre: El Directorio del BCV revierte la decisión y permite nuevamente elevar las tasas de interés a niveles competitivos con las tasas internacionales.

Último trimestre: Se produce una entrada neta de capitales al país a pesar de los bajos precios petroleros por debilidad de la demanda.

1982	Febrero: Estalla crisis en México. Se devalúa el peso.

Agosto: México anuncia que no puede pagar sus compromisos de deuda externa. Inicio de la crisis de la deuda externa de las economías emergentes.

Venezuela: Se reanudan las salidas de capital por deterioro de expectativas cambiarias: crisis de México, alta sobrevaluación del bolívar, debilitamiento del mercado petrolero, alto déficit de la cuenta corriente y dificultades para obtener nuevo financiamiento internacional.

El BCV decide la centralización de las reservas internacionales.

1983   Frenéticas salidas de capital y reducción acentuada de reservas internacionales.

18 de febrero: «viernes negro». Se suspenden las operaciones cambiarias. Imposición de un nuevo control de cambios a partir del lunes siguiente con tipos de cambio diferenciales.

Durante el año las importaciones se reducen más del 50%, el PIB se contrae 5,6% y la cuenta corriente de la balanza de pagos logra un superávit superior a los 4.400 millones de dólares.

1984   Inicio del gobierno de Jaime Lusinchi. Se ratifica el control cambiario y se establece una nueva tasa de cambio controlada de Bs/USD 7,50 (devaluación). La tasa de 4,30 se mantiene, pero se limita a un pequeño grupo de importaciones esenciales.

Política de ajuste en los dos primeros años de gobierno, lo cual generó recesión económica.

Renegociación de la deuda externa con la banca acreedora.

Se mantienen severos controles de precios.

1985   A fines de año se comienza a implantar una política fiscal expansiva con el fin de estimular la actividad económica «Plan Trienal de Inversiones».

1986   Febrero: Se desploman los precios petroleros por pugnas entre los países productores miembros de la OPEP. Déficit fiscal y de cuenta corriente de la balanza de pagos.

Política monetaria expansiva y tasas de interés reales profundamente negativas. Se estimula la demanda de créditos, crece la demanda y el PIB, pero surge un desequilibrio financiero importante.

Diciembre: Se devalúa el bolívar comercial. La mayoría de las importaciones que se hacían con dólares a Bs/USD 7,50 pasan a una nueva tasa de Bs/USD 14,50. Venta obligatoria al BCV de los dólares generados por exportaciones privadas. Subvaluación del bolívar comercial.

1987   Escalada inflacionaria. Preservación de la tasa de cambio preferencial de Bs/USD 14,50. Apreciación real del tipo de cambio oficial. Escalada del tipo de cambio libre, distanciándose de la tasa oficial.

1988   Sobrevaluación creciente del bolívar comercial. El BCV otorga garantía cambiaria al tipo de cambio oficial de Bs/USD 14,50 a las importaciones financiadas a través de cartas de crédito.

Se mantienen congeladas las tasas de interés a pesar de la escalada inflacionaria. Tasas de interés reales ampliamente negativas. Fuertes salidas de capital.

Al fin del año están presentes grandes desequilibrios: fiscal, monetario, financiero, cambiario y externo. Caída de las reservas internacionales.

1989   Febrero: Inicio del segundo gobierno de Carlos André Pérez. Se reestructura la deuda pública externa a través del Plan Brady.

27 y 28 de febrero: Estallido social conocido como "El Caracazo".

Marzo: Se levanta el control cambiario, se unifica el tipo de cambio a nivel de la tasa libre y se establece una libre convertibilidad con tipo de cambio fluctuante. La fuerte devaluación genera un violento ajuste de los precios: "ola inflacionaria" o "tsunami cambiario", pero elimina la sobrevaluación cambiaria, pasándose a un tipo de cambio ampliamente subvaluado.

Se elimina parcialmente la garantía cambiaria a las importaciones financiadas a través de cartas de crédito. Ajuste de las tasas de interés buscando niveles reales positivos.

Acuerdo con el FMI e implementación de un plan de ajuste para afrontar y corregir los desequilibrios económicos existentes.

Inicio de una política económica de apertura y desregulación. Eliminación de los controles de precios y sinceración de tarifas de servicios públicos.

Resultados económicos adversos: Alta inflación (81%), contracción del PIB (-8,6%), fuerte salida de capitales privados.

1990   Subida de los precios petroleros producto de la invasión de Iraq a Kuwait y ulterior Guerra del Desierto.

Política fiscal expansiva y política cambiaria de minidevaluaciones periódicas (*crawling-peg*) para evitar sobrevaluación cambiaria. Política monetaria de corte restrictivo y tasas de interés reales positivas.

Crecimiento del PIB (6,5%), superávit de la cuenta corriente, aumento de reservas internacionales, pero con inflación elevada (36,5%).

1991   Reducción de los precios petroleros. Continúa política cambiaria de minidevaluaciones periódicas.

Fortalecimiento de la integración económica, particularmente con Colombia.

Alto crecimiento del PIB (9,7%) pero con inflación aún elevada (31%).

1992   Dos intentonas de golpe de Estado (4 de febrero y 27 de noviembre). Inestabilidad política.

Continúa la política cambiaria de minidevaluaciones periódicas. Precios petroleros continúan débiles. Deterioro de la cuenta corriente de la balanza de pagos, pero las salidas de capital se mantienen en niveles bajos.

Crecimiento del PIB aún elevado (6,1%), pero persiste la alta inflación (31,9%).

1993	Alta inestabilidad política. Destitución de Carlos Andrés Pérez (mayo) y nombramiento de Ramón J. Velásquez como presidente interino.

Estancamiento económico (el PIB solo crece 0,3%), y mayor inflación (45,9%).

Diciembre: Elecciones presidenciales siendo elegido Rafael Caldera para un segundo período.

1994	Enero: Estalla la crisis financiera con la intervención y cierre temporal del Banco Latino.

Febrero: Inicio del segundo gobierno de Caldera.

Elevados auxilios financieros a los bancos con problemas, fuerte expansión monetaria e intensa demanda de dólares.

Mayo: Fin de la política de minidevaluaciones periódicas del BCV. Se inicia un sistema de subastas de divisas las cuales no satisfacen plenamente la exacerbada demanda de moneda extranjera.

Aparición de un mercado paralelo en el que el tipo de cambio es superior al de las subastas. Fuerte presión sobre el tipo de cambio. Caída de las reservas internacionales.

27 de junio: se suspenden algunas garantías constitucionales, se establecen controles de precios y de tasas
de interés, y se interrumpen las operaciones cambiarias.

Segundo semestre: Fin del período de libre convertibilidad. Se impone un nuevo control cambiario a partir de los primeros días de julio. Tipo de cambio oficial fijo y único a nivel de Bs/USD 170,00. Se decla-
ran ilegales las operaciones cambiarias fuera del
mercado oficial.

Amplia restricción en la aprobación de divisas oficiales, aparición del mercado negro con tipo de cambio
en franco ascenso. Surgen severos problemas de desabastecimiento de productos.

Fuerte caída de las importaciones que generan un superávit de la cuenta corriente, pero el PIB se contrae
(-2,4%) y la inflación sube abruptamente (71%).

1995	El tipo de cambio oficial fijo de Bs/USD 170 se man-
tiene durante casi todo el año. La inflación continúa en
niveles muy elevados. Fuerte apreciación cambiaria y
brecha creciente entre la tasa oficial y la libre.

Abril: se permite la venta de bonos Brady a través de
la Bolsa de Valores de Caracas, ampliando la oferta
de divisas en el mercado libre.

Las reservas internacionales caen con fuerza a lo largo del año.

11 de diciembre: Se ajusta la tasa de cambio oficial fija de Bs/USD 170,00 a 290,00, ubicándose en un nivel similar al de la paridad comercial de importaciones de ese momento.

Si bien el PIB crece 4%, la inflación del año es muy elevada (56,6%) con una notable aceleración en los últimos meses del año.

1996   En los dos primeros meses del año la inflación se exacerba y los salarios reales caen con fuerza.

Abril: Reforma estructural e inicio de la Agenda Venezuela. El día 22 se elimina el control cambiario y se unifica el tipo de cambio a nivel de la tasa libre.

La fuerte devaluación genera una situación de subvaluación cambiaria, pero también una nueva "ola inflacionaria" o "tsunami cambiario".

Julio: Se implanta un sistema de banda cambiaria deslizante con un tipo de cambio central inicial de Bs/USD 470,00.

Alta estabilidad cambiaria en el segundo semestre del año. El 31 de diciembre se quiebra la banda hacia abajo para evitar que el tipo de cambio rompa su límite inferior.

La alta inflación a lo largo del segundo semestre, combinada con la estabilidad del tipo de cambio nominal genera una sostenida apreciación real de la moneda. La inflación anual alcanza máximos históricos.

Recuperación de las exportaciones petroleras por aumento de los precios y de los volúmenes. Importante incremento de las inversiones privadas debido a la apertura petrolera.

1997   Se mantiene la estabilidad del tipo de cambio nominal a lo largo del año. Se quiebra la banda en dos ocasiones, para evitar que la tasa se salga del límite inferior.

Continúa la apreciación cambiaria real, produciéndose una sobrevaluación creciente del tipo de cambio.

Agosto: Estalla la crisis asiática.

Continúan las elevadas inversiones privadas, principalmente en el sector petrolero. En el último trimestre se inicia una caída de los precios petroleros.

1998   Sigue el proceso de apreciación cambiaria.

Agosto: Estalla la crisis rusa (devaluación del rublo y declaración de moratoria sobre parte de su deuda pública).

Continúa la caída de los precios petroleros debido, principalmente a la crisis internacional y a los altos inventarios en los países consumidores. Sin embargo, la inversión privada en Venezuela sigue siendo elevada por la apertura petrolera.

Fuertes salidas de capital debido a: reducción de precios petroleros, sobrevaluación cambiaria, expectativas de devaluación y apuntalamiento de la candidatura de Hugo Chávez para la elección de diciembre.

Política monetaria fuertemente restrictiva y subida abrupta de las tasas de interés, ponen fin a la oleada especulativa contra el bolívar. Se evita la devaluación y se fortalece el bolívar en los últimos meses del año.

Diciembre: Hugo Chávez es elegido presidente.

1999   Febrero: Inicio de la presidencia de Hugo Chávez. Se ratifica el sistema de bandas cambiarias. Anclaje cambiario y monetario como mecanismos para controlar la inflación., pero con política fiscal expansiva. Aportes al FIEM, pero también creciente endeudamiento público.

Estalla la crisis brasilera.

Recuperación de los precios petroleros a partir de mayo debido a recortes de producción de la OPEP y a repunte de la demanda por recuperación de las economías asiáticas.

Continúa apreciación cambiaria y sobrevaluación creciente del bolívar.

La inflación cede, a pesar de que aún se mantiene en niveles elevados (20%). El PIB cae 6%.

15 de diciembre: Se aprueba la nueva Constitución. Deslave de Vargas.

2000   Continúa la recuperación de los precios petroleros y la política de anclaje cambiario y monetario. Se implanta una política de expansión de gasto público con el fin de estimular la actividad económica.

Descontento en los cuadros gerenciales y técnicos de PDVSA que se calman temporalmente con el nombramiento de Guaicaipuro Lameda como presidente de esa empresa.

La moderación inflacionaria continúa. El PIB crece 3,5%.

2001   A comienzos de año hay optimismo en el gobierno. Se ha quebrado nuevamente la banda cambiaria para evitar que el tipo de cambio nominal se salga de su límite inferior. Continúa el anclaje cambiario.

Sin embargo, se debilitan los precios petroleros por desaceleración económica mundial y altos inventarios. Los atentados del 11 de septiembre en los EE. UU. enrarecen aún más la situación internacional.

Se deteriora el clima político interno. Se aprueba una nueva ley habilitante que le permite a Chávez dictar una serie de controversiales decretos-ley que causan zozobra. Fuertes salidas de capital y contracción de las reservas internacionales. Aumento de la deuda pública.

Enfrentamientos del sector privado y el gobierno. Paro nacional de un día (10 de diciembre).

2002   Agravamiento de la salida de capitales y de la contracción de reservas internacionales Fin del sistema de bandas cambiarias e inicio de un sistema de flotación de la tasa de cambio (12 de febrero). Se mantiene la libre convertibilidad y el tipo de cambio único.

El BCV anuncia la realización de subastas diarias de dólares; los precios resultantes servirán de referencia para la determinación del tipo de cambio de mercado. El BCV podría intervenir en el mercado para evitar distorsiones de la tasa cambiaria.

Se produce un *overshooting* al inicio de la implementación del plan de flotación del tipo de cambio. Sin embargo la política monetaria restrictiva y la elevación de las tasas de interés hacen bajar la tasa de cambio.

Abril: Crisis política y golpe que aparta a Chávez del poder por unas horas. Estabilidad del tipo de cambio por un breve período debido a severa restricción monetaria.

La paralización económica obliga a flexibilizar la política monetaria. Bajan las tasas de interés, pero sube abruptamente el tipo de cambio. Ulteriormente, se produce una cierta estabilidad cambiaria por liquidación de posiciones en dólares de la banca y de empresas.

Paro petrolero en diciembre. Resultados económicos muy adversos en el año: Repunte inflacionario y severa contracción económica (el PIB se contrae en 8,9%). Cae el salario real y aumenta el desempleo.

Resurgimiento de la fuga de capitales en las últimas semanas del año, que se profundiza en las primeras semanas del año siguiente.

2003   Enero: Fuerte caída de las reservas internacionales y aumento abrupto del tipo de cambio. El día 21 se suspenden las operaciones cambiarias.

6 de febrero: Se impone un severo control cambiario con un tipo de cambio oficial fijo de Bs/USD 1.600 para la venta.

Restricción para acceder a las divisas preferenciales al tipo de cambio oficial con fuerza en los primeros meses de implementación del control cambiario. Se crea CADIVI para el manejo operativo del control cambiario. Venta obligatoria al BCV al tipo de cambio oficial de todas las divisas que entren al país por exportaciones u otros conceptos. Se crea un mercado paralelo lícito con un tipo de cambio libre. Esa tasa aumenta.

Despido masivo de gerentes y técnicos de Pdvsa.

A partir de fines de julio el tipo de cambio libre se estabiliza debido a la venta de bonos públicos denominados en dólares que se podían adquirir en bolívares a la tasa de cambio oficial. En diciembre el tipo de cambio libre vuelve a subir con fuerza.

Se imponen estrictos controles de precios.

2004   En los primeros meses del año el tipo de cambio libre sigue aumentando con fuerza debido, en parte, al enrarecido clima político.

Se inicia un sostenido aumento de los precios petroleros que dura hasta mediados del 2008. A pesar del aumento de los ingresos de divisas, se mantiene y agudiza el control de cambios.

Se comienza a implementar una política fiscal francamente expansiva, típicamente procíclica.

A partir de marzo el tipo de cambio libre experimenta una tendencia a la moderación que se mantiene hasta fines del año. Ello se debe al aumento del petróleo, a la venta en bolívares de bonos denominados en dólares, y a la flexibilización en la asignación y liquidación de divisas preferenciales.

Se mantiene inalterado el tipo de cambio oficial a lo largo de todo el año a pesar de la elevada inflación, acrecentando la sobrevaluación.

2005   A comienzos del año el tipo de cambio libre comienza a subir nuevamente. En marzo se ajusta la tasa de cambio oficial después de dos años de congelación, pasando el precio de venta de Bs/USD 1.600 a 2.150.

Se ratifica la política fiscal procíclica de fuertes aumentos del gasto público. Se incrementa la oferta monetaria y el consumo privado, y se estimula la actividad productiva. El PIB no petrolero crece 12,2% y las importaciones aumentan 41%.

Mayor acceso a los dólares preferenciales ayuda a moderar la inflación y a estabilizar el tipo de cambio libre.

Agosto: Se aprueba la reforma a la Ley del BCV, obligando a ese ente a transferir las reservas internacionales "excedentarias" al Fonden. PDVSA también es obligada a transferir buena parte de sus ingresos al Fonden.

Septiembre: Se aprueba la Ley Contra los Ilícitos Cambiarios.

2006   Estabilidad del tipo de cambio libre en el primer semestre por altos y crecientes precios petroleros. En el segundo semestre esa tasa vuelve a aumentar con fuerza por expansión de gasto público, aumento de oferta monetaria, reducción de las tasas de interés, escepticismo político por elecciones presidenciales de diciembre y nuevo freno al acceso de divisas preferenciales.

Primera emisión de los Bonos del Sur a fines de año. Chávez es reelegido en las elecciones de diciembre.

2007   Enero: Sube con fuerza el tipo de cambio libre por radicalización del discurso presidencial: Anuncio de revocatoria de la concesión de RCTV, estatización de CANTV y Electricidad de Caracas.

Febrero: Segunda emisión de Bonos del Sur y elevada emisión de bonos en dólares de PDVSA con vencimientos en 2017, 2027 y 2037 que pueden ser adquiridos con bolívares. Baja temporalmente el tipo de cambio libre para luego volver a crecer con fuerza, a pesar de las mayores asignaciones y liquidaciones de divisas preferenciales. Se amplía la brecha entre el tipo de cambio libre y el oficial, congelado este último desde marzo de 2005.

Venta de notas estructuradas por Fonden.

Diciembre: Propuesta de reforma constitucional socialista es rechazada en referendo. Eso contribuye a reducir la tasa libre en los últimos días del año.

Aceleración inflacionaria y alto crecimiento del PIB.

2008   Enero: Reconversión monetaria: Se crea el bolívar fuerte (VEF), equivalente a 1000 bolívares tradicionales. Reforma a la Ley Contra los Ilícitos Cambiarios endureciendo las penalizaciones.

Se da prioridad al abatimiento de la inflación: Política monetaria restrictiva y reducción forzosa del tipo de cambio libre a través de venta masiva de bonos denominados en dólares y colocación de notas estructuradas. Con esto se intenta acercar la tasa libre a la oficial, que seguía congelada a VEF/USD 2,15.

Mayo: Se obliga a las instituciones financieras a desincorporar las notas estructuradas denominadas en bolívares que poseyeran, las cuales habían sido emitidas por bancos extranjeros.

Segundo semestre: Después de alcanzar los precios petroleros su máximo histórico en los primeros días de julio, estos se desploman debido al estallido de la crisis financiera global de los prestamos hipotecaros *subprime*.

En las últimas semanas del año se reducen las asignaciones y liquidaciones de divisas preferenciales. Fuerte aumento del tipo de cambio libre en los últimos meses del año.

2009   Después de haber comprado el BCV 5.000 millones de dólares a otros entes públicos durante los dos últimos días de 2008, tres semanas más tarde éste le transfiere 12.299 millones de dólares al Fonden sin recibir compensación alguna.

Precio del petróleo se recupera en los nueves primeros meses de 2009, para luego estabilizarse en torno a 70 dólares por barril durante el último trimestre del año.

Fuerte restricción al acceso de las divisas preferenciales. Eso fuerza a múltiples empresas a migrar al mercado libre para obtener los dólares que requieren.

Se mantiene el tipo de cambio oficial de VEF/USD 2,15, vigente desde marzo de 2005, reforzando la sobrevaluación cambiaria. Se acumulan deudas con proveedores externos y se agravan los problemas de desabastecimiento.

Agosto: Nuevamente se decide bajar la tasa libre y acercarla lo más posible a la oficial como medida antiinflacionaria, repitiendo el absurdo de mediados de 2008. Después de una costosa reducción del tipo de cambio libre, este vuelve a experimentar una tendencia alcista en los últimos meses del año.

2010   8 de enero: Después de casi 5 años congelada, se ajusta la tasa libre de VEF/USD 2,15. Se establecen dos tipos de cambio oficial: Uno a VEF/USD 2,60 para importaciones prioritarias y del sector público, y otra de VEF/USD 4,30 para el resto de las operaciones con dólares preferenciales.

En los 4 primeros meses del año el tipo de cambio libre, o de permuta, sigue subiendo con fuerza. El BCV hace colocaciones esporádicas de bonos cerocupón denominados en dólares pero adquiribles en bolívares con vencimiento a 90 días (bonos cambiarios); eso tiene poco efecto sobre la tasa libre.

Transferencias por un monto de 6.000 millones de dólares de reservas internacionales al Fonden.

Mayo: Después que el tipo de cambio libre supera los 8 bolívares fuertes por dólar, el gobierno decide declarar el cierre del mercado libre, donde se transaban entre 80 y 100 millones de dólares diarios. Se reforma la Ley Contra los Ilícitos Cambiarios.

Junio: Entra en vigor el Sistema de Transacciones con Títulos en Moneda Extranjera (Sitme). Se excluye a las casas de bolsa y sociedades de corretaje como intermediarios cambiarios y se persigue a varios de sus directivos. Se centralizan en el BCV las operaciones de compra venta de títulos en moneda extranjera pagaderos en bolívares fuertes a razón de VEF/USD 5,30. Esto fuerza la emisión de nuevos bonos por la República y por PDVSA para satisfacer la demanda, aumentando considerablemente la deuda pública externa.

Después de mantenerse el precio petrolero promedio en torno a los 70 dólares por barril durante los primeros 9 meses del año, en el último trimestre aumentan con fuerza debido a conflictos políticos en el Medio Oriente (Primavera Árabe).

2011   Enero: Se elimina el tipo de cambio preferencial de VEF/USD 2,60, manteniéndose la tasa de VEF/USD 4,30 para todas las operaciones a través de CADIVI.

Los precios petroleros siguen aumentando con fuerza, alcanzando un promedio anual superior a los 101 dólares por barril. Sin embargo, el acceso a las divisas de CADIVI y las operaciones a través del Sitme se mantienen restringidos. Eso obligaba a algunas empresas a acudir al mercado negro y pagar el dólar a un alto precio, a pesar de que tiene que registrar el costo de cada dólar no oficial al tipo de cambio Sitme, es decir a 5,30 bolívares fuertes.

Múltiples empresas se abstienen de acudir al mercado negro, haciendo que el tipo de cambio en ese mercado se mantenga bastante estable durante 2011 y primeros 8 meses de 2012.

Continúa la emisión de bonos denominados en dólares pero adquiribles en bolívares a la tasa Sitme. La demanda de estos títulos supera holgadamente a la oferta.

2012   Año electoral. Chávez aspira a ser reelegido en las elecciones de octubre a pesar de su precario estado de salud. Precio anual promedio del petróleo en máximos históricos (USD 103). Política fiscal fuertemente expansiva que hace incrementar notablemente la oferta monetaria. Elevados déficits fiscales.

Dificultades de las empresas privadas para acceder a dólares preferenciales. Limitadas aprobaciones de dólares de CADIVI y dificultad para acceder a bonos cada vez más escasos a través del Sitme.

Corrupción desbocada: Aprobación masiva de dólares preferenciales a empresas ficticias. Crecimiento desproporcionado de las importaciones públicas, importaciones falsas. Elevación importante de la deuda pública, tanto interna como externa.

Fuerte crecimiento del tipo de cambio paralelo a partir de septiembre. Sólida apreciación cambiaria.

El PIB crece 5,6% y la inflación se ubica en 21,1%

2013 Fuertes desequilibrios cambiario y fiscal.

8 de febrero: Se modifica el tipo de cambio preferencial de CADIVI: pasa de VEF/USD 4,30 a 6,30. Fin del Sitme.

Se anuncia la creación del Órgano Superior de Optimización del Sistema Cambiario, para controlar más estrechamente las divisas de CADIVI y atacar la corrupción en el manejo cambiario.

La modificación del tipo de cambio oficial genera cuantiosas pérdidas a compañías por merma en sus utilidades retenidas localmente.

5 de marzo: Se anuncia el fallecimiento de Chávez.

18 de marzo: Se anuncia la creación del Sistema Complementario de Adquisición de Divisas (Sicad), que sustituye al Sitme, consistente en subastas periódicas de divisas. El Sicad estaría regulado por el ente recientemente creado. A fines de marzo se realiza la primera subasta: tipo de cambio promedio de VEF/USD 13, muy superior a la tasa Sitme de VEF/USD 5,30.

Repuntan la inflación y la escasez de productos.

14 de abril: Elección presidencial. Nicolás Maduro es proclamado ganador. Fuerte cuestionamiento sobre el resultado de la elección. Jorge Giordani continúa como ministro de planificación, pero es separado del manejo de la cuestión cambiaria.

Segundo semestre: Se reactiva el Sicad. Se elimina el organismo regulador creado por Giordani. Después de 3 subastas (2 en julio y una en agosto) se vuelven a suspender.

Octubre-diciembre: subastas con periodicidad semanal con oferta de 100 millones de dólares por subasta. Pero oferta de las últimas 3 subastas del año es substancialmente menor.

Asignaciones a través del Sicad en 2013 equivalen a solo 18,7% de lo que se adjudicó a través del Sitme en 2012.

23 de noviembre: Se crea el Centro Nacional de Comercio Exterior (Cencoex).

En 2013 sigue aumentando intensamente el tipo de cambio paralelo y se profundizan los desequilibrios macroeconómicos, se agrava el desabastecimiento y la inflación reputa a más de 40%. El PIB solo crece 1,3%.

2014   Enero: Se realiza una subasta de Sicad por 90 millones de dólares. Rodolfo Marco Torres nuevo ministro de finanzas.

Febrero: Segunda subasta Sicad del año (220 millones de dólares). La Ley de Régimen Cambiario y sus Ilícitos sustituye a la Ley Contra los Ilícitos Cambiarios. Desaparece CADIVI. El Cencoex pasa a manejar la administración del control cambiario. Se despenalizan las operaciones cambiarias entre privados.

Se crea un nuevo Sicad, el Sicad II. Operaciones de compra y venta de divisas en efectivo o de títulos valores denominados en moneda extranjera. El mercado operaría todos los días. Del lado de la demanda solo pueden participar personas naturales o jurídicas privadas residentes en el país. Los exportadores pueden retener hasta 60% de sus divisas por exportación.

Marzo: El Sicad II comienza a operar el 24 de marzo con operaciones de 55 millones de dólares diarios a una tasa de cambio promedio de VEF/USD 51. Al comienzo baja el tipo de cambio paralelo. El monto transado a lo largo del año se reduce hasta 15 millones de dólares diarios a comienzos de 2015.

Durante 2014 se realizan 26 subastas Sicad, con un monto promedio por subasta de 189,1 millones de dólares y una tasa entre VEF/USD 10 y 12.

Oferta de divisas a través del Cencoex también baja intensamente a lo largo de 2014.

En el primer semestre el precio promedio de la cesta petrolera es cercano a los 99 dólares por barril, desplomándose en el segundo semestre.

El PIB del primer semestre se contrae más de 5% a pesar de los altos precios petroleros.

Se agravan los desequilibrios macroeconómicos: monetización de elevados déficits fiscales, bajas reservas internacionales, agravamiento del desabastecimiento y repunte inflacionario (62,2%). Se ensancha la brecha entre las tasas cambio oficial y paralela.

Giordani sale del gabinete y Rafael Ramírez sale de la presidencia de Pdvsa, del Ministerio de Petróleo y Minería y cesa como vicepresidente del área económica. Es nombrado Canciller.

2015   A comienzos de año se ofertan montos muy bajos a través del Sicad II y el Sicad está prácticamente paralizado. En febrero se anuncia la fusión del Sicad II con el Sicad y la creación de un nuevo Sistema Marginal de Divisas (Simadi) que prácticamente sustituye al Sicad II.

Se mantienen tasas preferenciales de Cencoex y Sicad a pesar de la crítica escasez de divisas por reducción del precio del petróleo. Operaciones de compra y venta de divisas a través del Simadi fuertemente reguladas.

Tipo de cambio inicial del Simadi VEF/USD 170. Ulteriormente, esa tasa se estabiliza en un nivel próximo a los VEF/USD 200 hasta febrero de 2016. La tasa libre aumenta con fuerza a lo largo del año disociándose de la tasa Simadi.

Oferta muy limitada de dólares a través del Simadi, tanto por entes públicos como por el sector privado.

2016   17 de febrero: Fin de la tasa oficial de VEF/USD 6,30, vigente desde febrero de 2013. Es sustituida por otra de VEF/USD 10,00. La tasa Simadi flota a partir de esa fecha.

9 de marzo: Nuevo ministro Pérez Abad anuncia un nuevo esquema cambiario dual: Dipro – Dicom. La tasa Dipro es protegida y la Dicom sería complementaria y flotante. La primera inicia con un nivel de VEF/USD 10,00 aplicable a importaciones esenciales y a otras actividades prioritarias. Eso acrecienta la sobrevaluación cambiaria y azuza la corrupción.

Tasa Simadi comienza a subir. Pasa a ser la tasa Simadi-Dicom, llegando en agosto a VEF/USD 645. Se estabiliza la tasa libre.

Agosto: Sale Pérez Abad del gabinete. La tasa Simadi-Dicom se estabiliza el resto del año, pero la tasa libre sube con fuerza, ensanchando la brecha con la tasa Simadi-Dicom.

Diciembre: Se anuncia el retiro de la circulación y eliminación de valor de los billetes de 100 VEF en un lapso de 72 horas. Se reducen los medios de pago y baja la tasa de cambio libre.

2017   En los primeros meses sigue funcionando el sistema Dicom sin mayores cambios.

24 de mayo: El sistema Dicom migra a un sistema de subastas periódicas de flotación administrada entre bandas móviles monitoreadas. Se forma el Comité de Subastas de Divisas para regular y dirigir el sistema

Dicom. 25 de mayo: se convoca la primera subasta: límite inferior de la banda VEF 1800 y límite superior VEF 2200. Esto implica una nueva tasa Dicom muy superior a la anterior, pero aún muy distante de la tasa libre.

La tasa Dicom es la que tiene que utilizarse para determinar los costos de origen externo, aun cuando las divisas utilizadas hayan sido adquiridas a un precio substancialmente mayor.

25 de Agosto: Primeras sanciones financieras de los EE. UU. al sector público venezolano.

Septiembre: Después de 15 subastas el tipo de cambio Dicom (VEF/USD 3.345) difería un 471% de la tasa libre (VEF/USD 19.105).

25 de Noviembre: Se anula la subasta No. 15 del Dicom realizada en septiembre.

En 2017 el sector público realiza el 74% de las importaciones totales de mercancías. Más del 90% de esas importaciones son hechas a la tasa Dipro de VEF/USD 10,00.

2018   26 de enero: Se elimina la tasa Dipro. Todas las operaciones cambiarias del sector público tienen que ser hechas a la tasa flotante Dicom. Se autoriza a cualquier persona, natural o jurídica, del sector privado a realizar operaciones de menudeo hasta por € 8.500 o su equivalente en otra divisa, a través de operadores cambiarios autorizados. Se anuncia un nuevo sistema de subastas Dicom.

Febrero: Se realiza la primera de 26 subastas Dicom bajo el nuevo esquema: tipo de cambio resultante de VEF/USD 25.000 y VEF/€ 30.987,50, muy inferior a la tasa libre (VEF/USD 260.200). Se emite el "petro".

19 de marzo: Sanciones de EE. UU. contra el petro.

Marcada diferencia entre las tasas de cambio marginal y máxima de las subastas Dicom, lo cual desestimula la oferta privada de divisas. Monto total transado en las 26 subastas Dicom de 2018 muy bajo (USD 18,5 millones).

8 de junio: Se autoriza a tres empresas a realizar operaciones cambiarias relacionadas con las remesas enviadas desde el exterior.

Agosto: Maduro anuncia el Programa de Recuperación Económica, Crecimiento y Prosperidad Económica. Nueva reforma monetaria: Se crea el bolívar soberano (VES) igual a 100.000 VEF, con un valor atado al petro. La ANC deroga el decreto ley del Régimen Cambiario y sus Ilícitos. Se aumenta el salario mínimo en 5.900% llevándolo a VES 1.800. Se aumenta la tasa de IVA de 12% a 16% y se establece el pago anticipado del ISR de 1% de las ventas brutas de los contribuyentes especiales, y de 2% para los sectores financiero y asegurador.

7 de septiembre: Entra en vigor el Convenio Cambiario No. 1, que plantea el restablecimiento de la libre

convertibilidad y el cese de las restricciones a las operaciones cambiarias. Se ratifica el sistema de subastas Dicom, ahora bajo el nombre "Sistema de Mercado Cambiario". Solo los bancos universales pueden actuar como operadores cambiarios. El tipo de cambio resultante se aplicaría a todas las operaciones cambiarias del sector público y privado. Iniquidad con las empresas privadas que no tienen accesos a las divisas a través del Sistema de Mercado Cambiario, teniendo que adquirirlas a un tipo de cambio más alto.

Monto transado a través del Sistema de Mercado Cambiario muy bajo (USD 168 millones en 19 semanas). Tipo de cambio de las subastas muy estable hasta noviembre de 2018. Sólo en diciembre comienza a aumentar con fuerza y a acercarse a la tasa libre.

A partir de octubre se ajustan progresivamente los encajes requeridos a la banca.

Se ajusta al valor referencial del petro en un 150% llevándolo a VES 9.000.

2019   Enero: Continúan las subastas del Sistema de Mercado Cambiario con montos ofertados muy pequeños, pero con un tipo de cambio en franco ascenso. Al cabo de 5 semanas esa tasa supera a la del mercado libre. El BCV anuncia un nuevo proyecto de intervención cambiaria para anclar el tipo de cambio en torno a VES/USD 3.300 a través de la venta de euros. Se busca crear un ancla cambiaria que, combinada con el ancla monetaria de altos encajes iniciada en octubre de 2018, logre estabilizar la inflación.

21 de enero: Sanciones de EE. UU. contra PDVSA y bloqueo de activos por 7 millardos de dólares.

11 de febrero: Nuevo aumento de los encajes bancarios: Encaje ordinario sube a 57% y el marginal a 100%.

El tipo de cambio oficial se estabiliza por 11 semanas, pero a partir de abril la tasa libre comienza a subir, ubicándose por encima de la oficial. El BCV anuncia la elevación de la tasa oficial; el 22 de abril esta llega a VES/USD 5.200.

17 de abril: Sanciones de EE. UU. contra el BCV. Bloqueo de sus propiedades es ese país y prohibición a personas en Estados Unidos de hacer operaciones con esa institución.

Mayo: Ante las pocas posibilidades de intervención en el mercado por escasez de divisas, el 2 de mayo el BCV autoriza a que los operadores cambiarios, a través de sus mesas de cambio, pacten operaciones de compra y venta de divisas entre sus clientes. El BCV publica diariamente el tipo de cambio promedio ponderado de las operaciones transadas en las mesas de cambio, siendo el tipo de cambio de referencia de mercado a todos los efectos.

El BCV vende parte de sus reservas de oro a través de países aliados del régimen. Eso le genera euros que le permiten intervenir en el mercado cambiario para evitar alzas indeseables del tipo de cambio. En el primer semestre del año las reservas de oro del BCV se reducen en 28,92 toneladas.

La única ancla efectiva con que cuenta el BCV es la restricción del crédito a través de altísimos encajes bancarios. Se produce una moderación de la monetización de los déficits públicos a lo largo del año.

Sin embargo, los aumentos de gasto público ocurridos en agosto y noviembre presionan el tipo de cambio debido a la expansión de la liquidez. Algo similar sucede en los primeros días de 2020.

La bajísima preferencia del público por mantener activos líquidos en moneda local, hace que pequeños aumentos de liquidez se canalicen al mercado cambiario presionando al alza el precio de la divisa.

A lo largo de 2019 se nota un sostenido proceso de dolarización transaccional en la economía.

En los últimos meses de 2019 e inicios del 2020 se hacen esfuerzos para apuntalar el petro. Se anuncia el uso obligatorio del petro para el pago de algunos servicios públicos. Se dan los aguinaldos en petros, pero al ser algunos de éstos convertidos a bolívares soberanos se producen presiones alcistas sobre el tipo de cambio a fines de diciembre de 2019 y primeros días del 2020.

Bibliografía

Abadí, Anabella (2014): *SICAD: ¿Qué ha pasado y qué podemos esperar?* Caracas: Prodavinci, 3 de enero.

Abadí, Anabella – Ragua, Daniel (2016): *Control Cambiario: Trece años en cifras*. **Debates IESA**, Vol. XXI, No. 1, enero-marzo, pp. 48-51.

Balza Guanipa, Ronald (2017): *Antes y después de levantar el control de cambios*. En Spiritto, Fernando (Coordinador): **La nueva economía venezolana. Propuestas ante el colapso del socialismo rentista**. Caracas: Editorial Alfa.

---------- (2018): *Sobre la propuesta de dolarización de Francisco Rodríguez*. Caracas: Prodavinci, 27 de febrero.

Balza Guanipa, Ronald – Paublini, María Alejandra – Puente, José Manuel (2018): *Economía*. En Alarcón Deza, Benigno y Ramírez, Sócrates (Coordinadores): **La consolidación de una transición democrática. El desafío venezolano III**. Caracas: Universidad Católica Andrés Bello, pp. 61-85.

Banco Central de Venezuela (varios): **Informe Económico**. Caracas.

---------- (varios): **Informe Mensual**. Caracas.

---------- (varios): **Mensaje de Fin de Año del presidente del Banco Central de Venezuela**. Caracas.

Banejas Rivero, R. A. – Núñez Ramírez, M. A. – Escobar Coba, L. F. (2017): *Natural Resources, Tradable and Non-Tradable Sectors: An Exemplification with Bolivia, A Boom-Tradable and Non-Tradable Model*. **International Journal of Energy Economics and Policy**, 2017, 7 (5), pp. 68-82.

Baptista, Asdrúbal (1989): *Tiempo de Mengua: Los Años Finales de una Estructura Económica*. En Cunil Grau, P., Sierra, M.F., y Otros: **Venezuela Contemporánea 1974-1989**. Caracas: Fundación Eugenio Mendoza, pp. 105-156.

---------- (2006): **Bases cuantitativas de la economía venezolana 1830-2002**. Caracas: Fundación Empresas Polar.

Baptista, Asdrúbal – Mommer, Bernard (1992): **El petróleo en el pensamiento económico venezolano: un ensayo**. Caracas: Ediciones IESA.

Barcia, José (1999 y 2003): *Una Aproximación al Tipo de Cambio Real de Equilibrio en Venezuela y sus Determinantes Fundamentales*. En MetroEconómica: **Informe Mensual**, marzo 1999. Pp. III-1 - III-22. Reproducido en Palma, P. A. – Rodríguez, C. y Barcia Arufe, J. (compiladores): **Ensayos sobre la economía venezolana**. Caracas: MetroEconómica. 2003, pp. 131-176.

Bernanke, Ben S. (2004): **Money, Gold, and the Great Depression**. Lexington: The Federal Reserve Board, March 2.

Betancourt, Rómulo (1978): **Venezuela Política y Petróleo**. Caracas: Editorial Seix Barral.

Bilson, John F. – Marston, Richard C. (1984): **Exchange Rate. Theory and Practice**. Chicago: The University of Chicago Press.

Brewer Carías, Allan R. (1980): **Evolución del Régimen Legal de la Economía 1939-1979**. Caracas: Editorial Jurídica Venezolana.

---------- (1994): **Régimen Cambiario**. Caracas: Editorial Jurídica Venezolana.

Calvo, Guillermo – Leiderman, Leonardo – Reinhart, Carmen M. (1995): *Inflows to Latin America with Reference to the Asian Experience*. En Edwards, S. (Edt.): **Capital Controls, Exchange Rates and Monetary Policy in the World Economy**. Cambridge: Cambridge University Press, pp. 339-382.

Campos, María I. – Torres, José C. – Villegas, Esmeralda (2006): *The Credibility of the Venezuela Crawling-band System*. **Revista de Economía del Rosario**, 9 (2): Diciembre, pp. 111-123.

Casique, Jesús (2018): *Venezuela regresa a un solo tipo de cambio*. Entrevista en El Nacional. Caracas: Cámara de Comercio e Industria de Caracas, 1 de febrero.

Cooper, Richard N. (1971): *Currency Devaluation in Developing Countries*. **Essays in International Finance**, No. 86 (June). Princeton: Princeton University Press, pp. 3-31.

Cordeiro, José Luis (2016): **La Segunda Muerte de Bolívar ... y el Renacer de Venezuela**. Caracas: Cedice, (2da. Edición).

Corden, W. Max (1984): *Booming Sector and Dutch Disease Economics: Survey and Consolidation*. **Oxford Economic Papers**. November.

---------- (2000): *Exchange Rate Regimes and Policies: An Overview*. En Wise, C. y Roett, R. (Eds.): **Exchange Rate Politics in Latin America.** Washington D.C.: Brookings Institution Press, pp 23-42.

Corrales, Javier (2000): *Reform-Lagging States and the Question of Devaluation: Venezuela's Response to the Exogenous Shocks of 1997-98.* En Wise, C. – Roett, R. (Edts.): **Exchange Rate Politics in Latin America.** Washington D.C.: Brookings Institution Press, pp. 123-158.

Crazut, Rafael José (2010): **El Banco Central de Venezuela, Notas Sobre su Historia y Evolución en sus 70 años de actividades.** Caracas: Banco Central de Venezuela.

Cuddington, John T. (1986): **Capital Flight: Issues, Estimates and Explanations.** Princeton: Princeton Studies in International Finance, No. 58, December.

Dornbusch, Rudiger (1976): *Expectations and Exchange Rate Dynamics.* **Journal of Political Economy,** Vol. 84, No. 6, December, pp. 1161-1176.

--------- (1995): **Exchange Rates and Inflation.** Cambridge: MIT Press.

Durá Juez, Pedro (2003): **Teoría de Subastas y Reputación del Vendedor.** Madrid: Comisión Nacional de Mercado de Valores, Dirección de Estudios. Monografías, No. 3, Julio.

Ecoanalítica (varios): **Coyuntura Cambiaria.** Caracas: Ecoanalítica.

---------- (varios): **Inflación Subyacente y Tipos de Cambio.** Caracas: Ecoanalítica.

---------- (varios): **Informe de Perspectivas**. Caracas: Ecoanalítica.

---------- (varios): **Informe Semanal**. Caracas: Ecoanalítica.

---------- (varios): **Perspectiva al día**. Caracas: Ecoanalítica.

Edwards, Sebastián (1989): **Real Exchange Rates, Devaluation, and Adjustment**. Cambridge: MIT Press.

---------- (1995): *Exchange Rates, Inflation, and Disinflation: Latin American Experiences*. En Edwards, S. (Edt.): **Capital Controls, Exchange Rates and Monetary Policy in the World Economy**. Cambridge: Cambridge University Press, pp. 301-338.

Fernández, Adriana (2013): **Sistema Complementario de Administración de Divisas (Sicad), aplica tanto a personas jurídicas como naturales**. Caracas: Microjuris de Venezuela, (Microjuris.com.), 9 de julio.

Fontiveros, Domingo – Palma, Pedro A. (1987): **External Debt and the Recessive Impact of a Devaluation: The Venezuelan Case**. Caracas: MetroEconómica, **Informe Mensual**, marzo. En www.pedroapalma.com.

Frenkel, Roberto (2017): **Tipo de cambio real competitivo, justicia social y democracia**. Trabajo presentado en el 22do. Congresso Brasileiro de Economia. Belo Horizonte, Brasil, 6 al 8 de setiembre.

García, Gustavo – Rodríguez, Rafael – Salvato, S. (1998): **Lecciones de la Crisis Bancaria de Venezuela**. Caracas: Ediciones IESA.

García Larralde, Humberto (2018): **¿Dolarización?** Caracas: La Patilla (portal), 7 de marzo.

Gil Yepes, José Antonio (2015): **Poder, Petróleo y Pobreza**. Caracas: Editorial Libros marcados, Tomo II de ‹‹La Centro Democracia››.

Gómez, Emeterio (1993): **Salidas de una economía petrolera**. Caracas.

Grisanti, Alejandro (1998): **Dinámica de la tasa de cambio real en una economía petrolera. Experiencia y opciones de política**. Washington, D.C.: Banco Interamericano de Desarrollo. (Mimeografía).

Grisanti, Luis Xavier (2008): *Noruega Siembra el Petróleo*. **Petróleo YV**, Año 10, Número 35, pp. 1-5.

Guerra, José (2004): *La política cambiaria en Venezuela: el debate inicial*. En Guerra, J. y Pineda, J. (compiladores): **Temas de Política Cambiaria en Venezuela**. Caracas: Banco Central de Venezuela, pp. 15-30.

---------- (2010): **Regímenes Monetarios e Inflación en Venezuela**. Caracas: Banco Central de Venezuela.

Guerra, José – Pineda, Julio (2000): **Trayectoria de la política cambiaria en Venezuela**. Caracas: Banco Central de Venezuela, febrero.

Hanke, Steve (2018): *Hanke plantea guía para dolarizar la economía y frenar la hiperinflación*. **El Universal**. Entrevista hecha por Paula López, publicada el 24 de marzo.

Hausmann, Ricardo (1990): **Shocks Externos y Ajuste Macroeconómico**. Caracas: Banco Central de Venezuela.

---------- (1995): *Quitting Populism Cold Turkey: The "Big Bang" Approach to Macroeconomic* Balance. En L.W. Goodman, J. Mendelson Forman, M. Naím and Others (Editors): **Lessons of the Venezuelan Experience**. Washington, D.C.: The Woodrow Wilson Center Press. Baltimore: The Johns Hopkins University Press, pp. 253-282.

Hernández, José Ignacio (2018): **Sobre la Ley de Ilícitos Cambiarios y el control de cambio**. Caracas: Prodavinci, 6 de agosto.

Hernández Delfino, C. (1996): **Banking crisis in Venezuela. Lessons from experience**. Caracas. (Mimeografía).

---------- (2009): *El primer gobierno del presidente Carlos Andrés Pérez: auge y declinación del modelo de crecimiento económico.* En Fundación Venezuela Positiva: **Tierra Nuestra 1498-2009**. Tomo II. Caracas. Pp. 327-347.

---------- (2015): **Los Controles de Cambio en Venezuela**, Caracas: Prodavinci. Varios.

Hinkle, Lawrence E. – Montiel, Peter J. (1999): **Exchange Rate Misalignment, Concepts and Measurement for Developing Countries**. Washington D.C.: The World Bank / Oxford University Press.

Isard, Meter (1995): **Exchange Rate Economics**. Cambridge: Cambridge University Press.

Karl, Terry Lynn (1997): **The Paradox of Plenty. Oil Booms and Petro-States**. Berkeley – Los Angeles: University of California Press.

Kelly, J. y Palma, P. A. (2004): *The syndrome of economic decline and the quest for change.* En McCoy, Jennifer y D. Myers

(Editors): **The Unraveling of Representative Democracy in Venezuela**. Baltimore: Johns Hopkins University Press, pp. 202-230.

Key, Ramón – Hernández, Jorge – Monsalve, Daniela – Curiel, Claudia – Obuchi, Richard – Cárdenas, Daniel – Oliveros, Asdrúbal y Lalaguna, Gorka (2020): *Por qué y cómo reducir los subsidios a los servicios en Venezuela*. **Debates IESA**, Vol. XXV, No. 1. Enero marzo.

Krivoy, Ruth (2002): **Colapso. La crisis bancaria venezolana de 1994.** Caracas: Ediciones IESA, CAF y Group of Thirty.

Krugman, Paul R. – Obstfeld, Maurice (2000): **International Economics, Theory and Policy** (Fifth Edition), New York: Addison-Wesley.

Krugman, Paul R. – Taylor, Lance (1978): *Contractionary Effects of Devaluation*. **Journal of International Economics**, No. 8, August, pp. 445-456.

Levy Carciente, Sary (2016): **Descifrando el colapso. La teoría de redes y el análisis financiero**. Caracas: Cyngular.

Levy Carciente, Sary – Krivoy, Ruth – Herrera, Tamara (2017): *Reforma Financiera para Venezuela: Estabilidad e inclusión*. En Spiritto, Fernando (Coordinador): **La nueva economía venezolana. Propuestas ante el colapso del socialismo rentista**. Caracas: Editorial Alfa. Capítulo 8.

López, Leopoldo – Baquero, Gustavo (2018): **Venezuela Energética. Propuesta para el bienestar y el progreso de los venezolanos**. Caracas: La Hoja del Norte.

Malavé Mata, Héctor (1996): **Las Contingencias del Bolívar. El Discurso de la Política de Ajuste en Venezuela**. Caracas: Fondo Editorial FINTEC.

Max Coers, Hermann (1940): **Las Bases Teóricas de la Política Monetaria**. Caracas: Ministerio de Fomento.

Mayobre, José Antonio (1946): *La Situación Económica Actual de Venezuela*. **Revista D'Economie Politique**. Reeditada en Banco Central de Venezuela: **Obras Escogidas**, 1982.

--------- (1964): *La Paridad del Bolívar*. **Revista de Hacienda**, No. 17. Reeditada en Banco Central de Venezuela: **Obras Escogidas** (1982).

Maza Zavala, D. F. (1967): **La Internacionalización del Bolívar y la Liquidez Internacional**. Caracas: Banco Central de Venezuela. Ediciones Cuatricentenario de Caracas.

McBeth, Brian (2014): **La Política Petrolera Venezolana: Una perspectiva histórica 1922/2005**. Caracas: Universidad Metropolitana, Celaup.

MetroEconómica (varios): **Informe Mensual**. Caracas.

---------- (varios): **Reporte General**. Caracas.

Monaldi, Francisco (2019): **El colapso y próximo auge de Venezuela y su industria petrolera**. Caracas: Prodavinci. 16 de junio.

Montiel, Peter J. (2003): **Macroeconomics in Emerging Markets**, Cambridge: Cambridge University Press.

Naím, Moisés (1993): **Paper Tigers and Minotaurs: The Politics of Venezuela's Economic Reforms**, Washington D.C.: The Carnegie Endowment for International Peace.

Naím, Moisés – Piñango, Ramón (Edts.) (1985): **El Caso Venezue-la: Una Ilusión de Armonía**. Caracas: Ediciones IESA.

Ochoa, Orlando (2019): **Es necesario recuperar el petróleo con es-tabilización**. Caracas: El Universal. 10 de febrero. (entrevista).

Palma, Pedro A. (1975): *Análisis del Sistema Monetario Interna-cional*. **Estudios Internacionales**, Año VIII, No. 32, Octu-bre – Diciembre. Buenos Aires-Santiago, pp. 51-102.

---------- (1976): **A Macro-econometric Model of Venezuela with Oil Price Impact Applications**. Tesis para optar al título de *Philosophy Doctor* (Ph.D.) en Economía. Philadelphia: Uni-versity of Pennsylvania.

---------- (1985): **1974-1983: Una Década de Contrastes en la Economía Venezolana**. Caracas: Academia Nacional de Ciencias Económicas, Serie Cuadernos, No. 11.

---------- (1987): *El Manejo de la Deuda Pública de Venezuela; Necesidad de Urgentes Cambios*. En COPRE: **El Rol del Es-tado Venezolano en una Nueva Estrategia Económica**, Vol. 7, Cap. V. Caracas. Pp. 199-215. Reproducido en Valecillos, H. – Bello, O. (Eds.): **La Economía Contemporánea de Ve-nezuela, Ensayos Escogidos**. Caracas: Banco Central de Ve-nezuela, Vol. IV, pp. 235-257.

--------- (1989): *La Economía Venezolana en el Período 1974-1988: ¿Últimos Años de Una Economía Rentista?* En Cunil Grau, P., Sierra, M.F., y Otros: **Venezuela Contemporánea 1974-1989**. Caracas: Fundación Eugenio Mendoza, pp. 157-248.

---------- (1999): *La Economía Venezolana en el Quinquenio 1994-1998: De Una Crisis a Otra*. **Nueva Economía**, Año VIII,

No. 12, abril. Caracas: Academia Nacional de Ciencias Económicas, pp. 97-158.

---------- (2003): *El Control Cambiario Venezolano de 2003*. **Nueva Economía**, Año XII, No. 20, octubre. Caracas: Academia Nacional de Ciencias Económicas, pp. 139-179.

---------- (2008): *La política cambiaria en Venezuela*, en Academia Nacional de Ciencias Económicas: **Veinticinco años de pensamiento económico venezolano**. Caracas: ANCE, pp. 463-529.

---------- (2009): *La Crisis Global y su Impacto en la Economía Venezolana*. **Nueva Economía**, Año XVII, No. 29. Mayo. Caracas: Academia Nacional de Ciencias Económicas, pp. 9-33.

---------- (2013 a): *Fondo de Desarrollo Nacional, Fonden*. **Diccionario de Historia de Venezuela**. Caracas: Fundación Empresas Polar.

---------- (2013 b): *Tsunamis cambiarios*. En Academia Nacional de Ciencias Económicas **Coloquio "Alberto Adriani" sobre Política Económica: Tiempos de Cambio**. Caracas. Julio, pp.97-129.

---------- (2018): *Venezuela: De la estabilidad a la hiperinflación*. En Guerra, José y Vera, Leonardo (Editores): **Inflación Alta e Hiperinflación: Miradas, Lecciones y Desafíos para Venezuela**. Caracas: Fundación Konrad Adenauer. Capítulo 3, pp. 19-46.

Palma, Pedro A. – Rodríguez, Cristina (1983): *El control de cambio. Orígenes y consecuencias*. En MetroEconómica: **Informe Mensual**, marzo, pp. III-1 a III-9. Reproducido en Palma, P. A. – Rodríguez, C. y Barcia Arufe, J. (compiladores): **Ensa-**

yos sobre la economía venezolana. Caracas: MetroEconómica. 2003, pp. 99-111.

--------- (1997): **Sustainability of Adjustments Plans and Economic Reforms: The Venezuelan Case**. New York: The Americas Society. (Mimeografía).

Pazos, Felipe (1955): **Medidas para Atenuar la Inflación Crónica en América Latina.** México: Centro de Estudios Monetarios Latinoamericanos (CEMLA).

---------- (1985): **Política de Desarrollo Económico.** Caracas: Banco Central de Venezuela, Colección de Estudios Económicos.

---------- (1991): **Medio Siglo de Política Económica Latinoamericana.** Caracas: Academia Nacional de Ciencias Económicas.

Peltzer, Ernesto (1965): **Ensayos sobre Economía.** Caracas: Banco Central de Venezuela, Colección XXV Aniversario.

Pérez Dupuy, Henry (1942): *El sistema Monetario de Venezuela.* **Revista de Economía y Estadística**, Primera Época, Vol.4, N° 1 y 2 (1942): 1° y 2° Trimestre. Córdoba, Argentina: Universidad Nacional de Córdoba, pp.111-126.

Puente, José Manuel (2018): *Venezuela in Crisis: How Sustainable is its Support for Alba?* En Cusack, Asa (Editor): **Understanding Alba: The Progress, Problems, and Prospects of Alternative Regionalism in Latin America and the Caribbean.** Londres: University of London.

Purroy, Miguel Ignacio (1998): **Inflación y Régimen Cambiario, Un Enfoque de Economía Política.** Caracas: Banco Central de Venezuela.

---------- (2013): **¿Moneda común o propia? Teoría y experiencias de la integración monetaria**. Caracas: Cyngular, La hoja del Norte.

Reinhart, Carmen y Santos, Miguel A. (2015): **From Financial Repression to External Distress: The Case of Venezuela**. NBER Working Paper No. 21333.

Rodríguez, Cristina (2002): *Algunas reflexiones sobre la crisis financiera venezolana del año 1994. Sus causas y consecuencias*. En MetroEconómica: **Informe Mensual**, febrero. Reproducido en Palma, P. A. – Rodríguez, C. y Barcia Arufe, J. (compiladores): **Ensayos sobre la economía venezolana**. Caracas: MetroEconómica. 2003, pp.179-198.

---------- (2004): *El reciente ajuste cambiario*. En Rodríguez, C. **Momentos de la economía venezolana**. Caracas: Banco Nacional de Crédito, pp. 203-208.

Rodríguez, Cristina – Barcia Arufe, José (1994): *Ni maxidevaluación ni control de cambio, sino todo lo contrario*. En MetroEconómica: **Informe Mensual**, abril, pp. III-1 a III-14. Reproducido en Palma, P. A. – Rodríguez, C. y Barcia Arufe, J. (compiladores): **Ensayos sobre la economía venezolana**. Caracas: MetroEconómica. 2003, pp.113-129.

Rodríguez, Francisco (2018): *Por qué Venezuela debería contemplar la dolarización*, **Americas Quarterly**. 15 de febrero.

Rodríguez, Gumersindo (2012): **Rómulo Betancourt y la siembra del petróleo. Principales escritos de economía política 1927-1976**. Caracas: O.T. Editores C.A.

Rodríguez, Miguel (1987): *Consequences of Capital Flight for Latin American Debtor Countries*. En Lessard, D.R. y Williamson, J. (Eds.): **Capital Flight and Third World Debt**. Washington D.C.: Institute for International Economics, pp. 129-144.

---------- (2002): **El Impacto de la Política Económica en el Proceso de Desarrollo Venezolano**. Caracas. (Mimeografía).

Rodríguez Eraso, Guillermo (2002): *Evolución de la industria petrolera en Venezuela*. En Fundación Venezuela Positiva, Banco Central de Venezuela y Banco Occidental de Descuento: **Testimonios de una Realidad Petrolera**. Caracas, pp. 229-254.

Roett, Riordan (2000): *The Politics of Exchange Rate Management in the 1990s*. En Wise, C. – Roett, R. (Edts.): **Exchange Rate Politics in Latin America**. Washington D.C.: Brookings Institution Press, pp. 159-167.

Saboin García, José Luis (2017): *Determinantes del tipo de cambio paralelo en Venezuela. Un enfoque empírico*. En Balza Guanipa, Ronald – García Larralde, Humberto (Coordinadores): **Fragmentos de Venezuela: 20 escritos sobre economía**. Caracas: Universidad Católica Andrés Bello y Academia Nacional de Ciencias Económicas, pp. 379-400.

Sachs, Jeffrey – Larrain, Felipe (2002): **Macroeconomics in the Global Economy**. Englewood Cliffs, New Jersey: Prentince Hall.

Sáez, Francisco – Vera, Leonardo – Zambrano Sequín, Luis (2018): **Estabilización, crecimiento y política cambiaria en Venezuela**. Caracas: Universidad Católica Andrés Bello.

Schneider, Benu (2003): **Measuring Capital Flight. Estimates and Interpretations**. London: Overseas Development Institute. Working Paper 194. March.

Silva, Carlos Rafael (1955): *La Incidencia del Régimen Venezolano de Cambios Diferenciales*. **El Trimestre Económico**, Vol. XXII, No. 2. México, D.F.

---------- (1990): **Medio Siglo del Banco Central de Venezuela**, Caracas: Academia Nacional de Ciencias Económicas.

Silva Michelena, Héctor (2006): **El pensamiento económico venezolano en el siglo XX. Un postigo con nubes**. Caracas: Fundación para la Cultura Urbana.

Toro-Hardi, José (1992): **Venezuela, 55 Años de Política Económica 1936-1991, Una Utopía Keynesiana**. Caracas: Editorial Panapo.

---------- (1994): **Oil, Venezuela and the Persian Gulf**. Caracas: Editorial Panapo.

Vera, Leonardo (2017): **La desinflación brasilera y el diseño de una estrategia contra la inflación en Venezuela**. Trabajo de incorporación a la Academia Nacional de Ciencias Económicas. Caracas: Universidad Central de Venezuela. Junio.

-------- (2018): *¿Cómo explicar la catástrofe económica venezolana?* **Nueva Sociedad** 274. Marzo-Abril.

Vivancos, Francisco (2005): *El Tipo de Cambio Real de Equilibrio en Venezuela*. **Nota Técnica No. 2, 5**. Caracas: Mercantil Banco, Gerencia de Investigación Económica.

Williamson, John (1994): **Estimating Equilibrium Exchange Rates**. Washington, D.C.: Institute for International Economics.

Zambrano Sequín, Luis (1991): *Determinantes del Tipo de Cambio Real en Venezuela*. **Temas de Coyuntura**, No. 25, Caracas: IIES-UCAB.

---------- (2015): **El petróleo y la política macroeconómica en la Venezuela contemporánea**. Trabajo presentado en el Foro *La economía del petróleo en la Venezuela Contemporánea*, organizado por la Academia Nacional de Ciencias Económicas y el Instituto de Estudios Superiores de Administración. Caracas: 10 y 11 de marzo.

Índice General

Introducción

Capítulo 1

Patrón Oro, la Gran Depresión y
tipos de cambio fijos (1914-1940)

Capítulo 2

Creación del Banco Central de Venezuela y
control cambiario (1940), tipos de cambio fijos y
diferenciales (1941-1960)

Capítulo 3

Crisis y nuevo control cambiario (1958-1964).
Retorno a la libre convertibilidad (1964-1983)

Capítulo 4

Sostenibilidad del sistema de tipos de cambio fijos

Capítulo 5

Control cambiario con tipos de cambio diferenciales
(1983-1989)

Capítulo 6
Unificación cambiaria con
libre convertibilidad (1989-1994)

Capítulo 7
Crisis financiera y fin de la libre convertibilidad

Capítulo 8

Retorno a la libre convertibilidad con
un sistema de bandas cambiarias

Capítulo 9

La flotación del tipo de cambio único con
libre convertibilidad

Capítulo 10

Competitividad en la economía venezolana

Capítulo 13
El Sistema Complementario de Adquisición de Divisas (Sicad) sustituye al Sitme

Capítulo 14
El Sistema Marginal de Divisas (Simadi)

Capítulo 15
El Sistema Dual Dipro – Dicom

Capítulo 16
¿Se flexibiliza o elimina el control de cambios?

Capítulo 17
2019, año de mayores cambios

Capítulo 18
Conclusiones

CPSIA information can be obtained
at www.ICGtesting.com
Printed in the USA
LVHW090723280820
664155LV00001B/68